U0101358

中华民族史记

第三卷

从华夏到汉族

徐杰舜◎主编

徐杰舜 徐桂兰◎著

海峡出版发行集团
THE STRAITS PUBLISHING & DISTRIBUTING GROUP
福建教育出版社

图书在版编目（CIP）数据

从华夏到汉族/徐杰舜，徐桂兰著. 一福州：福建教育
出版社，2014.8
（中华民族史记/徐杰舜主编；3）
ISBN 978-7-5334-6509-4

Ⅰ. ①从… Ⅱ. ①徐… ②徐… Ⅲ. ①中华民族一民族
历史一春秋战国时代～汉代一通俗读物 Ⅳ. ①K28-49

中国版本图书馆 CIP 数据核字（2014）第 150597 号

《中华民族史记》总目

目 录

从华夏到汉族

华夏族的横空出世与汉族的形成

夏、商、周三族和其他先秦民族、族群在中华大地的相继亮相，演出了一幕又一幕波澜壮阔的历史大戏，把滔滔黄河、浩浩长江、滚滚黑龙江、荡荡珠江都联结在了一起。

时光如梭，公元前 770 年，随着周平王迁都今河南洛阳，中国历史进入了春秋时期。在西周延续了两个多世纪的激烈、复杂的民族斗争趋向缓和，民族界限分明、壁垒森严的格局逐步被打破，民族互动、融合的浪潮首先在夏、商、周、楚、越诸族间兴起，进而不可避免地波及和扩展到蛮、夷、戎、狄之间，其结果就是中华民族的核心——华夏族的崛起。

华夏族呱呱坠地之时，历史进入了战国时期，这是中国从分散的诸侯割据称雄状态向统一的封建中央集权国家转型过渡的时期。战国初期，在北起辽东、南抵长江流域的广大地区，形成了齐、楚、燕、韩、赵、魏、秦七大国，史称"战国七雄"。在七国四周，还有宋、鲁、中山、越、巴、蜀等众多小国。在七雄鼎立的形势下，华夏族按地域分成了齐、燕、赵、秦、楚五大族群。

民族的发育与统一，既与经济联系的加强分不开，也与文化的整合分不开。战国以来，随着牛耕和铁制农具的广泛使用，农业生产力得到提高，铸币的流通、交通的发达、城市的兴起，使华夏各族群在共同的经济生活中相互联系，彼此间的关系越来越紧密。与此同时，文化上的整合使族群间出现了"四海之内若一家"的情景，民族互动与融合朝着更广、更深的程度进行着。

历史常常有它巧妙的安排。战国七雄鼎立的形势，被合纵和连横打破了，最想问鼎中原的楚有心栽花花不开，地处西方的秦却最终统一了中国。秦始皇在推行郡县制、书同文、车同轨、治驰道、统一货币的运作中完成了对华夏族的统一。经过五个半世纪的风雨，华夏族屹立在了世界的东方。

汉承秦制，在"大一统"中，华夏族在两汉发展、转化成了汉族——中华民族名副其实的核心。

从春秋战国到秦汉，近千年的历史风雨，中华民族不知演绎了多少可歌可泣的动人故事，让我们慢慢去领略、品味吧！

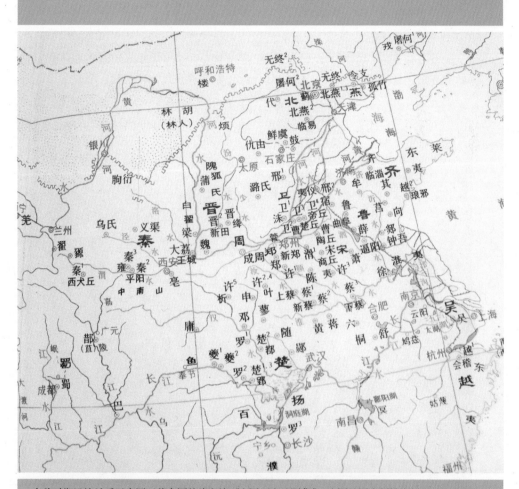

春秋时期民族关系示意图（截自谭其骧主编《中国历史地图集》，中国地图出版社出版）

1. 平王东迁开春秋

西周在中国历史上存活了几百年，虽然一路上小难不止、大灾不断，封国叛乱、民众起义都没能打垮它，但到了周幽王手里，还是垮了。

公元前 781 年，周幽王即位。当时周王畿所处的关中一带连年旱灾，雪上加霜的是又发生了大地震，导致国力衰竭，民不聊生，社会动荡不安。周幽王是个昏君，不思奋发图强，反而盘剥百姓，对外攻伐西戎又大败，激化了阶级矛盾。大臣褒珦（xiàng）进行劝谏，周幽王非但不听，反而把褒珦关押起来，

错金铜鼎
战国。河南洛阳西工区（东周王城遗址区）小屯村窖藏出土，洛阳博物馆藏。

一关就是三年。

褒珦的族人为了救出他，向周幽王献上了美女褒姒（sì）。幽王对褒姒一见倾心，倍加宠爱，越发荒淫无度了。褒姒是个"冷美人"，据说她不喜欢笑，偶尔露出一点微微的似笑非笑，也总是犹抱琵琶半遮面。为了博得褒姒一笑，幽王想尽了办法，比如召乐工鸣钟击鼓、品竹弹丝、唱歌跳舞，听说褒姒喜欢听撕裂丝帛的声音，就命宫人每天撕彩绢。幽王甚至悬赏求计：谁能引得褒姒一笑，赏金千两。可褒姒还是不笑，只留下一个"千金难买一笑"的典故。后来一个佞（nìng）臣给幽王出了个馊主意，就是有名的"烽火戏诸侯"。

烽火本是古代军情紧急时的报警信号。西周从国都到边镇要塞，沿途都设有烽火台，在都城镐京（今陕西西安）附近的骊山，就有20多座烽火台。一旦敌寇入侵，烽火燃起，诸侯见了，必须起兵来救驾。

周幽王带着褒姒，登上骊山烽火台，

彩绘陶豆

河南洛阳西工区（东周王城遗址区）出土，洛阳博物馆藏。

命令守军点燃烽火。各地诸侯见狼烟四起，烽火冲天，果然带领兵马急速赶来救驾。到了山脚下，不见敌兵的影子，只听到山上的乐声和歌声，幽王正和褒姒高坐台上饮酒作乐。诸侯们被戏弄，怀怨而回。褒姒见千军万马招之即来，挥之即去，如同儿戏一般，觉得十分好玩，不禁嫣然一笑。

为了讨好褒姒，周幽王不顾王室的反对，废申后改立褒姒为后，废太子宜臼改立褒姒之子伯服，引起了申后娘家申侯的不满。公元前771年，申侯联合犬戎进攻镐京，幽王急忙命令点燃烽火，但诸侯们因上次受了愚弄，都不予理会。犬戎攻入

>>>阅读指南

徐潜：《中国通史故事·春秋战国》。吉林文史出版社，2010年6月。

张歆：《不容青史尽成灰·春秋战国卷》。古吴轩出版社，2011年1月。

子仲姜盘

春秋早期。盘边与双耳的对角线上，各攀缘一条曲角形龙；圈足下有三只立虎；盘内底铸有浮雕的鱼、龟、蛙、水鸟。所有动物可以在原地作360度转动，极具特色。上海博物馆藏。

镐京，幽王被杀，西周灭亡。

犬戎把周都的财宝抢掠一空，纵火后退走了。在诸侯的拥立下，太子宜臼即位，他就是周平王。因镐京在战争中遭到破坏，周围的土地被犬戎占领，难以再做都城，公元前770年，在郑、秦、晋等诸侯的支持和护卫下，周平王迁都洛邑（今河南洛阳），史称"平王东迁"。东迁后的周朝，史称东周。

东周是周王室逐渐衰微并走向灭亡的时期。这时，周天子直辖的王畿在戎狄的不断蚕食下，范围逐步缩小，最后仅剩下成周方圆200千米即今洛阳附近的地盘，周天子控制诸侯的权力和直接拥有的军事力量也日渐丧失，但周天子仍然是天下的共主。

东周分为两个时期，从周平王元年（前770）至周敬王四十四年（前476）为春秋时期，从周元王元年（前475）至秦始皇二十六年（前221）为战国时期。春秋战国是中国社会制度转变的一个重要时期，也是民族关系纷繁复杂的时代。

>>>寻踪觅迹

周王城天子驾六博物馆 位于河南洛阳周王城遗址区，建立在东周大型车马坑原址上。已发掘17座车马坑，其中一座葬车26辆、马68匹。在这个规模壮观的阵列中，有一辆车由六马牵引，印证了古文献中"天子驾六"的记述。

2. 春秋争霸的第一道闪电

春秋伊始，齐、鲁、郑、蔡、宋、卫、晋、秦、燕等国各自有所限制，还没有充分发展，因此出现了一个短暂的制衡局面。但是此刻如同暴风雨前的宁静，各国力量的消长，终究会打破这个平衡，而第一道电光就在郑国闪现。

郑国是周厉王幼子姬友（郑桓公）的封国，始封地在今陕西凤翔、华县一带，在西周将亡之际，东迁至今河南新郑一带。郑国国土虽然不大，但由于地处中原中心，北靠黄河，西连周王室，交通便利，经济发达，郑伯又是周王室的卿士（执政官），地位特殊，春秋初年，在齐、晋、楚等国没有强大起来之前，周边小国都怕它。

河南新郑市李家楼春秋时期郑公大墓车马坑遗迹

郑武公时，国内矛盾骤起。武公立的太子由于出生时难产而得名"寤（wù）生"，生母武姜因此一直很讨厌这个儿子。后来武姜又顺产生了一个儿子，名叔段。她对叔段宠爱得不得了，整天想让武公立他为太子，武公一直不答应。叔段仗着有母亲的宠爱，十分骄横跋扈。

武公去世后，寤生继位，他就是郑庄公。武姜要求庄公把叔段封到制邑去，即今天河南荥阳虎牢关，其地险要，庄

青铜方壶

春秋。河南新郑市郑韩故城中行东周遗址出土。共两件，应与郑国贵族的某次祭祀活动有关。河南博物院藏。

>>>阅读指南

杜维夏、杨福平：《郑国史话》。中州古籍出版社，2005 年 5 月。

郭伟民：《郑国春秋》。中国广播电视出版社，2003 年 6 月。

公不同意。武姜又让庄公把叔段封在京城，即今荥阳东南，庄公同意了，称叔段为京城大叔。当时有大臣劝谏说，京城规模大于郑国都，按祖制封给臣下的领地，大的不能超过国都的三分之一，中的不能超过五分之一，小的不能超过九分之一，现在将京城封给叔段，恐怕今后对国君不利。庄公不敢背逆母亲，说叔段如果多行不义，必自毙，只好等着瞧了。

莲鹤方壶

河南新郑市李家楼村郑国国君墓出土，共一对，分别收藏于故宫博物院和河南博物院。

果真，叔段到京城之后，就宣布郑的西部和北部边境都由自己接管，并且出兵侵占了鄢、廪延等城邑，引起一片议论和恐慌。大夫公子吕劝庄公除掉叔段，以维持郑国统一。庄公还是说少安毋躁，大家等着瞧吧，多行不义必自毙。

这样双方对峙了22年。这段时间叔段在京城积蓄力量，与武姜密谋，由她做内应，准备攻打国都。庄公自从封了叔段后，一直密切关注他的动向，获悉此事，便命公子吕率200辆兵车进攻京城，来了个先下手为强。叔段在京城为政并不得民心，京城的老百姓趁机起来反对他。叔段失败，只得逃到共国去，他的儿子滑则跑到卫国去请援兵，于是卫国出兵占领廪延。

庄公平定叔段后，消灭了分裂势力，使郑国集权统一，成为春秋初期的强国。卫国出兵正好撞在了风头上。庄公禀告周天子，借周王和虢（guó）国的军队进攻卫国南部边境，又与邾（zhū）结盟，请邾出兵。准备工作做好之后，郑军开始大举讨伐卫国，春秋争霸的第一道闪电打破了各族群的平静。

>>>寻踪觅迹

郑韩故城遗址 位于河南新郑市，是春秋战国时期郑国和韩国都城遗址，两国先后在此建都达530多年。遗址内文化遗迹星罗棋布，已发现宫城、宫殿、宗庙、大型祭祀遗址和铸铜、铸铁等手工业遗址，以及郑韩王陵、贵族墓葬群、车马坑等。遗址上建有郑王陵博物馆。

河南新郑博物馆 有郑韩文物专题陈列，展出郑韩故城出土的各种文物。

3. 诸侯结盟争霸

郑国伐卫这第一道闪电开启了雷声隆隆、电光频闪的争霸局面。从卫国为了替叔段报仇攻打郑国开始，这两个国家的梁子就结下了。

卫国是周武王之弟康叔的封国，辖地大致为今河南北部与河北南部一带，春秋时期国力已经衰弱。在郑庄公攻打卫国之后，卫国发生了内乱，卫庄公的庶子州吁（yù）弑君自立。州吁骄纵跋扈，喜欢动用武力，但是卫庄公不制止，反而听之任之。卫庄公夫人庄姜长得很美，可惜没有子嗣，于是宠爱庄公另外一个庶子完。庄姜厌恶州吁的所作所为，大臣们也对他颇有微词。为此，大臣石碏（què）劝谏庄公，说喜欢儿子，就应该用道德来教导他，使之不致走上歧途；如果准备立州吁为太子，就要早点定下来，否则以后会酿成祸患的。庄公不听。石碏的儿子石厚与州吁交游往来，很是投缘，石碏屡次阻止他们都没有效果。后来公子完即位为桓公，石碏便找借口

镶红铜龙纹扁壶
河南辉县琉璃阁甲墓出土。该墓是春秋时期卫国国君墓，1936年出土了上千件陪葬器物，一部分后来被运往台湾。

告老还乡了。

卫桓公即位的第二年，州吁由于骄奢不改，被桓公贬斥。他逃出卫国，在路上认识了夺权失败也在逃亡的郑叔段，二人结为患难之交。公元前719年，州吁收聚卫国的外逃者回国袭杀了桓公，自立为君。州吁想伐郑替叔段报仇，同时也想用对外战争来巩固自己的权力，于是策动宋、陈、蔡三国共同起兵，把郑国的东门围堵了五天。当年秋天，诸侯军队又再次攻打郑国，打败郑的步兵，割了郑的谷子才回国。

>>>阅读指南
童书业著、童教英校订：《春秋史》。中华书局，2006年8月。
童超主编：《春秋争霸——尊王旗下争雄长》。云南教育出版社，2010年1月。

从这一系列事情开始，东方诸侯分裂了。卫、郑两国各自联合其他国家，结成联盟互相攻击，诸侯们个个摩拳擦掌热衷于战争，其中郑、齐为一派，宋、陈、蔡、卫为一派。

州吁还不满意，因为国内民心不稳。他想起石碏安邦治国有一套，就通过石厚去问石碏怎样才能巩固统治。石碏假装为州吁着想，告诉他说陈桓公现在是周天子面前的大红人，建议他通过陈桓公去疏通周天子，好让自己能去朝觐周王室，得到天子的承认。于是石厚和州吁就到陈国去活动。石碏则暗中派人告诉陈桓公，说自己年纪大了，有心无力，这两个人都是弑君篡位的谋逆，请陈国设法对付他们。于是陈国把州吁和石厚抓了起来，让卫国派人来处置。卫国派人到陈国杀死了州吁，石碏也派家臣把石厚杀了。州吁死后，卫人到邢国迎接

兽面甲饰
河南浚县辛村西周卫国墓出土，台湾"中央研究院"历史语言研究所藏。

逃亡在外的公子晋回国为君，他就是卫宣公。

在卫国的动乱之中，石碏大义灭亲的做法赢得了当时人们的尊敬和赞赏，而谋逆的州吁和石厚则令人愤恨。只是祸已经闯下了，诸侯之间的裂痕和对立已无法弥补和清除，从此中原真正进入多事之秋，有荣极一时的，有江河日下的，也有荣与败交互轮回的，史称"春秋"。

吴王夫差鉴
春秋晚期。清朝同治年间出土，一说出土于山西代州蒙王村，一说出土于河南辉县琉璃阁。器内铭文说明它是吴王夫差宫廷中的御用之物，可能是诸侯结盟时作为礼品或吴亡后器物易主才流传到中原的。中国国家博物馆藏。

>>>寻踪觅迹

春秋卫国都城遗址　位于河南濮阳市五星乡高城村，专家推测这里还是远古时的颛顼之墟。

河南淇县　古称朝歌，曾为商末四代帝都和春秋时期卫国国都，是华夏文明的主要发祥地和中华民族姓氏的重要发源地之一，有卫国古城墙遗址公园、宋庄东周贵族墓葬博物馆等相关人文景观。

4. 亲家有难，八方支援

载驰载驱，归唁卫侯。

驱马悠悠，言至于漕。

大夫跋涉，我心则忧。

既不我嘉，不能旋反。

视尔不臧，我思不远。

既不我嘉，不能旋济。

视尔不臧，我思不闷（bì）。

陟（zhì）彼阿丘，

言采其蝱（méng）。

女子善怀，亦各有行。

许人尤之，众稚（zhì）且狂。

我行其野，芃（péng）芃其麦。

控于大邦，谁因谁极？

大夫君子，无我有尤。

百尔所思，不如我所之！

这是《诗经·鄘风》中的《载驰》一诗，大意为：马儿哟你快点跑，载我回到家乡吊唁我的亲人卫侯。我心中烦乱，许国的大夫们纷纷阻拦，说没有良策，不让我渡河。即使这样，我也不能回头，我已打定了主意。女子虽然多愁善感，

宋景公栾簠（fǔ）
春秋晚期。也叫句（gōu）吴（yú）夫人簠，河南固始县侯古堆出土。铭文说明它是宋景公为嫁妹给吴王（夫差）时做的陪嫁品，是研究春秋战国之际宋、吴等国关系的重要实物资料。河南博物院藏。

但是自有主张。许国大夫责备我幼稚轻狂，他们怎么知道，我登上那小山时，想到的是家乡青青的麦田。该向哪个大国求救？与其像大夫你们这样干议论，还不如我亲自跑一趟！

这首哀婉又不乏坚定的诗歌，出自许穆公夫人之手，她是卫文公的妹妹。诗中她表达了人在他国，身不由己，祖国将亡、父兄命悬一线却不能相见的惆怅和哀怨。

公元前 660 年，北狄南犯卫国。卫君懿公腐败，平时只喜欢养鹤，甚至让

>>>阅读指南
《东周列国志》。
王贵民：《中国读本·春秋史话》。中国国际广播出版社，2009 年 10 月。

鹤坐上大夫的车子，带着鹤到处游玩。狄人攻来的时候，卫国人都觉得他不可能迎战得胜，说他只会封鹤禄位，不如让鹤带兵打仗吧！果然，狄人兵临城下的时候，卫懿公兵败如山倒，自己也被杀了。狄人长驱直入卫都，灭了卫，并追击卫国遗民一直到黄河边。这件事情震惊朝野，对此最关心的莫过于嫁到许国的许穆公夫人和嫁到宋国的宋桓公夫人，姐妹俩和后来即位的卫戴公、卫文公都是卫惠公庶兄昭伯所生的同胞。

当时诸侯援军没到，狄人未退，局势还很紧张，许穆公夫人请求许国出兵救援卫国遗民，但是许国大夫推托说要商量好万全之策才行动，她丈夫许国国君也犹豫不决。宋国则很快做出了反应。

为了避免惊动狄人，也为了抓紧时间，宋桓公趁夜迎接卫国残部渡过黄河，幸免于难的共有 730 人，加上共、滕两国的遗民，大约有 5000 人。这些遗民集合在一起，拥立戴公为卫国新君，寄住在曹地 (今河南滑县旧城东)。得知这一消息，许穆公夫人急忙奔赴曹地吊唁，在悲伤和愤懑（mèn）之际，她作了上面这首《载驰》。

宋、卫两国有特殊的渊源，它们都是殷商遗民管治的地方，关系一直比较好。两国结为姻亲，结盟抗衡齐国和鲁国。宋国的开国之君是殷商名臣、帝乙的长子微子启，也是商纣王的庶弟。西周初年，商纣王之子武庚叛乱被杀，微子启被周成王任命接替武庚之位，管辖殷商遗民，并作为殷室后裔，承担祭祀殷朝宗庙的责任。卫国的开国之君康叔

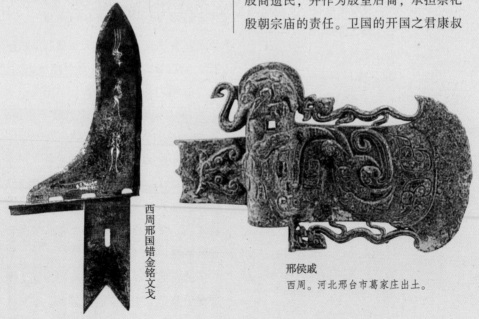

西周邢国错金铭文戈

邢侯戚
西周。河北邢台市葛家庄出土。

叠瓣龙纹鼎

河南叶县春秋时期许国国君许宁公墓出土。共四件，北京保利艺术博物馆、上海博物馆和叶县县衙文物室均有收藏。春秋许国文物均收藏于叶县县衙文物室。

是周武王的同母弟弟，与皇室关系特别密切。武庚叛乱被平之后，辅政的周公秉周成王命令，把武庚所统治的殷朝遗民封给康叔，让他当了卫君，定居在黄河与淇水之间的殷商故墟上。宋、卫两国国君虽不同族，但是百姓同族，由于开国时两位贤君治理有方，殷和周王室贵族能够和睦相处，结为盟友，这种关系承袭下来，到宋桓公时两国又做了亲家。这次狄人之乱，宋桓公冒着被狄人发现的危险，连夜带兵奔赴黄河岸边迎接卫君，又把他们安置在曹地，总算保存了卫国的血脉。

一年之后，卫戴公去世，齐国联合诸侯军队在楚丘（今山东曹县东）重建卫国，把卫人余部都迁过去，拥立卫文公即位。卫文公在位期间，穿粗布衣服，戴粗帛帽子，教导百姓务农，便利商旅往来，优惠百工技艺，重视教化，奖励求学，任用有才能的人，使卫国很快恢复了勃勃生机。

在卫国遭灭又重新建国并恢复发展的过程中，齐国出了很大力。齐国开国之君是周文王和周武王的国师吕尚，虽然齐和宋、卫不是同族，但是此时齐桓公并未存门户或种族之见，反而一再帮助卫国和同时遭到狄人侵扰的邢国，其救邢存卫的义举得到了各诸侯国的一致称赞。

可见，夏、商、周三族此时已消弭族界，互相认同，尽管有时还有人拿离周宗室血缘远近说事，但是三族融合已是大势所趋。任何一个意图成就霸业的诸侯，都明白三族归一的重要性，因此不同诸侯国之间联姻结盟，就成了再平常不过的事情了。

>>>**寻踪觅迹**

宋国故城 位于河南商丘市，是周初封微子启于宋国的都城遗址，附近上下叠压着周代宋城、秦汉睢阳城、明归德府城等数座城址。

5. 衣羽毛的狄人

早在夏商之时，北方已有民族居住，其风俗与中原大异。他们就是用羽毛做衣服，住在洞穴里，不吃五谷的狄。春秋之后分为赤狄、白狄两大部分。赤狄有六支，白狄有三支，活动在今山东、山西、河北一带。另有一支长狄，春秋时期常出没于东方鲁、齐、卫、宋诸国之间。

狄人之间既分不同族群，它们与中原的关系在不同的历史条件下也各有不同。春秋前期，长狄频繁进扰中原列国，冲突战争不绝于史。宋武公时，长狄犯宋，被宋击退，其首领被俘获，而宋统帅父子战死，双方都损失惨重。根据《左传》记载，从公元前 623 年至公元前 607 年的十几年间，长狄进扰中原共八次，战场主要在宋、鲁、齐、卫。当这些国家被狄人围攻的时候，经常会请求其他诸侯国前来相助，最后是卫国人灭了长狄。

>>>阅读指南
《吕思勉讲史系列·中华民族源流史》。九州出版社，2009 年 1 月。
段连勤：《北狄族与中山国》。广西师范大学出版社，2007 年 9 月。

长狄灭亡后，晋周围的两支白狄和赤狄各自为部。晋与白狄间较大的战争发生在晋文公刚刚去世的时候，狄人趁机进犯，两国在箕（今山西太谷）会战。晋国新君襄公雄心勃勃，御驾亲征，一举击败狄人，俘虏了白狄君主。经此一战，白狄势力削弱，向东方迁徙。直到

虞侯政壶

山西潞城县潞河村出土。铭文记壶为西周晚期虞侯政所作。虞是周代姬姓诸侯国，都城在今山西平陆县张店镇附近，公元前 655 年为晋所灭。此壶出土于赤狄所建的潞国故地，很可能是在晋成公嫁女给赤狄国君潞子婴时，将虞国战利品作为陪嫁之物带去的，是晋狄文化交流的物证之一。山西博物院藏。

銎斧
山西长治市分水岭春秋赤狄铎辰部首领墓葬出土，
山西博物院藏。

春秋中后期，白狄又积聚了力量，与秦共同伐晋。之后逐渐东移，分为鲜虞、肥和鼓三部分，曾经朝鲁国，也朝晋国。公元前541年，晋向群狄展开大战，大败狄人。公元前530年，又用计灭肥国。接下来连续攻打鲜虞各部，使得春秋后期，中原狄族衰弱，仅余鲜虞部。战国初期，鲜虞部曾在今河北中部建立著名的中山国。

春秋中期，赤狄势力十分强盛，不仅对中原各国形成很大的外患，对其他狄部也常有骚扰。于是，晋国对狄部进

行离间，于公元前598年在桥攒（cuán）函与群狄会盟，获得群狄的合作。在这一段难得的平静中，晋国抓紧时间对付赤狄。公元前594年，晋利用晋景公姐姐潞国夫人被杀的机会，发兵潞国，灭了潞氏。次年，又灭赤狄甲氏、留吁和铎辰。最后在公元前588年彻底击溃赤狄余部廧（qiáng）咎如氏。

由此可见，春秋时期，大部分狄人都被晋、秦等国征服。狄作为独立的族群虽然消失了，但是经历历代战争和通婚，狄人的血液早已融进了中原民族的血脉当中，难分彼此。到了战国时期，狄与戎、蛮、夷等名词已经从历史记载中逐渐消失，华夏民族和他们的结盟已经完成了历史使命。

>>>寻踪觅迹

山西长治市 古称上党，是春秋时期赤狄的主要活动区域。有分水岭墓葬群、潞城市古城村春秋潞国都城遗址、续村潞子婴墓、潞祠山潞子婴祠等相关文化遗存，出土文物丰富。

索纹双兽耳衔环壶
山西长治市分水岭春秋赤狄铎辰部首领墓葬出土，山西博物院藏。

6. 戎逼华夏

与活跃在北方的狄人同时，西方的戎族也渐渐强大起来，趁着周王室衰弱，一改过去朝贡的恭谨，进犯中原。从周夷王、厉王、宣王至幽王，戎族步步进逼，周王室讨伐无力。最后，周幽王因宠爱褒姒而废申后，招致申侯联合犬戎攻打镐京，幽王被杀，褒姒被俘，周朝国库的财物也被尽数掠去。镐京在战争中遭到严重破坏，京畿附近布满了进入中原的狄戎部落。周平王无力驱逐他们，只得将岐山以西之地赠予秦襄公，河西之地赠予晋侯，一方面是奖励他们勤王之功，另一方面是以诸侯为屏障，外阻狄戎，从此与狄戎的战斗任务就主要由秦、晋承担了。

偏居西方的戎族，因与中原文化相距较远，仍保持了强烈的独立性，进攻

兽面纹银饰片
战国西戎遗物。甘肃张家川县马家塬出土，甘肃省博物馆藏。

>>>阅读指南

李吉和：《中国西北少数民族通史·先秦卷》。民族出版社，2009年1月。

李吉和：《先秦至隋唐时期西北少数民族迁徙研究》。民族出版社，2003年12月。

性最强，活动最频繁。他们参与攻灭西周后，烧杀掳掠，控制了今甘陕地区，并向黄河南北扩展，直到山东。被周天子安顿在这一块不安定土地上的是秦国。秦襄公知道自己接了一块烫手的山芋，如果不能有效地控制戎族，自己的国家将岌岌可危，更谈不上发展。公元前763年，秦文公率兵700人"东猎"，第二年就筑城定居在千水与渭水交汇的地方。后来进攻戎族，占据了岐山一带。秦宁公时灭了戎人荡社，秦穆公时又败茅津戎。由此，秦在西北站稳了脚跟，开始向东扩展的计划。

周平王东迁之后，强盛的戎族也进入中原腹地。由于西周初年实行的是分

封制度，将殷商遗民分割成小块间隔在周王室封地之间，各诸侯国间经过长时间的杂居、通婚，夏、商、周各族已经融合成一个实体，在面对强大的戎、狄外患时，团结成一体，自称华夏。戎、狄深入中原地区之后，和华夏民族杂居在一起，逐渐也融合成为华夏族的一部分。《国语·晋语四》记载，晋文公因勤王有功，周襄王赏赐给他阳樊、温、原等地，即今河南济源、温县一带。阳樊人不服，遭到晋军围攻。这时一个叫苍葛的阳樊人站出来大声喊道："德行用来安抚中原各国，刑罚用来威慑四方夷狄，你们反道而行，无怪我们不愿降服了。阳樊的人，谁不是天子的亲戚？难道都把他们抓起来吗？"晋军听了，放走了百姓，只占领土地。

苍葛的话是有依据的。阳樊之地有夏商贵族的后代，还曾是周臣仲山甫的封国，其余的戎人、

怪兽纹金牌饰

战国。宁夏固原出土。春秋战国时期，固原属戎人之域，出土了众多戎狄文物。固原博物馆藏。

狄人算起来都是周天子的外戚，原因是当时周襄王已娶狄女为妻，晋王室也与戎、狄早有婚姻。温、原的情况也是如此，都是各族杂居在一起。周王室力量衰弱，已经无力将土地分给诸侯，尤其是这些民族情况复杂的地区，只能是给一个口头允诺，实际上是允许诸侯武力占领别国土地。晋军占领温、原后，晋文公让自己的母舅狄人狐偃管理温，而把原交给了自己的连襟、大夫赵衰管理。

可见，戎、狄之国虽以国家政权形态和中原诸侯对抗，但是无论在民间还是贵族阶层，进入中原地区杂居的戎人和狄人，大多融合进了华夏族中，被中原农耕文化强力消化、吸收成为自己的一部分。

鼎形铜灯

战国戎羌遗物。甘肃平凉县庙庄出土，甘肃省博物馆藏。

>>>寻踪觅迹

张家川县博物馆 收藏有当地马家塬遗址出土的西戎遗物，包括黄金和玛瑙饰品、青铜器、车马等。

甘肃省博物馆 收藏大量中国古代西北少数民族遗物。

7. 秦霸西戎

灰陶歌唱俑
春秋。甘肃礼县秦文化遗址出土，甘肃省博物馆藏。

历史总是喜欢与人开玩笑，中心成了边缘，边缘反而成了中心，秦的崛起正是从边缘走向中心的一个实例。

秦是嬴姓族群，传说是颛顼（Zhuānxū）的后代，其始祖大业是女脩（xiū）吞了一个玄鸟蛋之后生出来的。这种起源传说与东方的民族相似，因此有人推测秦人可能起源于东方。大业的儿子大费帮助禹治水有功，又帮舜调教鸟兽，因此被赐姓嬴。殷商时，嬴氏多显达，成为诸侯之一。当时嬴姓部落分为东西两支，一支在中原，一支在西戎境内。周初武庚叛乱时，东方的嬴姓也参加了周公东征的军队，后来迁到西方，东西两部合在了一起。

到周穆王时，嬴氏造父替穆王驾车，深得宠爱，被封在赵城（今山西洪洞北），这便是今天赵姓的始祖。同族的嬴氏子非居住在犬丘（今陕西兴平东南），做了周孝王的养马官，孝王封他秦邑，以继承嬴氏的祭祀，所以叫秦嬴。秦嬴这支传到秦仲时，正逢周厉王时期西戎作乱，犬丘的一支嬴族被灭。周宣王即位，命秦仲为大夫讨伐西戎，秦仲战败被杀。秦仲的长子即秦庄公带上兄弟，领兵七千为父报仇，大破西戎，得到了犬丘之地。

秦庄公的儿子襄公在位时，周幽王烽火戏诸侯，招致灭国之祸，襄公带兵救周，并护送平王东迁，东周开始。平王封襄公为诸侯，答应如果把西戎赶走，就将岐山以西的地赐予秦国，这时秦才开

秦公簋

春秋早期。甘肃礼县大堡子山秦公墓地出土，上海博物馆藏。

始作为一个国家而不是封地登上历史舞台。当时岐山以西都已经被西戎占据，周平王此举确实有点滑头，但对秦国来说，既是一个挑战，又是一个扩充实力的机会。

公元前763年，秦文公率兵七百"东猎"，实际是观察形势，并相机行事。第二年，秦兵大举东进，到千水和渭水交汇之处（今陕西眉县东北）时，文公说，这里是昔日周室赐我祖先秦嬴居住的地方。他派人占卜，得吉兆，就正式在此建立宫室，筑城定居。十年之后，秦国国内根基已稳，文公开始讨伐西戎。

>>>阅读指南
《史记·秦本纪》。
昊天牧云：《秦朝那些事儿·秦国崛起卷》。工人出版社，2010年2月。

西戎兵败逃走，秦国尽占岐山一带周朝旧地，并把岐山以东献归周室，秦国自此逐渐强盛。秦宁公时，迁居平阳（今陕西岐山西），继续向西推进，灭了戎人荡社和荡氏，接着又连续吞并一些小国，进一步扩大疆域。

秦公鼎

春秋早期。甘肃礼县大堡子山秦公墓地出土，上海博物馆藏。

铜匜

春秋。甘肃礼县大堡子山秦公墓地出土，甘肃省博物馆藏。

到了秦穆公时，秦已是数一数二的强国，有百里奚、蹇（jiǎn）叔等贤臣辅助，如虎添翼，不仅加快了西征的步伐，还意欲向东发展。秦国东去之路上有一个强劲的对手，那就是晋国。秦穆公明白，如果贸然与晋国翻脸，绝对讨不到好处，于是使用联姻的外交策略，不树强敌，耐心等待，伺机而动。公元前646年，晋国内乱，秦趁机东进，势力抵达黄河西岸，同时向西兼并今陕西西部和甘肃境内的犬戎、绵诸、冀戎、邽（guī）戎、骊戎等西戎小国。公元前627年，秦趁晋文公去世的机会偷袭郑国，结果被晋军大败于殽（xiáo），东进的锐气受挫，于是转而专心经营西部。穆公三十六年（前624），秦国已经讨平了12个戎国，拓展疆域达千里，称霸西戎。

秦霸西戎，势必在社会、经济、文化上影响当时发展较落后的戎族。《后汉书·西羌传》记载，羌族首领无弋爰剑曾被秦兵俘虏，当时秦国不知道他的身份，以为他只是个奴隶。无弋爰剑在学习了农业知识之后逃回羌地，将种田养畜的方法传授给人民，人们渐渐聚拢在他身边，原来以射猎为生的羌族，从此逐渐成为西方的强族。可见，秦在西北的发展，加速了戎族人民融进华夏民族核心的过程。

>>> 寻踪觅迹

甘肃礼县 古称西垂、西犬丘，秦人最早的都邑所在地和先秦文化的发祥地，自商末周初到秦朝建立的800多年间，这里都是秦人的重要家园。大堡子山及其附近发现了大规模的秦人第一陵园——西垂陵园墓葬群，出土了大批早秦珍贵文物。遗址地建有秦西垂博物馆，礼县博物馆也收藏有相关文物。

8. 亲家和冤家

秦晋之好是我们经常使用的一个成语，比喻联姻、婚配。这个成语的来源，可以追溯到春秋时期秦、晋两国的关系。在春秋早期的争霸战争中，秦、晋两家堪称个中翘楚。有意思的是，这不同宗姓、不同民族的两家人竟做了亲戚，尽管翁婿间总有打打闹闹，却也和好了相当长一段时间，只是难为了出嫁的女儿，每每总要做和事佬。

秦国原是居住在秦亭（今甘肃张家川）周围的一个嬴姓部落。秦襄公因护送周平王东迁有功，被封为诸侯，赐给岐（今陕西岐山县东北）以西之地，正式建国。后来疆土不断东扩，到秦穆公继位时，已占有大半个关中。而晋国与周王室有血缘关系，它的开国君主是周成

秦公镈
春秋早期。陕西宝鸡杨家沟太公庙窖藏出土，宝鸡青铜器博物院藏。

王的弟弟唐叔虞，封地在今山西南部。周平王东迁洛邑的时候，主要依靠的是郑、卫、秦、晋四国的力量，这四个国家从东、西、北三面环绕着东周王室，与周王室的关系十分密切，其中又以秦和晋最有雄心。

秦与晋结盟是从秦穆公迎娶晋献公的女儿穆姬开始的。秦穆公当政时，一直很重视和晋国的关系，这说来还得感谢穆姬。在穆姬的陪嫁随从中有一个叫

百里奚的奴隶，原来是虞国的大夫，晋献公灭虞，俘虏了虞公及其大夫井伯、百里奚，将他们作为穆姬的媵人（随嫁的人）陪嫁到秦国。百里奚不愿忍受奴隶的生活，逃到宛（今河南南阳），被楚国人捉去。秦穆公胸怀大志，却苦于无贤才辅佐，当有人告诉他穆姬的媵人百里奚是个不可多得的人才时，他喜出望外，急忙去请，却得知百里奚已经逃到楚国去了。穆公愿以重金赎回百里奚，又怕楚人知道了不肯。秦国使者很聪明，他对楚人说："秦国的媵奴百里奚逃到贵国，请允许我方用五张公羊皮将他赎回。"楚人一听百里奚这么不值钱，就一口答应了。当70余岁的百里奚被押回秦国时，穆公亲自为他打开枷锁，将他奉若上宾，向他请教争霸之道，百里奚又推荐了有贤名的蹇（jiǎn）叔。

秦国要发展，首当其冲的是东邻晋国。在百里奚和蹇叔的辅佐下，秦穆公将外交重心放在经营与晋国的关系上，作为秦国东扩的重要策略。晋献公后期，晋国发生了骊姬之乱。骊姬是献公宠爱的妃子，她想让献公立自己生的儿子奚齐为太子，就设计杀害了太子申生，迫

秦公钟
春秋早期。陕西宝鸡杨家沟太公庙窖藏出土，宝鸡青铜器博物院藏。

使献公的另外两个儿子重耳和夷吾逃亡。申生的同胞姐姐穆姬伤心不已，将申生的妻儿收留在秦国。

没过几年，晋献公死了，骊姬的儿子奚齐刚立为国君就被杀，接着立骊姬妹妹的儿子卓子，也被杀了，一时间晋国无君。这时，夷吾向秦国提出请求，愿以五城之地换取秦国出兵助他回国即位，秦穆公欣然同意。然而晋惠公夷吾即位后屡屡食言，赖地不给，秦穆公认为晋惠公仍然得民心，就忍了下来。不久，晋国发生大饥荒，晋惠公派人向秦国求救，秦穆公和百里奚等人商量后认为，君主有过，百姓无罪，应该按道义办事，因此给晋国送了大量粮食。

巧的是，第二年冬天，秦国也发生了大饥荒，这回轮到秦向晋求救，结果晋惠公拒绝了。秦穆公非常生气，于是

>>>阅读指南
李吉和：《中国西北少数民族通史·先秦卷》。民族出版社，2009年1月。
薛霆：《秦国第一相——百里奚》。中国文联出版社，2004年1月。

发兵攻打晋国，晋惠公被俘。穆姬得到消息后，带着太子和公主跑到柴堆上，哭着说如果不放了晋惠公，她这个做姐姐的也没脸见先人了，不如死了算了，逼着秦穆公放人。晋国大臣也来认错，秦穆公只得放了晋惠公，还用诸侯的礼节对待他，送他回国。晋惠公回国后，把河西等地献给秦国，并将太子圉（yǔ）送到秦国当人质。秦穆公把女儿怀嬴许配给圉，并将河北晋地还给晋国。这年晋国又发生饥荒，秦国再次以粟相济，于是秦晋重修旧好。

不料家事国事搅在一起，一波稍平，一波又起。随着晋国国势渐衰，狄人乘机进犯，攻占晋国的一些地盘，晋惠公病重。在秦国当人质的公子圉得知消息，怕失去即位良机，潜逃回晋国继位，他就是晋怀公。此举引起了秦穆公震怒，转向支持仍流亡在外的公子重耳。重耳这时已经是六十开外的老人了，但秦穆公竟一口气将自己的五个女儿都嫁给重耳做妻妾，其中包括已经嫁给圉的怀嬴。秦穆公这次没有押错宝，重耳在秦军支持下回到晋国杀了怀公，登基当了晋文公，秦穆公还送给晋文公三千卫士以稳固朝廷。在这次夺权中，秦、晋会盟于郇（xún，今山西临猗西南），这是两国第三次结盟。

其后，秦、晋保持了相当长一段时间的友好合作关系，并一起攻打了归向楚的鄀（ruò）国（今湖北宜城东南）。不久，周王室内乱，晋文公积极勤王，匡扶周室，迎周襄王复位，又在城濮大战中战胜了据说从立国开始未尝有败绩的楚军，因此被周天子封为侯伯，即诸侯之长，成为一代霸主。

秦砖上的图案
后世以"秦砖汉瓦"称赞秦汉时期的砖瓦形式多样、风格华美与坚固耐用。陕西历史博物馆藏。

金钉（gāng）

陕西凤翔县秦都雍城遗址出土了64件，它们是迄今发现的我国最早用于连接房屋木结构的金属构件。陕西历史博物馆藏。

眼见晋国日益强大，秦穆公东进的道路受阻，心里很不是滋味。后来，晋再次策动秦联合攻打郑国，图谋扩展霸业。秦穆公听从郑国大夫烛之武的游说，认为伐郑对自己不利，就私下与郑国结盟，领兵回国。大臣们请求晋文公攻打秦国，文公回答：如果没有秦穆公，就没有我的今天，攻打秦国，这是不仁；失掉同盟国家，这是不智；挑起冲突以动乱取代和平，这是不武。我们还是回去吧！于是也和郑国签订了盟约，撤兵回国。

两年后，晋文公去世，太子骧（huān）即位为晋襄公。秦国认为这是扩张的良机，便派兵偷袭郑国，半路上却又听信郑国商人弦高的话，以为郑国已有防备而撤兵。晋国认为秦国乘其国君去世之机攻打自己的盟国，是非常无礼的，于是守在秦军回师的路上，来了个迎头痛击，秦军三个主帅被擒，史称殽（xiáo）之战。晋襄公的母亲（即秦穆公的女儿）为三个秦帅求情，说秦穆公是被小人蒙蔽才做出破坏两国世交关系的事情，劝襄公卖穆公一个人情。晋襄公听了，就把三个秦帅放了。大臣先轸（zhěn）听说此事，气不打一处来，唾骂晋襄公耳根软。然而为时已晚，三个秦帅早已上船渡河跑了。

秦晋两国几乎累代互为亲家，这即使是在不同宗族、不同民族间通婚频繁的春秋时期也是很少见的。有意思的是，两国国君打打闹闹，总是出嫁的女儿从中斡（wò）旋。后人用"秦晋之好"来比喻缔结婚姻。其实小到一个家庭，大到一个国家，不同民族、不同文化背景的人走到一起，总会有冲突，婚姻关系表明了互相间的接纳和认同，不同的血脉合流，是后世同根同源的见证。

>>>寻踪觅迹

雍城遗址　春秋至战国中期秦国都城遗址，位于陕西凤翔县。从秦德公元年（前677）到献公二年（前383），建都近300年。此后作为故都，一直到西汉才废弃。考古发现了大型宫殿、宗庙建筑群等众多遗址。已发掘的秦公一号大墓为秦景公墓葬，出土珍贵文物3500余件。遗址上建有博物馆，相关文物宝鸡青铜器博物院有藏。

9. 王室与戎族混血的贵胄

翻开春秋时期的历史，乍一看满眼的血腥，各诸侯国争斗不休，尤其是中原诸侯共同对付北方少数民族狄人的时候，恍若不共戴天之仇，习惯上总拿戎狄俘虏作为向周王室的献礼。《左传·宣公十五年》记载，晋景公向周王室献上俘虏来的狄人，还要举行特定的献俘礼。然而历史往往是多面的，在战争之外，中原诸侯与戎狄部落之间还存在着频繁而广泛的通婚关系，其中数周天子与晋王室最为典型。

公元前 636 年，原先亲附郑国的滑国（今河南睢县西北）转投卫国，郑国要攻打滑国。由于郑国、滑国与周天子同是姬姓宗族，周襄王就派人劝阻郑国不要兄弟残杀。郑国不但不听，还把周使者囚禁起来。周襄王大怒，想发兵讨

绳纹双耳罐
山西曲沃县西周晋侯墓出土。此罐形制在青铜器中首见，相似的器物在甘肃、青海等地的新石器时代文化（如齐家文化、马家窑文化）遗址中却有较多发现。专家认为它可能是西北地区羌族的遗物，出土在晋侯墓地，表明晋早期就与外族有着比较广泛的交往。山西博物院藏。

伐郑国，但是想来想去无论叫哪个诸侯都不合适，因为这样一来，自己不就变得和郑国一样迫害兄弟了吗？这时他想到了狄人。狄人与中原华夏时有战争，让狄人教训一下目无天子的郑国是最合适的了。于是他不顾大臣劝阻，派人联系狄人出兵，当年夏天就攻打了郑国。自己的命令居然那么快就实现了，周襄王心里既高兴又感激狄人，觉得自己作为天子的威严得到了捍卫，对狄人的态度就有点改变了。他心想：狄人也不是

那么可怕、不可驯化的，很多诸侯不是经常和戎狄来往甚至娶了狄女为妻吗？尤其是晋献公的骊姬，听说是骊戎部落最漂亮的美人。周襄王不禁向往起来，派人对狄人首领说想娶狄女为后。大臣们赶紧劝谏，说娶狄女为后一定会引起祸患的。周襄王坚持己见，认为自己是在教化狄人，推行怀柔政策，于是迎娶狄女隗（wěi）氏入宫。

周襄王之所以这么做，表明当时的社会风尚已经相当宽松。狄人与夏、商、周各族之间虽然时有战争，但是族际之间并没有严格的屏障，更没有相互仇视、不相往来甚至灭之而后快的狭隘民族主义思想。相反，不同族群上层贵族之间的相互通婚，逐渐融合成新的民族血统，一些历史上闻名的诸侯也是混血儿出身，最典型的就是春秋时期霸业常盛的晋王室。

晋室是辅佐周天子的重臣，始祖是

虎鹰搏击戈
春秋晚期。山西太原金胜村赵卿墓出土，山西博物院藏。

周成王的弟弟叔虞。西周灭亡时，晋文侯与其他诸侯拥立周平王有功，被赐命与郑国共同辅佐王室，成为与周王室最亲近的诸侯国之一。到了晋武公封侯在曲沃（今山西闻喜东北）时，晋国国力渐强，他用宝物贿赂周王室，从侯爵晋升为公爵。晋武公儿子献公是个雄才大略的国君，他与虢国共同朝拜周天子，声望渐隆。晋献公从戎族娶了两个庶妻，生了两个儿子，一个名重耳，一个名夷吾。之后伐骊戎，得到了骊姬和她的妹妹。晋献公因宠爱骊姬，导致晋国内乱，重耳逃到了母亲的娘家狄国去。有一次，重耳娘舅的部落攻打另外一支赤狄隗如，俘虏了隗如的两位公主，把其中年长的一位给重耳为妻，替他生了两个儿子。那位小的叫叔隗的公主则嫁给了对重耳

铜毡帐顶
春秋晚期。山西太原金胜村赵卿墓出土。这件具有游牧民族风格的器物使人联想起晋王室与狄人的关系。山西博物院藏。

>>>阅读指南
　　马保春：《晋国历史地理研究》。文物出版社，2007年11月。
　　《白话史记》。

忠心耿耿、后来成为晋国重臣的赵衰，他们的儿子赵盾长大后也是晋国名臣。

重耳在狄国一共住了12年才离开。住得久了，就产生了深厚的感情。在与妻子话别时，重耳依依不舍地说：你等我25年吧，如果我不回来，你就改嫁。妻子回答：等你25年，我坟上的柏树都长大了，不过即使如此，我也愿意等你回来。重耳返回晋国并即位，他就是后来的春秋五霸之一晋文公。

狄人听说重耳即位后，派人把他的妻子送去，却把他的两个儿子留了下来。晋文公将一个女儿嫁给了赵衰，她就是赵姬。赵姬善解人意，她让赵衰把赵盾母子接回来，但是赵衰担心家庭失和，没有答应。赵姬说：有了新欢就忘了旧爱，以后还怎么用人呢？坚持请赵衰答应这件事。赵盾和他的母亲回来之后，赵姬认为赵盾很有才干，就请求晋文公立赵盾为赵家嫡子，而她自己生的三个儿子都屈居在赵盾之下。同时，她又让叔隗当嫡妻，自己甘居其下。这说明王室与戎狄的混血程度已经很深了。

晋文公重耳的人生经历可谓坎坷传奇。在他的一生中，始终与戎狄有密切的牵连。他在位期间，对母亲一族的狄人十分友善，称之为"亲戚之国"。

可见，中原民族与边疆少数民族的战争虽然时常发生，但是华夷一家亲却是春秋时期民族关系的主题。

杨姞（jí）壶

山西曲沃县晋侯墓出土。对杨姞其人有不同看法，有认为是嫁到晋国的姞姓杨国女子，也有认为是姞姓女子嫁到杨国，壶是晋灭杨时所得。杨国为周朝的姞姓诸侯国，国君是周宣王的儿子姬尚父，周幽王时受封于杨（今山西洪洞县东南），春秋时为晋所灭，后人以国名为姓，是杨姓的起源之一。山西博物院藏。

>>>寻踪觅迹

晋祠 位于山西太原市悬瓮山麓，初名唐叔虞祠，为纪念晋国开国诸侯、周成王之弟叔虞而建。经历代修葺扩充，成为集中国古代祭祀建筑、园林、雕塑、壁画、碑刻艺术为一体的庞大建筑群，保存有宋、元、明、清不同时期的古建筑100余座，以及盛唐时期碑刻、宋代塑像等众多珍贵历史文化遗产。

10. 牵手戎狄

在春秋霸主中，晋国称霸时间最长，从晋文公称霸，到晋襄公继霸，再到后来与楚争霸，成长为中原名副其实的霸主。

晋国的周围都是戎狄，《左传》说"晋居深山，戎狄之与邻"。作为周王室抵御北方戎狄的屏障，身处戎狄与华夏杂居的复杂地域，一方面要防范戎狄，一方面还要争霸中原，其霸业所成，与其采取的和戎政策密不可分。从晋献公开始，晋王室就频繁与戎狄通婚，晋文公时此风不减。到晋悼公时，大夫魏绛提出"和诸戎狄，以正诸华"的政策，为晋重举霸业奠定了进一步的基础。这个政策的核心是以媾（gòu）和戎狄作为治理中原的策略和手段。

晋悼公时，魏绛担任晋国的新军副帅，山戎首领派人到晋国找魏绛，希望通过他跟晋国国君说情，与晋议和。晋悼公本来想直接攻打山戎，但魏绛劝阻说，对山戎用兵是把精力浪费在一些无价值的事情上，即使最后战胜了戎狄，却失去了中原诸侯的信任，还不如结盟来得划算。结盟之后，晋国一可以买戎狄的土地，因为他们逐水草而居，轻视土地，重视财货；二可以使边境的人民安心劳作，适时播种收割；三可以震慑四方之国，诸侯肯定会吃惊戎狄竟臣服于我晋国，从而对我们恭敬有加；四可以安抚戎狄，也使我们的战士得到休养生息；五可以宣扬道德法则，使远的国家来朝见，近的国家与我们结盟

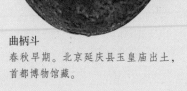

曲柄斗
春秋早期。北京延庆县玉皇庙出土，首都博物馆藏。

> >>> 小贴士
>
> **山戎** 春秋时期我国北方一支较强大的少数民族，主要生活在今河北北部燕山一带。史书记载其"射猎禽兽为生"，"随畜牧而转移"，经常联合袭扰中原，成为燕、齐诸国边患。公元前663年齐桓公兴兵救燕伐山戎，灭掉令支、孤竹山戎部。约战国晚期，山戎逐渐销声匿迹。

三角云纹匜
春秋早期。北京延庆县玉皇庙出土。是山戎贵族引进的中原成套青铜礼器之一。首都博物馆藏。

之后也安心，不会三心二意。

魏绛的这条计策非常厉害，他抓住了当时中原苦于外患，各有心争霸之国都被外敌牵制，无法投入完全的精力经营中原事业这个特点，将戎狄和华夏视为一体两面的整体来考虑，因此为晋国争取了一个强大的盟友，减少了一个可怕的对手，也有力地促进了戎狄与华夏的交流。

魏绛此举果真取得了成功，在其后八年内，晋国竟能九次会盟诸侯，号令天下，势力越过黄河，并与中原、戎狄的关系大体保持着和平，大国中唯有楚国能与之抗衡。为此，晋悼公非常感谢魏绛，特赐他半支能奏出金石之声的乐队——这在周礼中原是公侯才能享受的待遇。

>>>阅读指南
孙登海：《追寻远逝的民族——山戎文化探幽》。北京师范大学出版社，2007年11月。
何光岳：《北狄源流史》。江西教育出版社，2002年12月。

>>>寻踪觅迹
山戎文化陈列馆　位于北京延庆县靳家堡乡，是建在当地玉皇庙山戎墓葬群遗址上的古代少数民族文化专题博物馆，保存有10座发掘完好的山戎文化墓葬及其他珍贵出土文物。

北京延庆县博物馆　展出当地军都山一带考古发掘出土的大量春秋时期山戎文物，首都博物馆也收藏有相关文物。

直刃匕首式青铜短剑
山戎文化的代表性遗存，大量出土于山戎墓葬中，仅北京延庆县玉皇庙山戎墓就出土了70多件。首都博物馆藏。

11. 华风楚渐

青铜神兽

春秋。河南淅川县徐家岭楚墓出土。龙首、虎颈、虎身、虎尾、龟足。龙首上附六条蛇形龙，脊背方座上有一神兽也为龙首，口衔一条龙。通身满嵌绿松石，形象诡谲。其用途不明，有的认为是鼓架，有的认为是编磬架。河南博物院藏。

楚国的兴起是出乎人们意料的。楚国处在南方蛮夷之地，虽然其祖先源出黄帝，当了火政官，使天下光明，却仅保有男爵之位，一直难以与中原华夏平起平坐。进入西周时期，楚君熊渠曾把自己的三个儿子都封为王，说："我们是蛮夷！中原那一套不管用！"但是中原各国没有人承认他，更没有人响应。当时刚即位的周厉王特别残暴，楚君害怕事

情闹大了会招致王室讨伐，搞不好会灭族灭国，于是只得讪讪收场，还是当回男爵。楚国既然在中原讨不到好处，只好埋头搞国家建设，逐渐强大起来。

楚人强悍尚武，要是国家连续几年不对外动武，国君就会被认为是背叛了祖宗忘了本，因此楚国的几位君主都热衷武功。到熊通为君时，竟讨伐周王朝的宗亲国随（今湖北随州一带），逼着随国国君到周天子那里要求提升楚君的级别。周天子不同意，楚君大怒，说："王不加我，我自尊耳！"当即自立为"楚武王"，开创了诸侯僭号称王的先河，周天子和华夏诸侯都拿他没办法。

楚国到处打仗，攻城略地，在江汉之间收服了各蛮夷部落和一些周宗室的小国，土地日渐增多。到了楚成王的时候，国土纵横千里，国势强盛，越发不好惹。据说在碰到晋文公的大军之前，楚军还没有尝到过失败的滋味，各诸侯

>>>阅读指南

冯知明：《楚国往事——"不服周"的蛮夷楚国》。凤凰出版社，2009 年 10 月。

张正明：《楚史》。中国人民大学出版社，2010 年 7 月。

纷纷前来结盟修好。楚君觉得自己已今非昔比，就问起周王室的国宝九鼎的重量来，用意是试探楚在中原的影响力有多大。后人因此用"问鼎中原"来比喻夺取权力的雄心。

龙首双耳簋
春秋。河南淅川县下寺楚墓出土，河南博物院藏。

故意对他说：要见楚王，必须戴帽子，不然不能见，这是礼节。越人是地处海边的民族，断发（剪短发）文身，从不戴帽。楚虽也出身蛮夷，但是遵从周礼，自以为行冠制是跻身于礼仪之邦的象征。谁料廉稽也不是好惹的，他反唇相讥道：越国也是受封于周王室的，可惜地处海滨，与鱼鳖为伍，所以文身剪发才适于生存。如果今天来楚国一定要戴帽子，那你们楚人哪天到越国去，就请文身剪发好了。一听这话，楚君急忙穿好衣服出来道歉。

楚君心中仰慕中原文化已久，平时也很注意遵守一些中原的礼仪，以维护自己好不容易建立起来的地位，摆脱蛮夷的蔑称。行冠礼就是一个重要的方面。据说有一次越王勾践派廉稽出使楚国，楚国大臣看不起越国，想捉弄廉稽，就

楚国从自称蛮夷到"不冠不得见"，其心志在华夏，想问鼎中原。由此看来，楚人已经接受并认同了中原文化，不仅将中原文化吸收到楚文化中，对自己属于华夏民族的身份意识也逐渐增强。

黄夫人瓶形盉
春秋。河南光山县宝相寺黄国国君孟夫妇墓出土。蕴含着中原文化和楚文化相互渗透的诸多因素。黄国处于夏夷之间，是楚北进中原的要冲，也是今天黄姓的发源地，公元前648年为楚所灭。河南博物院藏。

>>>寻踪觅迹
　　纪南故城遗址　位于湖北荆州市，春秋战国时期楚国都城郢的遗址。从楚文王元年（前689）建都，到楚顷襄王二十一年（前278）秦将白起攻进郢都，411年中，共有20代楚王以此为都，先后统一了近50个小国，是楚国最强盛的时期。相关文物收藏于荆州市博物馆。

12. 问鼎称霸　一鸣惊人

"不鸣则已，一鸣惊人。"这句成语是春秋霸主之一楚庄王的自诩。在他当政时期，楚国几代人的努力结成正果，不仅是南方的霸主，还成就了中原霸业。

楚庄王本是一个有雄才大略的君主，但在执政刚开始的三年，他整天沉湎于酒色，不问朝政，并下令：敢谏者死！

还真有不怕死的，大臣伍举就是一个。伍举闯进大殿的时候，庄王正左拥右抱着美人在听靡靡之音。伍举强忍怒气，说："听说有一只鸟待在高山上，三年不飞也不叫，大王知道这是什么鸟吗?"楚庄王一听，心想：好啊，这是在拐着弯骂我呢！于是回答："三年不飞，一飞必定冲天；三年不叫，必定一鸣惊人！你退下吧，寡人已经知道答案了！"

可是过了数月，楚庄王仍旧饮酒作乐，不见改变。大夫苏从冒死直谏，楚庄王假装生气："难道你不知道进谏者死吗?"苏从说："牺牲生命而能使国君清明，这是我的愿望。"

于是，楚庄王命令撤掉音乐，赶走美女，任用伍举、苏从，改革政治。原来，楚庄王年轻即位，楚国内部正处于一种不安定的状态之中，一些权臣拥兵自重，楚庄王没有抵抗之力，只好假装淫靡来观察内外的动静，一旦时机成熟，就果断行事。

楚庄王大刀阔斧地改革，使楚国出现了新气象，因而更积极地向外图霸。在灭了庸（今湖北竹山县西南）之后，又击败晋军，收服了郑国。公元前606年，楚庄王借北伐陆浑之戎（今河南嵩县东北）之机，把大军开到

王子午鼎
河南淅川县下寺楚墓出土。王子午是楚庄王之子，曾任楚国令尹（宰相）。河南博物院藏。

>>>阅读指南
　　魏昌：《楚国历史文化读本》。湖北人民出版社，2009年12月。
　　黄凤春：《浓郁楚风——楚国的衣食住行》。湖北教育出版社，2001年1月。

周都洛阳的郊外，举行盛大的阅兵仪式。周定王派大夫王孙满来慰劳楚军。宾主刚坐定，楚庄王就向王孙满打听起传说中周天子的镇国之宝——神龙九鼎的大小轻重。王孙满认为楚庄王这是在觊觎周室王权，所以并不直接回答。王孙满先追述了夏、商、周三代的兴亡历史，然后说，国家兴亡在德不在鼎，昔日周成王承应天命，定都洛邑，占卜可传30世700年，可见周王的福祉绵长。现在虽然王室衰微，但离天命所定的年限还远得很，问神鼎的大小轻重又如何呢？

楚人喜欢巫卜鬼神之事，听王孙满这么一说，楚庄王也有点无趣了。周朝当时立国才400多年，离占卜说的700年还有很长一段时间的国运，看来还不可贸然轻进，于是楚庄王退兵回国。

楚庄王问鼎虽然遭拒，但是他雄心不减，先是与吴、越结盟，安定后方，

克黄升鼎
河南淅川县和尚岭楚墓出土。为楚庄王时箴尹、令尹子文孙克黄所铸，是目前考古发现的最早的楚国升鼎。河南博物院藏。

鄬子佣浴缶
春秋。河南淅川县下寺楚墓出土，河南博物院藏。

然后便全力向北征战。在与主要对手晋国对决的邲（bì）之战中，楚军获胜。接着伐宋，又胜。这时主要的中原小国都归附了楚，楚庄王霸业大盛。

从楚文王到公元前223年楚为秦所灭的400余年间，楚国通过长期的军事扩张，吞并了大大小小的商代古国、周初分封的诸侯国及附庸国50余个，如果加上一些民族部落，总数有百余个"国家"和"民族"。楚国最盛时，疆域占有今湖北全省和陕西、四川、重庆、河南、湖南、江西、安徽、江苏、浙江、山东等省市的大部分或一部分。《史记·苏秦列传》中说楚"地方五千余里，带甲百万，车千乘，骑万匹，粟支十年"。楚成为南方首强，形成与中原各国长期争逐的局面，客观上也有力地促进了民族融合。

由此观之，楚庄王一鸣惊人、问鼎中原并非虚言，所以这两句成语也就成了流传千古的励志名言。

>>>寻踪觅迹
湖北省博物馆 辟有专门的楚文化展区，集中展出湖北出土的楚文物精华。
楚皇城 位于湖北宜城市皇城村，系春秋战国时期楚国故城遗址。

13. 退避三舍　一战而霸

晋文公当国君时已年过六十，虽大器晚成，却一战而霸。这一战就是春秋时期著名的晋楚城濮之战。

公元前632年，晋文公打下了曹国和卫国，楚成王听说了，就派人去叫正在攻打宋国的大将成得臣（又名子玉）罢兵。楚成王传话给成得臣："重耳在外头跑了19年，现在已经60多岁了。他吃过苦，是一个挺有经验的人。咱们跟他打仗，未必能占上风，你还是趁早回来吧！"

成得臣觉得宋国很快就可以攻下，不愿意退兵。他派人去对晋文公说："楚国对于曹国和卫国，正像晋国对于宋国一样。您要是恢复曹国和卫国，我就不打宋国，咱们彼此和好，省得老百姓吃苦。"晋文公还没说话，大臣狐偃开口

就骂："成得臣这小子好不讲理！他还没打败宋国，倒叫我们恢复两个已经灭了的国家，哪有这么便宜的买卖！"他把成得臣派来的使臣扣押起来，把其他人放了回去。

为了打击楚国，晋国又办了两件重要的事情：一是派使者去联络秦国和齐国，请它们一起帮助中原诸侯抵御楚国这个南方蛮夷；二是通知卫国和曹国的国君，叫他们先跟楚国绝交，将来一定恢复他们的君位。曹、卫两位亡国之君就写信给成得臣，说他们只好得罪楚国，归附晋国了。成得臣正替这两国说情，他们倒来跟他绝交，差点气昏过去。他双脚乱跳，嚷道："这两封信明明是那个老不死的老贼重耳逼他们写的！算了，不打宋国了，找那老贼去，打退了晋国

子犯和钟

春秋。一组八件编钟，铭文记载晋文公重耳流亡19年后返晋掌权，以及晋楚城濮之战等重要史实。作器者子犯为晋文公舅父狐偃。台北"故宫"藏。

晋文公复国图（局部）：晋公子重耳流亡来到楚国，受到楚成王的接待

《晋文公复国图》是南宋画家李唐根据晋文公重耳流亡的故事所作，画为连环式，每段都有南宋高宗皇帝赵构亲书的题记。赵构的经历与重耳有些相似，所以此图具有激励当时失国的南宋君臣为复国而努力之意。美国纽约大都会博物馆藏。

再说！"于是，成得臣带领兵马赶到晋国人驻扎的地方。

晋国大将先轸（zhěn）一见楚国人过来，就打算立刻开战。狐偃说："当初主公在楚王面前说过，要是两国打仗，晋国情愿退避三舍。这可不能失信。"原来，早先晋国内乱时，重耳逃难到了楚国，楚成王把他当贵宾，二人做了朋友。有一天，楚成王与重耳聊天时问："公子要是回到晋国，将来怎么报答我啊？"重耳说："金银财宝贵国多得很，要是托大王的福能够回国的话，我愿意跟贵国交好。要是万一发生战争，我可以退避三舍，算是报答您的大恩。"当时楚大夫子玉曾请求楚成王杀掉重耳，但楚成王说重耳志向远大，生活俭朴，言谈举止合乎礼仪，上天将帮助他兴起，违反天意必定会有大的罪过。这样，重耳才得以平安回国并做了国君。

大家认为狐偃说得对。晋文公吩咐军队向后撤退，一口气退了30里；远远望见楚军朝前移动，就再退30里，把楚军抛远了；派人一探听，楚军又跟上来

>>>阅读指南
《山西历史文化丛书（第八辑）·晋文公的霸业》。山西人民出版社，2009年。
《山西历史文化丛书（第二辑）·晋国史话》。山西人民出版社，2009年。

>>>小贴士
曹国　春秋战国时期姬姓诸侯国，始封君为周武王的弟弟叔振铎，辖地在今山东定陶县附近。春秋时期为晋楚争霸的对象之一，公元前487年为宋国所灭，共历26王558年。后裔以国名为姓，是曹姓的起源地之一。今定陶西北有曹国王陵遗址。

晋文公复国图（局部）：楚成王派车送重耳去秦国

了，晋军就又退了30里。这样总共退了90里，到了城濮（今河南濮阳县南）才驻扎下来，不再往后退了。这时，秦、齐、宋的兵马也先后到了。

楚军见晋军一退再退，以为晋文公不敢跟他们打仗，便骄气十足。副将斗勃对成得臣说："晋国的国君已退避三舍，将士们主张停下来。"成得臣不同意，一直追到了城濮。

晋文公知道楚国多年来没打过一次败仗，成得臣又是一员猛将，楚军一步死盯一步地逼上来，心里多少有点害怕：要是打了败仗，别说不能当霸主，往后中原诸侯只好听楚国的了。他越想越担心，越担心越心虚，晚上翻来覆去睡不着，好容易睡着了，却做了个噩梦。

第二天，晋文公对狐偃说："我昨晚做了个梦，好像是在楚国跟楚王摔跤。我摔不过他，他趴在我身上，直打我的脑袋，还吸我的脑浆。现在我的头还有点疼！"狐偃很会说话，他给晋文公打气："咱们要打胜仗了。主公仰面朝天，分明是得到了老天爷的帮助。楚王向您一趴，他的脸朝下，表示向您服罪。"晋文公一听，头也不疼了，也有胆量了。

这一战，楚军大败。消息传到了洛阳，周襄王就派使者去慰劳晋文公。晋文公借着招待天子使者的机会，会盟诸侯，订立盟约。在华夏各族的支持下，晋文公成就了霸业。

>>>寻踪觅迹

西水坡遗址 位于河南濮阳市，自上而下叠压着宋、五代、唐、晋、汉以及东周、商、龙山和仰韶等多个文化层。东周文化层共发现30余个大型葬坑，有专家认为可能是城濮之战士兵的墓地。相关文物收藏于濮阳市博物馆。

14. 晋楚争霸

楚庄王问鼎中原的时候，楚国势力稍胜晋国，当晋景公登位的时候，晋国又重新称霸。为了与楚抗衡，晋国派人向周天子献上齐国俘虏，以此向楚及其盟国齐示威。

公元前599年，刚刚继位的晋景公听从逃到晋国的楚大臣申公巫臣的建议，拉拢和扶植刚刚兴起的吴国反对楚国，楚后院起火。晋趁机攻楚及其附属蔡国，接着又攻打其他倒向楚国的小国，还拉拢齐国。楚国被晋、吴夹击，焦头烂额。为了拉拢中原诸侯，楚用贿赂收买郑国并结盟。但郑成公又害怕晋，就到晋去朝见，被晋拘留。晋随即伐郑。郑派使者去求和，使者被杀，于是楚王派兵攻打亲晋的陈国，以解郑国之险。

>>>小贴士

蔡国 西周至春秋姬姓诸侯国，初建国在今河南上蔡县一带，始封君为周武王之弟叔度。春秋初年，蔡先服楚，后又服晋，楚出兵灭蔡，后又准许其复国，并迫使蔡迁都吕亭（今河南新蔡）、州来（今安徽凤台县，史称下蔡）等地。公元前447年，楚最后灭蔡。蔡共历25代君，立国600余年。灭国后，子孙散居各地，以国为姓，是蔡氏来源之一。今上蔡县有蔡叔度墓、蔡国故城等遗迹。

楚公逆钟

西周晚期。山西曲沃县北赵村晋侯墓出土，八件一套。楚公逆即楚国第16任君王熊咢，专家分析编钟可能是楚公逆赠给晋侯的礼物。它将楚晋交往的历史提早到了西周晚期。

大武辟兵戚（戈）

湖北荆门市车桥战国墓出土。正反两面都铸有相同的神像，有专家推论它是古人想象中的太岁星宿，可能是用来预卜发兵吉凶的法器。荆州博物馆藏。

由于连年用兵，不胜负担，晋国开始萌生与楚和解的念头，于是释放了楚乐官钟仪，让他向楚王传达此意。楚共王接受了晋的和解要求，派公子辰去进行接触，晋国也派使臣籴（dí）茷（fá）到楚国和谈，双方关系稍有好转。由于晋国并未停止攻打郑国，和谈陷入僵局。

公元前588年，晋又邀集鲁、宋、卫、曹等国讨伐郑国，以报复郑在邲之战中对晋的不忠，结果反而被郑伏击，郑还把晋的俘虏献给了楚国。晋为了缓和与楚国的矛盾，释放了邲之战中俘虏的楚公子，并要求楚国归还俘虏的晋将。楚国归还俘虏时，俘虏的态度强硬，楚共王由此感到"晋未可争"。此后晋楚双方纷纷从对方的附属国下手，既是互相试探，又是相机行事。

蔡侯盥缶
春秋。安徽寿县西门蔡侯墓出土。铭文记载了蔡与吴、楚的关系。盥缶多见于南方，春秋晚期至战国普遍流行，以楚系青铜器为甚，是楚文化代表性器种之一。安徽省博物馆藏。

直到几年后晋厉公即位，才出现了一个愿意打破僵局的"和平大使"，他就是宋国大夫华元。华元与楚令尹子重和晋国执政大臣栾武子都友好，他不愿意看到朋友之间残杀，听说楚国使者已经答应了籴茷的求和，就先跑楚国，再跑晋国，积极促成两国和好。公元前579年，晋楚双方在宋国西门外结盟，盟辞约定互不侵犯，共同对敌，互相交通，协商讨伐背叛者，郑、鲁、卫等国也纷纷表示接受盟约。随后，晋楚双方高层开始了互访，首先是晋国大臣郤（xì）至到楚国拜访，然后楚国公子罢回访。这年十二月，晋厉公与楚公子实现了最高级别的会晤。

晋楚结盟是双方在势均力敌的情况下为了喘一口气而采取的一种暂时策略，所以盟约只维持三年便瓦解了。晋楚争霸实际上是北方以周族为主体和南方以楚族为主体的两大族群集团之间互动的一种形式。在春秋争霸中，小国逐渐被大国吞灭，大国的势力越来越大，中华民族的核心在一步步形成。

>>>阅读指南
贾志刚：《说春秋之三·晋楚争雄》。广西师范大学出版社，2009年9月。
降大任：《山西史纲》。山西人民出版社，2004年5月。

>>>寻踪觅迹
晋国古都博物馆　位于山西侯马市，是建立在晋国遗址上的专题博物馆。侯马古称新田，春秋时期，从晋景公十五年（前585）到晋静公二年（前376）的209年里，新田为晋国晚期都城。保护区内发现有古城遗址五座，以及宫城、祭祀遗址和各种手工业作坊遗址，其中铸铜作坊规模巨大，出土陶范三万余块。

15. 晋楚鄢陵之战

晋楚首次结盟并不牢固。公元前576年，楚共王认为自己的优势还在，打算继续北上。令尹子襄说："刚刚与晋订了盟约又背弃它，恐怕不行吧？"司马子反则说："敌情有利于我就进攻，谈什么结盟不结盟！"楚国老臣申叔听到这话，就说："子反一定不能免于祸患了！信用是用来保持礼义的，礼义是用来保护生存的。信用和礼义都丧失了，想免除祸患行吗？"然而楚共王听从子反的话，挥师北上，先进攻郑国，接着攻打卫国。郑国反抗楚国，也派兵攻占了楚国的地盘。晋国见楚国背盟，在当年冬天约集了鲁、齐、宋、卫、郑、邾与吴国会盟，商讨共同对付楚国事宜。这也是吴国与中原诸侯首次结盟。

第二年，楚国用土地贿赂郑国，郑国就背叛了以晋为首的联盟，跟楚国结盟。在楚的支持下，郑国开始攻打宋国，俘虏了宋国两员大将。卫国则替晋国攻打郑国。

此时晋国内部对于伐郑有两种不同的意见。大将士燮（xiè）主张等待，而中军元帅栾书主张进攻。公元前575年五月，晋军渡黄河，与楚军在鄢陵（今河南鄢陵北）相遇。士燮想打退堂鼓，新军统帅郤至制止说："难道你想重蹈先人的覆辙，增加耻辱吗？"士燮

龙耳虎足铜方壶
河南淅川县下寺楚墓出土，河南博物院藏。

败军之物——王子婴次炉

传河南新郑李家楼郑公大墓出土。著名学者王国维认为它为楚国令尹子重（楚庄王之弟）所作，是晋楚鄢陵之战楚师兵败后遗于郑地的。中国国家博物馆藏。

的儿子范匄（gài）积极献策：将营地的井灶填平，然后把军队行列放宽，摆开阵势给楚军看，与楚决战。栾书也认为楚军轻佻，只要晋军沉住气，等到楚军退兵时再发动进攻，一定能获胜。郤至分析了楚军内部的六大漏洞，也赞成栾书的看法。

楚共王这边也有杰出的人才。在共王登车眺望晋军营地的时候，晋逃臣太宰伯州犁侍奉在一旁，一一向楚王道明晋军动向。同时，楚逃臣苗贲（bēn）皇也在给晋厉公指点楚军形势。晋大臣们看见这样的情形，议论道：楚王有杰出的人才辅佐，洞悉我军军情，而且军力

>>>阅读指南

刘彬徽：《江汉文化与荆楚文明》。江苏教育出版社，2008年8月。

童书业：《春秋史》。上海古籍出版社，2003年4月。

强盛，怕不可阻挡啊！苗贲皇却认为，楚军精锐只在中军王族而已，提出要用部分精兵进击其左右翼，再以三军重兵迎击中军王族。晋厉公于是派人占卜，得到吉卦，决定按照苗贲皇所说出兵。

在决战前夜，晋大将吕锜（qí）做了一个梦，梦见自己对着皓皓明月弯弓劲射，而后跌倒在泥沼里。占卜的人告诉他："姬姓国是太阳，异姓国是月亮，这必定是楚王了。你射中了他却又跌倒在泥坑里，说明你会战死的。"等到交战时，吕锜果真射中了楚王的眼睛。楚王气坏了，给神箭手养由基两支箭，让他射吕锜。养由基是一箭就能射穿七层铠甲的勇士，吕锜被他一箭穿喉射死了。这时楚军被逼到了险恶之地，养由基和勇士叔山冉（rǎn）奋力据守，阻止了晋军前进。两军激战一整天，晋军俘虏了楚公子茷，眼看已经日落黄昏，只得各

栾书缶及其铭文（局部）

为春秋时期晋国大夫栾书的子孙祭祀祖先而作，也是传世最早的错金铭文铜器。铭文记载栾书伐郑、败楚的事迹。中国国家博物馆藏。

自收兵，准备第二天再战。

苗贲皇下令整饬（chì）军队，同时故意放走俘虏，让他们回去通报，以扰乱楚国军心。楚共王果然很担心，就去找子反商量，谁知道子反喝醉了酒，正在呼呼大睡。共王心乱如麻，认为天命要败楚了，自己不能在这里待下去，于是连夜仓皇逃走。第二天晋军进驻楚军营地，连续三天吃着楚军留下的粮食。子反酒醒后，知道自己犯下大错，便以死谢罪。

这次战争虽然晋胜楚，但是双方其实实力相当。只是由于晋军战略得当，楚军虽勇却军心不稳，被晋军用了心理战，致使楚共王临阵脱逃，才导致楚军全面失败。战争中楚王所仰赖的天命，晋军所依靠的占卜，都关系到士气的兴衰，说明双方在文化上已经有了某些共同的认知。而占卜师所附会的姬姓国与异姓国之分，又表明双方在观念上仍有各自的身份认同，随着历史的发展，二者的冲突必定还要继续。

>>>寻踪觅迹

河南博物院 收藏有河南淅川县丹江口水库楚墓群出土的文物。淅川是楚文化发祥地和楚始都丹阳所在地，楚国900年历史有450年建都于此，45位楚王有23位在此执政。目前已发现春秋时期楚国古城址10余处、古墓群5000余座，出土文物数以万计。

16. 吴尽取楚之蛮夷

晋楚争霸中，晋国的一个重要策略是扶植吴国来牵制其邻居楚国，其中有一个关键人物，就是楚国大臣巫臣。

公元前 595 年，楚国大军包围宋国，与宋签订了和约。楚令尹子重和司马子反在战争中立了功，子重便请求楚庄王将申、吕两地的部分土地赏赐给自己，楚王答应了。当时申地是巫臣管辖的，巫臣上奏楚王："这些土地是申邑和吕邑赖以成为城邑的条件，从这里征用兵赋，可以用来抵御北方。如果为私人所有，公室就无法抵御郑国和晋国的势力侵入汉水。"楚王于是收回了对子重的允诺，子重因此怨恨巫臣。

子反倾慕郑穆公之女夏姬，想娶她。巫臣也恋着夏姬，就骗子反说娶她不吉利，子反只好作罢。巫臣却马上娶了夏姬逃到了晋国，因此子反也恨巫臣。

等到楚共王上台后，子重和子反都受到重用，就把巫臣家族的主要人物都杀了，还分了他们的家产。巫臣愤怒极了，从晋国写信给子重和子反："你们用奸诈邪恶侍奉国君，杀了许多无罪的人，我一定要让你们疲于奔命，直到死为止！"

巫臣向晋侯请求出使吴国，开始了他的复仇计划。吴国虽是周王室成员建立的姬姓国家，却因偏居今苏浙一带而长期与中原诸侯较少来往。听说原楚国的重臣巫臣来访，吴王寿梦喜出望外。巫臣促使吴国与晋国交好，还把从楚国带来的 30 辆兵车都运到吴国来训练军队。巫臣深谙楚国的兵车战术和战斗习惯，将这些经验悉数传授给吴国的射手和御者，还教他们如何熟练地使用兵阵。略有小成之后，巫臣将自己的儿子狐庸留在吴国当外交官，以配合下一步的行动。

不久，吴国开始攻

嵌红铜龙纹方豆
河南固始县侯古堆春秋句 (gōu) 吴夫人墓出土。有专家推测句吴夫人即夫差夫人，是在随夫差"伐楚取番国"时死亡并葬在当地的。河南博物院藏。

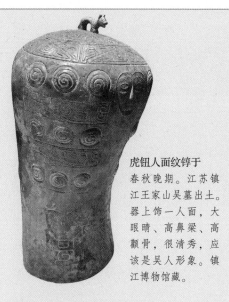

虎钮人面纹錞于
春秋晚期。江苏镇江王家山吴墓出土。器上饰一人面，大眼睛、高鼻梁、高颧骨，很清秀，应该是吴人形象。镇江博物馆藏。

楚途盉
春秋。江苏苏州枫桥何山出土。铭文"楚叔之孙途为之盉"，说明它是楚国贵族之器，可能是吴国军队入楚抢掠的战利品。苏州博物馆藏。

打楚国、巢国、徐国，子重、子反为此四处奔走救援。吴军接连取得胜利，俘虏了不少楚国将士。公元前584年，吴国进入楚的附属州来国，子重、子反又从郑国赶去救援。二人在一年之内奉命奔走达七次之多。

公元前570年，吴国伐楚，夺取驾邑(今安徽无为县)。公元前559年，楚伐吴，吴从险道中途拦截，大败楚军，俘获楚公子宜谷。公元前538年，吴再伐楚，攻入棘、栎、麻，即今河南永城县和安徽砀(dàng)山县一带。原本属于楚国的蛮夷小国，都被吴国尽数占有，从此吴国开始强大，并与中原诸侯有了较多来往。

巫臣将楚的军事技术和文化带入吴国，促进了吴国的发展，客观上也促成了双方的文化交流。楚文化相对而言处于较强的地位，吴国学了之后获益很大，逐渐起了向中原争霸之心。

>>>阅读指南
黄胜平、王国平：《吴国春秋》。世界知识出版社，2006年12月。
叶文宪：《东周列国探秘丛书·吴国历史与文化探秘》。文物出版社，2007年5月。

>>>寻踪觅迹
无锡 吴文化的发源地之一。阖闾城遗址初步认定为春秋时期吴王阖闾的都城，另有泰伯渎、泰伯陵、泰伯庙、鸿山遗址、吴文化博览园等相关人文景观。无锡博物馆有众多吴文物。

苏州 曾为春秋吴国、战国越国、三国孙吴、元末张吴等多个政权的首都，是吴文化的发祥地和集大成处，有吴王阖闾所建姑苏台、阖闾就葬地虎丘、春秋吴国古城门胥门等相关遗迹。苏州博物馆有众多吴文物。

17. 吴越之争促整合

越国又称于越，相传始祖是夏后帝少康的小儿子无余，被封于会稽，即今浙江绍兴市。无余的祖先大禹死后被葬于会稽山，他的任务之一就是负责祭祀禹。越人剪短头发，身上刺着花纹，和吴国姬姓人的风俗有很大差异。第38代越王允常在位的时候，与第24任吴王阖闾发生了战争，彼此结下了仇怨。

允常的儿子句践即位的第一年，吴王阖闾趁越国新丧起兵来攻。句践以敢死队在吴军面前排成三列，大叫自刎，吸引吴军注意力，同时引兵进攻，吴军大败，阖闾受伤，没多久就死了。临死前，阖闾嘱咐太子夫差一定要记得向越国报仇。

夫差即位后，派人每天在庭院里见到他就喊："夫差！你忘了越王的杀父之仇了吗?"他就回答："不敢!"以此提醒自己日夜勤政，训练军队。句践听说了之后，想先发制人，就不顾大臣范蠡（lǐ）的劝阻，兴兵攻打吴国。夫差接到消息又喜又恨，心想我终于等到了这一天！公元前494年，夫差出动所有精兵，大败越军，并乘势攻进越国。句践带着仅剩的五千士兵退守会稽山。句践以为自己没有出路了，本想杀掉妻子，毁掉一切宝物，然后战死。大臣文种献

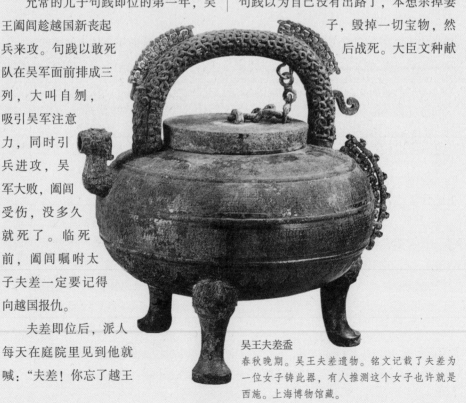

吴王夫差盉

春秋晚期。吴王夫差遗物。铭文记载了夫差为一位女子铸此器，有人推测这个女子也许就是西施。上海博物馆藏。

计劝句践收买夫差身边的宠臣太宰嚭（pǐ），向吴王求和。

　　吴国大败越国之后，积极向北扩张。首先进攻陈国，再侵扰蔡国，公元前488年，鲁、宋屈服于吴，交纳了大量牛、羊、猪作为享宴品。次年，由于鲁国攻打吴国附属邾国，吴又攻鲁，逼迫鲁与之结盟。当时齐国在东方称雄，吴国将矛头直指齐国，并于公元前486年联合一些小国进袭齐国，齐人杀了齐悼公以告联军，吴国才退兵。过了一年，吴国又攻打齐国，获胜。称霸东方的齐国一再被吴军打败，宋、郑间又不断相攻，晋楚衰落自顾不暇，其中楚国先前曾被吴国攻破国都，夫差沉浸在节节胜利的狂喜中。公元前482年，吴王夫差和鲁哀公、晋定公、周王室代表单平公在黄池（今河南商丘）会盟，夫差成为霸主，事业达到了顶峰，同时也是他走下坡路的开始。

　　越国降吴后，越王句践和大臣范蠡作为臣隶（役使的仆人）去了吴国，三年后才被释放回国。句践卧薪尝胆，发誓一定要报仇雪恨。他亲自下田耕作，他的夫人则自己动手织布，每天粗茶淡饭，衣着简朴，与百姓同甘共苦，同时礼贤下士，广纳人才，励精图治。一转眼，句践回国七年了，他觉得时机差不多了，便想攻打吴国。

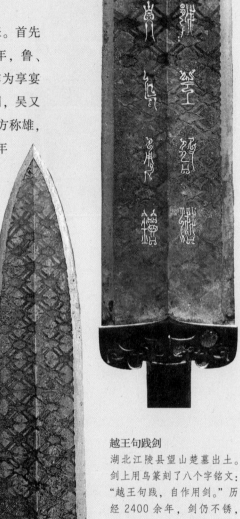

越王句践剑
湖北江陵县望山楚墓出土。剑上用鸟篆刻了八个字铭文："越王句践，自作用剑。"历经2400余年，剑仍不锈，纹饰清晰精美，锋利无比。专家认为它是楚国灭越后作为战利品被带入楚地的。湖北省博物馆藏。

铜鸠杖上的越人和吴人
春秋。分别出土于浙江绍兴市中庄村和江苏丹徒北山顶。形象基本一致，头发梳成椎髻，身上有纹饰，正是史书记载的"断发文身"打扮。

大臣逢同说："国家刚刚恢复，如果致力于加强军备，一定会引起吴国的猜疑甚至扑杀。现在吴国到处用兵，得罪了很多大国。它将自己凌驾于周王室之上，德行少而战功多，一定会招致怨恨。我们不如结交齐国，亲近楚国，随附晋国，将来联络三国一起攻打吴国。"果然，第二年（前486），吴王夫差又要进攻齐国，大将伍子胥进谏不要攻打齐国，应该先打越国，遭到拒绝。太宰嚭趁机诋毁伍子胥，于是夫差赐死了伍子胥。伍子胥死的时候说："把我的眼睛放在吴国的东门口，我一定要亲眼看看越国的士兵是怎样冲进来的！"

越国趁夫差将大批精锐军队带到黄池会盟的时候，分两路攻打吴国，俘虏了吴太子友等王孙贵族。夫差匆忙回军，向越求和。句践估计还不能马上灭掉吴国，就答应了。五年之后，句践又攻打吴国，吴军大败。又过了三年（前473），越大败吴军，夫差自杀，吴国被灭。句践学夫差北上会诸侯，并向周王室进贡。周元王派人赐给句践祭肉，命他为伯（霸），他也就成了春秋时期的最后一位霸主。有了夫差的前车之鉴，句践比较懂得笼络人心。他将淮水上游一带的土地送给了楚国，将吴国侵占的宋国土地还给宋，又将泗水（在今山东境内）以东百里之地给了鲁国。此时的越国威震江淮，诸侯毕贺，号称霸王。

越国吞并了吴地之后，吴越两地人民交往更为频繁，文化渐趋一致，后人便越来越多地将吴越连在一起称呼了。

>>>阅读指南
　　王建华：《越国史稿》。中国社会科学出版社，2010年3月。
　　马雪芹：《古越国兴衰变迁研究》。齐鲁书社，2008年1月。

>>>寻踪觅迹
　　浙江绍兴市　春秋战国时期越国都城，有深厚的越文化积淀。有大禹陵、会稽山、印山越王陵等相关古迹，绍兴博物馆、绍兴越国文化博物馆收藏大量吴越文物。

18. 东方传来了渔歌

"东夷"一词源自周代，用来指生活在今安徽、山东、江苏一带的众多部落和方国，这些地方位于周室的东方，故名。东夷人以鸟为图腾，普遍崇拜太阳。《后汉书·东夷传》说："夷有九种，曰畎（quǎn）夷、于夷、方夷、黄夷、白夷、赤夷、玄夷、风夷、阳夷。""九"是多的意思，说明东夷族群众多。

东夷与中原各国的关系总体比较和缓。夏商之际有臣服也有反叛，商武乙时东夷有一部分迁到淮河流域，成为淮夷。

西周时期，东夷成为周王朝的劲敌。文献记载周对东方的战争，出现了东夷、淮夷、南淮夷、南夷等不同称谓，说明这些东夷族群所处的不同地理方位。周初，周公东征平定的主要是今山东境内的东夷，有薄姑、奄等50多国，还有分布在淮水地区的淮夷。西周中叶，徐夷成为东夷势力最强的一支。

徐夷的始祖传说是夏代伯益之子若木，被封于徐，即今山东郯（tán）城，后来逐渐南迁到今安徽泗县、江苏泗洪

裸人方奁（lián）
西周莒国遗物。山东莒县出土。盖顶一对男、女裸体人呈对面跽坐状，器腹下部铸有六个裸体人形器足。莒国保留了较多东夷旧俗。山东省博物馆藏。

龙虎四环铜鼓座
安徽舒城县九里墩出土。器上铭文记载徐国疆域"东土至于淮"。"东土"指今山东曲阜一带，"淮"即淮河，说明徐国是一个东方夷族大国。安徽省博物馆藏。

一带。周初，徐驹王曾起兵攻周，一直打到黄河边。周穆王时，徐君偃行仁义，结众心，四周36个国家都来归附，疆域扩张到今淮河、泗水流域苏、鲁、豫、皖的部分地区，周穆王只好承认他为东方诸侯之首，让他管理这36国。

徐偃王从出生开始就笼罩着一层神秘色彩。传说徐君有位宫人怀孕后产下一个蛋，被当作不祥之物丢弃到水边。有个叫独孤母的妇人养的狗发现了这个蛋，把它衔回家中。独孤母觉得这个蛋很奇怪，就用被褥暖着它，想不到竟孵化出一个男孩。由于蛋破壳时男孩正仰面躺着，所以起名叫偃。后来此事传到了宫中，徐君的宫人听说后，就把偃要了回去。

偃的长相非常怪异，《荀子·非相篇》说他的眼睛可以直接看见自己的额头，《尸子》说他"有筋而无骨"。一个人只有筋而没长骨头，臃肿瘫软，形象之怪异就可想而知了。偃聪明仁爱，长大后治国有方，颇得百姓拥护，国力渐强。为了加强与周朝大国的联系，徐君偃命令疏通陈国和蔡国之间的河道。在挖河时，徐君偃掘出了一副

红色的弓箭，他认为这是天赐祥瑞，便产生了取代周天子的野心。

当时的周穆王喜欢巡游四海，往往一出去就是几年，国政无人管理，诸侯多有怨言。江淮一带的诸侯听说徐君偃得了神弓神箭，纷纷前来归附。徐君偃于是正式自称为徐偃王，率领36国军队进攻周都。传说周穆王正在昆仑山上西王母那里做客，得到消息连夜动身，由造父驾车，驱使着千里马，一日千里回到周都，钦点起大军前去镇压。徐偃王没有想到周穆王回来得那么快，眼见一场血战就要发生。徐偃王不忍心生灵涂炭，便立即收兵，弃国出走，躲进了彭城（今徐州）一带的深山中，随他进山的百姓数以万计。这座山后被称为徐山。

铜器座

浙江绍兴坡塘狮子山出土。器足铜人头戴翘角冠，结角状发髻，周身云雷纹。浙江省博物馆藏。

西周晚期，淮夷又开始进攻周，王室讨伐未成。周宣王时平定淮夷，夺了不少金银财宝和人口、牲畜，可见东夷是比较富庶的。后来，徐夷和淮夷的余部与当地的夏、商、周族人生活在一起，逐渐被同化了。徐国一直延续数百年，公元前 512 年为吴国所灭，其子孙以国名为氏，是今徐姓的来源之一。

在与东夷交往中获益最大的应数齐国。齐国封地与东夷交错，自然条件优渥，物产丰富。齐国国君来自中原，有兼容并包的胸怀，能比较好地处理与土著东夷的关系，所以很快成为东方大国。齐侯兜里有钱了，说话也硬气起来，在葵丘（今河南民权县东北）会盟时，夸耀自己的国家"九合诸侯，一匡天下"。其实，齐国敛财有一个便捷的途径，就是大肆吞并东夷小国，这一办法竟使齐国国土扩张了一倍以上，不仅今山东大部属齐土，势力还到达今河北南部一带，控制了海路、河路和大片丰饶的土地。随着军事兼并而来的，是文化上的冲击，到春秋末年，东夷族已融合于华夏。

冬方鼎
西周中期。陕西扶风县庄白村出土。铭文记周天子命冬抵御淮夷事。陕西宝鸡青铜器博物院藏。

>>>阅读指南
李白凤：《东夷杂考》。河南大学出版社，2008 年 4 月。
张富祥：《东夷文化通考》。上海古籍出版社，2008 年 11 月。

>>>寻踪觅迹
山东省博物馆　山东作为古代东夷族的聚居地，收藏有较多各个时期东夷族群的遗物。

徐偃王遗迹　浙江各地有众多徐偃王的传说与遗迹，不少地方的徐姓奉其为始祖，嘉兴、宁波、鄞州、舟山、象山、湖州、黄岩、衢州、龙游、温岭等地都有徐偃王庙、墓、庐、祠和王城等。

19. 华夏各族联合成就齐桓公霸业

春秋五霸中，齐桓公首先称霸，得益于管子的改革。而管子之所以能为齐相，又全靠他的朋友鲍叔牙。

原来，齐襄公既凶狠又荒唐，对外侵占别的诸侯国，对内鱼肉老百姓，连他的两个兄弟纠和小白都被他迫害，逃到别的国家避难去了。

公子纠的母亲是鲁国人，他就躲到了鲁国姥姥家；公子小白的母亲是莒国人，他就躲到了莒国姥姥家。纠的老师叫管仲，小白的老师叫鲍叔牙。管仲和鲍叔牙是很要好的朋友。特别是鲍叔牙，无论是做生意还是打仗，总是让着管仲、护着管仲。如合伙做生意，鲍叔牙有钱，本钱出得多，管仲家里穷，出的本钱少，赚了钱，反而是管仲多拿一份。鲍叔牙手下的人不服，说管仲占了便宜。鲍叔牙却说："没有的事，他家里困难，我愿意多分点给他。朋友嘛！"

当齐国发生内乱，有一伙人杀了齐襄公，另立国君不久，齐国的大臣又杀了那一伙人和新君，派使者到鲁国来接公子纠回去当国君。

管仲对鲁庄公说："公子小白在莒国，离齐国近，万一他先回国抢了君位，那就麻烦了。我先带领一队人马去挡住他们。"鲁庄公同意后，管仲就带着几十辆兵车赶紧上路。果然，小白由鲍叔牙陪同早已动身回国。管仲紧赶慢赶，总算追上了小白一行人，并用暗箭射杀了小白。管仲认为小白已死，于是不慌不忙地护送公子纠回到齐国。

哪想到小白并没有死。管仲的箭恰巧射中了他的带钩，他吓了一跳，怕再有箭射来，便装死。等管仲走远了，他才睁开眼睛。在鲍叔牙的护送下，小白抄小道抢先回到了齐国都城临淄，被立为国君，他就是齐桓公。

青铜素命镈

春秋齐国器。山西万荣县荣河庙前村后土祠旁出土。铸造者素命是鲍叔牙的孙子。铭文追述了鲍叔牙有功于齐，齐侯赐予封邑与人民，祈求齐国国运昌盛，福泽万年。中国国家博物馆藏。

临淄中国古车博物馆内的春秋殉车马坑

有战车 10 辆，马 32 匹。车辆木头已朽，但痕迹清晰，马骨架保存完好。博物馆建在车马坑遗址上。另有古车展厅，陈列各类古代复原车模型，反映中国车乘的悠久历史和造车技术水平。

齐桓公即位后，打发人到鲁国，说齐国已经有了国君，请别送公子纠回来了。可是鲁国的兵马已经到了齐国地界，齐鲁双方打了起来。结果鲁国败了，被齐国夺去了一大片土地。

鲁庄公吃了败仗，齐国打上门来要求鲁国杀公子纠，交出管仲，否则决不

>>>小贴士

齐国 西周至春秋战国时期诸侯国，有吕齐和田齐之分。西周初年，周武王封军师吕尚于齐，即今山东淄博市一带，史称吕氏齐国，简称吕齐。春秋末年，吕齐衰落，卿大夫间互相兼并。后来，田氏取代吕氏，自立为国君，史称田氏齐国，简称田齐，（田氏）齐国是战国七雄之一，直至公元前 221 年被秦国所灭。

退兵。面对强大的齐国，鲁国只好逼死了纠，把管仲交给了齐国的使者，装上囚车押回齐国。

管仲万万没有想到，回到齐国，鲍叔牙却亲自到城外来接他，并把他介绍给齐桓公。齐桓公问鲍叔牙："他拿箭射我、要我的命，你还要我用他？"鲍叔牙说："那时他是纠的人，自然帮着纠。论本领，他比我强得多。主公要是能够用他，他准能给你做大事、立大功。"于是齐桓公拜管仲为相国，鲍叔牙反倒做了副手。这就是中国历史上著名的"管鲍之交"。

管仲任相国后，在齐国实行了著名的管仲改革，齐国国力大为增强，齐桓公开始走上称霸道路。齐桓公打着"尊

高子戈
高子即齐桓公时的内臣高傒。山东临淄敬仲镇白兔丘村高傒墓附近出土，临淄齐国历史博物馆藏。

王攘夷"的旗帜，联合华夏各族外驱狄人，内安王室。当时戎狄不断侵扰中原，先是燕国遭山戎攻击，向齐求救。齐桓公不但帮燕国赶走了山戎，在燕庄公将他送入齐境后，他还把燕君到过的齐地割给了燕国。后来狄人进攻邢国，邢国也向齐求救。接着卫国被灭，卫遗民一路逃难，狄人紧追不舍，直到黄河边，才由宋国接应，全部救出的只有5000人。齐国派兵帮卫国守卫营地，又送乘马、祭服五套，牛、羊、鸡、狗等各三百，还有木材等物资，并赠送卫夫人乘车和锦30匹。

公元前659年，狄人再次攻邢，齐桓公联合宋、曹两国联军救邢。邢人支撑不住，纷纷溃逃出城投奔联军。联军赶走了狄人，将邢人迁到夷仪（今山东聊城西南）安置，不久又将卫国迁到楚丘（今山东曹县东），并帮助建城。逐狄人、救邢、存卫这些事迹都给齐桓公的霸业大大增添了光彩。

公元前655年，周王室出现了不安宁。周惠王想废黜太子郑，立小儿子带。齐桓公邀集诸侯与太子郑相会，商量安定周室的计策。公元前652年，周惠王去世，太子郑害怕弟弟作乱，不敢发丧，转向齐国求救。齐国邀集宋、鲁、卫、许、曹、陈等国会盟，奉太子郑为周襄王，从此，周襄王更加依赖齐国。

公元前651年，齐桓公约鲁、宋、卫、郑、许、曹等国在今河南民权县东北相会，订立历史上有名的"葵丘之盟"。会上，周襄王派大臣赐予齐桓公祭肉。齐桓公严守诸侯礼节，既在诸侯中赢得美名，又使周室感激不尽，在两方面都有了光彩，齐桓公的霸业达到顶峰。

在整个春秋争霸史中，齐首先雄起，先后灭了30余国，成为东方大国，在客观上使得全国人力、物力、财力趋向集中，走向整合。

>>>阅读指南
《纪连海纵论齐国风云人物》。辽宁人民出版社，2010年1月。
张杰、邱文山、张艳丽：《齐国兴衰论》。中国海洋大学出版社，2007年7月。

>>>寻踪觅迹
山东临淄 作为齐国都城达八百余年。有齐国故城遗址、东周殉马馆、中国古车博物馆、齐国历史博物馆、姜太公祠、桓公台、田齐六陵、晏婴墓、管仲墓等相关人文景观。

20. 都鄙与郡县

春秋诸侯攻伐战争中，时常会见到对某城某邑的争夺，这里的城和邑与今天我们所理解的城市或城镇不一样，它是与当时普遍实行的地方组织制度——国野制（都鄙制）联系在一起的产物。所谓"国"，本义指的是城邑，后指国都。根据《左传·庄公八年》的记载，凡是有宗庙先君之主的城市称为都，没有的则为邑。"鄙"又称为"野"，就一国来说，以郊区为界，郊区外是野，郊区内是国。从春秋后期开始，国野制逐渐被称为都鄙制。

这么看来，一个诸侯安家居住、进行家祭和日常活动、办公的地方，就是他的国都。国都以及近郊的地方，是属于他直接管辖的行政区域，郊以外就是野了。居住在国都和近郊的称为国人，居住在野的称为野人、庶人或鄙人。由于国野制是按照等级和阶层来分配居住空间的，所以国人通常都是以国君和大夫为首的贵族集团。野人并不是奴隶，而是身份较低的平民，他们有一定的人身自由。当时的贵族有学习文化的特权，他们自诩知书达理，与那些"在野"的、没有文化的平民不一样，所以后来就以鄙人自称来表示谦恭。

随着社会的发展，诸侯国要求权力集中，都鄙制逐渐被改革或淘汰。齐国的管仲就对都鄙制进行了一系列的改革，其中有一条"参其国而伍其鄙"最为重要。其内容是在全国设置21个乡，其中

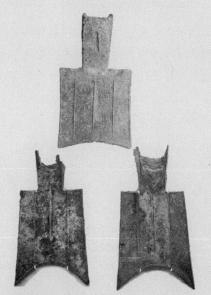

平肩弧足空首布
早期金属铸币。东周王室铸造，主要流通于春秋时期的王畿之地。上海博物馆藏。

>>>阅读指南
周振鹤、李晓杰：《中国行政区划通史·总论、先秦卷》。复旦大学出版社，2009年1月。
马保春：《晋国历史地理研究》。文物出版社，2008年7月。

工商 6 乡，士 15 乡，士、农、工、商各等级互相隔离居住，不能杂处迁徙；将"鄙"分为五区，属下有县，县下有乡，乡下有卒，卒下有邑，邑下有家，每个区各设大夫掌管行政。其作用首先是将人民固定在某个地方，其次是在此基础上发展专业生产，职业世代相传，既保证了社会生产，也避免人们因谋职业而使社会动荡不安。后来郑国的子产也仿照此进行改革。

在春秋中后期，由于土地私有制的发展和按田亩征税，出现了县、郡制。刚开始时，一些国家在新征服的土地上推行由国君直接管理的县、郡管理体制。最初的郡大多建于边境地区，区域虽大，地位却比县低。开始时，县和郡都是由国君派官驻守，后来为了兼并和抵御外敌的需要，就成了固定的地方政权组织。到战国的时候，边地扩大许多且日渐繁荣，郡下开始设县。这样郡在建制上就高于县，并最终形成郡、县两级制的地方组织。县的设置在秦、晋、楚三国几乎同时发

瓠壶
春秋莒国遗物。山东莒县天井汪出土。莒国为西周封国，春秋初迁都莒（今山东莒县），是仅次于齐、鲁的东夷大国。公元前 431 年灭于楚，共传 23 世，立国 600 余年。山东省博物馆藏。

战国山字镜
有学者认为，春秋战国时期是争夺土地的战争时代，"山"字有山脉、江河、国界等寓意。

生，以楚最早也最显著。这时候的县大多是被吞并的诸侯国，处于边境地区。各国对县的管理体制不太相同，总体上以晋国的县制更为先进，县大夫由国君任免，可以更换，不能世袭，据有一县之长的集权，不仅起到军事作用，而且已经是一个行政组织了。

由于郡县制的逐步推行，分封制逐渐居于次要地位，地方行政管理体制开创了新的局面，为将要到来的战国兼并战争做好了准备。尽管它仍处于萌芽状态，却是封建制取代宗族公社制的产物，是地方割据走向中央集权的前夜，也是中华民族共同地域内在联系的纽带。

>>>**寻踪觅迹**

河南洛阳 历史上有 13 个朝代、22 个政权在此建都，是中国建都最早、朝代最多、历史最长的都城。从公元前 770 年周平王东迁于此，到公元前 256 年秦灭周，洛阳作为东周王城历时 515 年，留下了庞大的遗址群。洛阳博物馆、周王城天子驾六博物馆等收藏众多相关文物。

21. 子产铸刑鼎

在西周至春秋初期，刑法作为国家的根本大法，只能为少数人服务，普通人甚至连了解的权利也没有。国家的权柄掌握在贵族手中，他们负责解释和宣判，甚至歪曲和乱用，仗着法律垄断为所欲为。随着郡县制的形成，法律制度的变革也势在必行。首先挑起潮头的是郑国政治家子产。

子产是郑穆公的孙子，家世显赫。

朕匜（yí）

陕西岐山县董家村西周窖藏出土。铭文是我国目前发现的最早的刑事判决书，被誉为中国"青铜法典"。陕西宝鸡青铜器博物院藏。

他对贵族的专制腐败很不满，下决心要改革政治，重振郑国。公元前536年，子产改革了郑国的法律，并把它刻铸在青铜鼎上，公之于世，称为"刑鼎"。此举顿时掀起轩然大波。晋国大臣叔向特意写了一封信给子产，严厉批评他的做法。叔向认为："只有道义才能防范犯罪，而法治只会助长犯罪。前朝有德之君都是以教导人民来形成社会风化，只有那些暴政而亡的君主才制定刑法，比

>>>阅读指南

曾宪义主编：《中国法制史》。中国人民大学出版社，2009年6月。

罗翔：《中华刑罚发达史——野蛮到文明的嬗变》。中国法制出版社，2006年8月。

刖人守囿（yòu）车
山西闻喜县上郭村
出土。刖人就是受
到锯足刑戮的人，囿指
专门为王侯、贵族饲养各种珍禽异
兽的苑囿。它是西周和春秋时期刑罚的重要
物证。山西博物院藏。

如夏桀、商纣。民知刑法，只会弃礼义而争刑讼，国家就会更乱。现在你执政郑国，建立令人怨谤的法律，还将它刻在铜鼎上，这么做，郑国就要灭亡了！"

子产回信简洁又果断："按照您说的，我没有才能、无远虑，只想着拯救眼下这个世道，我不能接受您的意见！"子产所铸的《刑书》现已失传，但是从他临终告诫接班的子大叔从政要猛如烈火来看，他应该与后来的法家一样，是主张严刑峻法的。

无独有偶，公元前514年，晋国也公布了成文法，并刻铸刑鼎。这一行动也同样受到许多责难，其中孔子的批评尤其严厉。孔子认为，晋国只能用唐叔虞那辈人的祖宗法度，现在弄了个刑法，贵贱无序，国家还成其为国家吗？其实当时许多国家都纷纷进行了法律改革，有的国家改革者前后相继。在子产死后20年，郑国大夫邓析改新刑法为《竹刑》，虽然后来因此被杀，但郑国将他的法律沿用了下去。

刑鼎的出现，标志着由不成文法转变为成文法，在中国古代法制史上具有重大意义。这一时期，法与刑开始分离。春秋中叶之后，各国纷纷公布了刑书，专门记载刑罚内容和适用范围。晋、楚等国颁布的法律比起中原国家"刑不上大夫"的特别关照，显示出了相当的进步意义。

>>>寻踪觅迹
　　子产祠园　位于河南郑州大学校园内，是今人为纪念子产所建。

22. 天下不止一个王

都说春秋时代是王霸的时代，刚开始的时候，大家还只是称"公"，比如齐桓公、晋文公、秦穆公等，到后来就都称"王"了，比如楚庄王、吴王、越王等，这时天下已不止一个王了。

回溯西周的时候，王只有一个，就是周天子，整个天下都是他家的，他就是最高的家长、权威的化身。在他之下，有等级严格的诸侯贵族。对这些等级和爵位，古时候有很多种说法。《礼记·王制》中记载的依次是公、侯、伯、子、男五等，而《左传·襄公十五年》记载的是王、公、侯、伯、子、男、甸、采、卫、大夫。后来的学者考证认为，周制的五等爵应为侯、甸、男、采、卫。到了春秋时期，诸侯虽然仍有公、侯、伯、子、男之称，但实际上是以国力强弱来划分等级了。

最好的例子就是后来当了盟主的楚国。楚国国君的爵位比之前称霸的齐桓公、晋文公和秦穆公都要低，他们三人都是侯爵，而楚君只是个子爵。楚人一直不服气，在周夷王的时候，楚君熊渠将三个儿子都封了王，简直就是周王室爵位制的翻版。由于害怕暴虐的周厉王，熊渠后来又悄悄把儿子们的王号都撤了。这些举

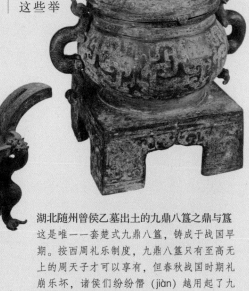

湖北随州曾侯乙墓出土的九鼎八簋之鼎与簋
这是唯一一套楚式九鼎八簋，铸成于战国早期。按西周礼乐制度，九鼎八簋只有至高无上的周天子才可以享有，但春秋战国时期礼崩乐坏，诸侯们纷纷僭（jiàn）越用起了九鼎八簋。湖北省博物馆藏。

楚君熊渠之戈
湖南省博物馆藏。

动并没有引起中原诸侯多大的反响，弄得楚人也很憋气。楚君熊通讨伐随国，竟逼随侯替自己到周天子那里讨个名号，被周天子拒绝了。楚君一气之下就自立为王，他就是楚武王。可能也由于这些前因，到楚庄王召集诸侯会盟的时候，周天子也没有封他什么爵位，称他侯伯（霸）之类的。只是从此之后，历代楚君都自称王，周天子也无可奈何。楚庄王这时候也不再计较什么周室的名号了，因为他已经是名副其实的霸主，得到了诸侯的认同。

到了后来，吴王和越王称霸，代表南方势力开始入主中原，周室原先所要"攘外"的百越、南蛮等民族，堂而皇之地登上了中央的政治舞台。这时候的天下，已经不是周天子一个人的天下，更不是以周民族为中心的天下，而是不同族群共同的天下，大一统的时代已经遥遥可见了。

夫差矛
湖北江陵县出土。春秋末期吴国兵器，上有"吴王夫差"等错金铭文。夫差矛为夫差时期所铸，并非吴王夫差专用武器，所以多处曾有出土。湖北省博物馆藏。

>>>阅读指南
《贾志刚说春秋之四·天下大乱》。广西师范大学出版社，2010年1月。
张程：《剑锋春秋——指点江山的智慧》。中国友谊出版公司，2008年2月。

>>>寻踪觅迹
湖北省博物馆、河南博物院 分别收藏有湖北随州曾侯乙墓和郑州郑韩故城出土的九鼎八簋。

23. 青铜文化的见记

青铜文化是中华民族文化的一个重要表达，春秋时期是我国第二个青铜器冶铸高峰期。

中国的青铜器冶铸业在商周时已达到第一个高峰。商朝青铜器生产水平可以称得上是高、大、精。"高"是指冶炼技术水平高超，制作青铜的铜、锡、铅的合金已有了科学比例；"大"是指当时能生产大型的青铜器，其中后母戊大方鼎是目前世界上出土的最大青铜文物；"精"是指其造型工艺精巧，技术含量高。

春秋早期沿袭了商朝青铜工艺的这三个特点，从中晚期开始，则向更精致、更成熟的方向发展。许多青铜器皿采用了错金银、鎏金、镶嵌、线刻等工艺，使器物更加精细美观，这与青铜铸造技术的改进和创新密切相关。

首先是分铸法的应用已经很普遍，即依据不同的范模（陶制的模型）制作青铜器的各部分，然后再拼接起来。同时，陶范的制作相当严格，并加入了一定数量的植物纤维以增强其受压能力，还出现了透气

曾侯乙尊盘

为失蜡法制造。它由尊与盘组成，尊置于盘内，二者浑然一体。盘盛冰或热水，用来冷却或加热尊中的酒。尊有34个部件，装饰了28条蟠龙和32条蟠螭，经过56处铸接、焊接而成。盘装饰了56条蟠龙和48条蟠螭。尊盘通体用陶范浑铸而成，尊足等附件为另行铸造，然后用铅锡合金与尊体焊在一起。尊颈附饰由繁复而有序的镂空纹样构成，属于熔模铸件。尊盘铸造技巧有鬼斧神工之妙。湖北省博物馆藏。

>>>阅读指南

吴来明等：《雄奇宝器——古代青铜铸造术》。文物出版社，2008年7月。

《中国青铜器全集》编辑委员会：《中国青铜器全集——东周》。文物出版社，2009年3月。

的气孔。同一部位、同样花纹的模通常只有一块，用这块印模反复捺印，就能制造出精确的连续重复的图案。

其次是镶嵌技术的广泛应用。人们在青铜表面嵌入红铜或金银丝，再将其磨平，显得格外美观。

再次是新工艺失蜡法的发明，开创了我国铸造工艺的新方向。失蜡法是采用易熔化的材料，如动物油、黄蜡等制成模，在它的表面用细泥浆多次浇淋，然后涂上耐火材料使它硬化，做成铸型，再经过烘烤化蜡，使蜡油流出，最后浇注铜液，铸成结构复杂的青铜器。

随着锐利的铁器工具的发明，在铜

曾侯乙透雕蟠龙纹鼓座

采用传统的范铸法分段铸造、焊接而成，器身相互纠结盘绕着八对大龙和许多小龙。由于铸造工艺复杂，至今无法复制。湖北省博物馆藏。

器上刻镂有了可能，于是在春秋晚期又出现了线刻新工艺，其纹细如发丝，线条流畅优美。到了战国时期，这项工艺更加成熟，体现了青铜器发展的巨大进步。

虽然从春秋晚期开始，铁器逐渐流行起来，但是青铜器仍广泛应用在礼器、兵器、乐器、车马器、农具、工具、杂器上，涉及政治、军事、生产和日常生活各个方面，一直是中华民族物质文明和精神文明的重要象征。

兽头形陶范

山西侯马市春秋晋国铸铜遗址出土。

>>>寻踪觅迹

湖北省博物馆、山西博物院、上海博物馆均收藏大量古代青铜器。

24. 跨入铁器时代

战国前期的道家人物列子是郑国人，著有《列子》一书，书中内容多为民间故事、寓言和神话传说，其中有一篇愚公移山的故事。

古代有一位老人名叫北山愚公，他家南面有两座大山挡住了他们的出路，一座叫太行山，一座叫王屋山。愚公决心率领他的儿子们用锄头挖去这两座大山。有个名叫智叟的老头看了发笑，说这样干未免太愚蠢了，你们父子数人要挖掉这两座大山是完全不可能的。愚公说：我死了以后有我的儿子，儿子死了，还有孙子，子子孙孙是没有穷尽的。这两座山虽然很高，却是不会再增高了，挖一点就会少一点，总有一天会被挖平的。愚公毫不动摇，仍然每天挖山不止。这件事感动了上帝，他派两个神仙下凡，把两座山背走了。

铜柄铁剑
春秋。甘肃灵台县景家庄出土。是我国迄今发现的最早的人工冶铁制品之一。

玉柄铁剑
西周晚期。河南三门峡市虢国墓出土。集铁、铜、玉三种材质于一体，是中国迄今出土的时代最早的人工冶铁制品，被称为"中华第一剑"。河南博物院藏。

镶嵌金柄铁剑
春秋。陕西宝鸡市秦国墓葬出土，陕西历史博物馆藏。

中山王鼎

河北平山县战国中山国君王墓出土。我国迄今为止发现的最大的铁足铜鼎,一套九件,依次缩小,铜体铁足的铸造技法十分罕见。顶盖及鼎腹刻有战国铜器中字数最多的铭文,共77行469字,记述了中山国讨伐燕国之事。河北省博物馆藏。

这个故事中愚公挖山所用的锄头是铁器还是青铜器呢?

中国什么时候进入铁器时代,长期以来学术界有过种种推测。在商代后期,人们已具备了一定的锻铁技术,但这时的铁器是由陨铁锻成的,陨铁是自然铁。真正进入铁器时代是以人工冶铁术的出现为标志。20世纪60年代后,随着考古发掘中春秋铁器的不断出土,尤其是春秋早中期人工冶炼铁器的出现,表明可考的铁器历史可追溯到春秋早期。在春秋晚期,中原地区的人们已经掌握了人工冶铁术,愚公移山用的锄头应该是铁器了。

考古资料显示,春秋早期的铁器以武器为主,也有农具和工具,中晚期品种和数量大大增加,出现了礼器和日常用具,表明冶铁手工业在不断发展,铁器的应用范围越来越广泛。从范围看,开始仅西北地区和河南西部的秦、虢等国有早期铁器,到了春秋中晚期,铁器已遍布周、郑、秦、燕、齐、鲁、吴、越、蜀等国,南方尤多,说明楚、吴等国冶铁手工业后来居上了。

由青铜器时代进入铁器时代,这是古代生产力发展的突变。春秋冶铁手工业的发展,从根本上改变了社会的经济面貌,为中华民族的凝聚提供了新的经济基础和动力。

>>>阅读指南

李京华:《中国古代铁器艺术》。北京燕山出版社,2007年3月。

杨宽:《中国古代冶铁技术发展史》。上海人民出版社,2004年9月。

>>>寻踪觅迹

河北省博物馆有战国中山国文物专题陈列,河南博物院、陕西历史博物馆均收藏有早期铁器制品。

25. 衣必锦绣

中国是世界上最早养蚕和织丝绸的国家，并且长时间内是唯一产丝绸的国家。著名的《马可·波罗行纪》里，将东方中国描写成神秘富裕的国度，其中最富有魅力的神奇特产，一种是脱胎于黄泥却晶莹剔透的瓷器，另一种是令恺撒大帝神魂颠倒的轻柔无比的纺织品，它竟来自一种软体动物的分泌物，它的名字叫丝绸。从商周时代开始，丝绸就成为社会上层长盛不衰的服饰素材，也是奢侈、富贵、惊艳等最华丽的辞藻所热衷描绘的美妙产品。

丝织业在春秋时已是纺织业的主要部门，当时黄河流域的周、晋、齐、鲁、秦、郑、卫、曹和长江中下游的楚、吴、越等国都普遍种桑养蚕，采桑养蚕成为农村妇女的主要农事活动。织染技术也有了革新，出现了比较完整的坐式织机，懂得用植物调制多种鲜艳的色彩，还掌握了漂白技术。这样，不仅丝织品的种类大大丰富，有绢、纱、纺、缟（gǎo）、纨、绨（tì）、罗、绮、縠（hú）、锦等，它们的质地、纹理、花样和用途都不一样，穿着效果也不相同，上等的丝织品还有繁复的花纹以及层次丰富的颜色。各级贵族的衣服都以丝绸作为主要材料，并将其作为国家使节之间互赠的礼物，以及祭祀时的祭品，成为引领社会时尚的风向标。

当时的齐国是天下丝织业的中心，

蚕桑纹铜尊

湖南衡东县出土。器腹主体花纹由四片图案化的桑叶组成，叶上及周围布满了或爬、或蠕动、或啃食桑叶的小蚕。口沿铸有十几组立体蚕形，不食不动作蚕眠状。这是迄今为止所见青铜器上最早的一幅蚕桑生息图，是利用桑林人工养蚕的纪实。湖南省博物馆藏。

>>>阅读指南

赵丰、徐铮：《锦绣华服——古代丝绸染织术》。文物出版社，2008年7月。

刘治娟：《丝绸的历史》。新世界出版社，2006年12月。

青铜圆壶

山西襄汾县大张村战国早期墓出土。颈部有一组采桑纹饰。山西博物院藏。

楚国贵妇的华服

湖北江陵马山一号楚墓出土。该墓出土大批战国时期丝织品，品种齐全且保存完好。衣裙等有20余件，面料有绢、罗、锦、纱、绦等，为目前所见最早的服装实物。荆州博物馆藏。

整个社会潮流崇尚奢侈，喜好华丽的衣饰，对各式各样丝织物的追求，成为齐国贵族的一大标志，号称"冠带衣履天下"，意思就是引导天下服饰潮流。据说齐襄公的后宫妃嫔数千人都"衣必锦绣"，齐桓公称霸时曾以花锦作为厚礼回赠诸侯，齐景公更是连自家水榭楼台上都铺着绣花的丝织品，可以想象齐国贵族的生活环境是怎样一种灿烂繁华、华贵耀眼！

南方的楚国、吴国和越国都是著名的桑蚕产地。楚贵族喜爱华丽衣饰的风气不亚于齐国，不过更偏爱花纹繁复、衣料略厚重的重锦，有的贵族身穿两层锦衣，楚庄王甚至让爱马也穿上锦绣衣服。吴王夫差也常将丝织品赏赐给臣下，有时一次赏赐就有40匹缯（zēng），如果都用来做衣服，穿一年都不会重复。

到了秦朝，丝织品作为珍贵衣料，经过多次转手到达西方的罗马。由于路途太遥远，罗马人对它的产地一无所知，只是根据讹传的发音，以为是东方一个叫"契内"的地方。很多考古学家认为，"契内"即"China"，指的就是"秦"朝。

>>>寻踪觅迹

中国丝绸博物馆 位于浙江杭州西湖畔，是世界上最大的丝绸博物馆。分丝绸厅、服饰厅、蚕桑厅、染织厅、织造坊等部分，全面介绍了中国丝绸的起源、发展及其在古代社会生活中占据的地位等情况。

湖北荆州博物馆 有楚汉织绣品展，展示当地马山楚墓和凤凰山汉墓出土的丝绣服饰珍品。

26. 东门之池沤麻苎

中国人办丧事要披麻戴孝，就是孝子及亲朋好友要穿麻衣、系麻带，此俗由来已久。江苏吴县草鞋山新石器时代遗址就出土过三块葛麻布残片，说明中国是世界上最早产麻和织麻布的。

如果说丝绸是衣料中的贵族，那么麻织品就是平民了，它被广泛应用于各个阶层的服装制作中，成为春秋时期最普及的衣料。

从古代文献和出土文物看，我国最早的纺织品所采用的原料主要是麻、葛纤维。《诗经》中就有"东门之池，可以沤（òu）麻"的句子。这是说当时人们在池中沤大麻和苎麻，利用水中的细菌使麻原料自然脱胶，经过处理后的纤维

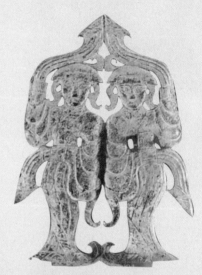

穿深衣的玉舞人
战国。传河南洛阳金村出土。

用来纺织。这说明当时麻织业已经成为纺织业的一个重要部门。

苎麻是中国的特产，考古证明，我国早在5000多年前就开始用苎麻织布缝衣了。它的纤维强韧，可细分到与丝一样

战国楚墓出土的穿曲裾深衣的彩绘木俑

>>>小贴士

深衣 一种上衣和下裳相连缀的服装，出现于春秋战国之际，为士大夫阶层家居便服，也是庶人百姓的礼服，也叫长衣、麻衣、中衣。深衣面料多为麻布，主要有曲裾和直裾两种式样，对后代服饰产生极大影响，它的历史一直延续到明朝。

玉舞人

山西侯马市晋国遗址出土，身着美丽的衣裙。侯马博物馆藏。

细，很少受水湿影响，用它织成的夏布，清凉吸汗，很受人们的欢迎和喜爱。高级的苎麻衣洁白细腻，是一种仅次于丝绸的上等衣料，在春秋时成为贵族士人相互馈赠的佳品。由于中国最早用苎麻做纺织原料，国际上把苎麻叫作"中国草"。

大麻织品也是当时广大劳动人民的衣料，其质地比较粗硬，结实耐用。大麻还有一个用途，就是制作丧服。春秋时用麻布制作的丧服边缘用布，无彩饰。丧服包括三种，绑在头上的麻带叫作首绖（dié），扎在腰上的叫腰绖，还有用白布做的帽叫弁（biàn）绖。由于中国最早把大麻做纺织原料，国际上把大麻叫作"汉麻"。

葛原来是野生植物，商周时中原已有种植，春秋时既采野生葛，又种植家葛。在《诗经》中大约有40多处描写到采葛、种葛和纺葛的过程。当时一般人夏天外出都要套上或粗或细的葛麻单衣，可见葛衣已相当普遍。由此也形成了葛织手工业中心，越国就是其中的佼佼者。越王句践被吴国打败后，听从大臣的意见，从葛山引来野生葛进行人工培植，使葛的产量大增。又派国中男女入山采葛，一共织成十万匹细布，贡纳给吴王夫差，以讨其欢心。此举造成人民赋税过重，怨声载道，有人还作诗讽刺句践。能在短时间内出产十万匹上等葛布，说明越国的葛布生产相当发达。

种麻、制麻和织麻布的苎麻文化与丝绸文化，作为中华民族先民的伟大发明，一起构成了春秋战国时期纺织文化的主要内容。

>>>阅读指南

赵丰、金琳：《20世纪中国文物考古发现与研究丛书·纺织考古》。文物出版社，2007年1月。

崔建林、黄华：《国粹·科技文明》。中国物资出版社，2005年7月。

>>>寻踪觅迹

中国科学技术馆　位于北京朝阳区北辰东路5号，其古代传统技术展厅陈列着反映中华民族灿烂文明成就的珍品，有纺织、刺绣等展区。

27. 服装颜色尊卑颠倒

西周时毛织已在中原盛行了，春秋时贵族们的朝服有的用彩色的毛织成，称为毳（cuì）衣，一般劳动者只能穿粗毛织成的褐（hè）。

随着纺织业的发展，染色在西周已发展成为一项专门的技术。成书于春秋的《周礼》中记载有专掌染色的官职，如"掌染草"、"染人"、"设色之工"等，《诗经》中也明确记载了以植物作为染料的情况。随着染色技术被广大老百姓所

银首人俑
河北平山县战国中山王墓出土的银首人俑铜灯灯座。男俑身穿宽袖长袍，腰系宽带，衣着华丽。河北省博物馆藏。

彩绘木俑
战国。湖北江陵县楚国纪南城遗址出土。身着色彩华丽的衣服。

掌握，人们穿上了自己染的绿色和白色衣裳，戴着青色、红色的佩巾。当时人们是用绿草、蓝草、茜草等植物做染料，将服饰染成绿、蓝、红等不同颜色。

《诗经·曹风·蜉蝣》说"麻衣如雪"，表明当时人们已懂得了麻布的漂白技术。在色谱方面，西周强调"五方正色"和"五方间色"的区分，即视青、赤、黄、白、黑五色为正、为尊、为贵，而视由正色相杂产生的绿、红、碧、紫、骝（liú）黄为间色，以表示尊

>>>阅读指南

诸葛铠等：《文明的轮回——中国服饰文化的历程》。中国纺织出版社，2007年7月。

华梅：《中国服装史》。中国纺织出版社，2007年10月。

春秋战国时期楚墓出土的华丽的凤鸟纹绣衣
荆州博物馆藏。

湖北江陵县马山一号战国楚墓出土的裤子，被称为"天下第一裤"
荆州博物馆藏。

卑的不同和地位的高低，各级贵族都要按等级穿戴不同颜色的衣冠。到了春秋，这套制度逐渐被打破，色彩要求不那么严格了。据说齐桓公喜欢穿紫色衣服，国中百姓仿效他也都穿上紫衣。齐景公爱穿花衣，一次他穿了黑白相间的上衣和白底绣着各色花纹的下裳，一身衣服五颜六色都齐备了。《诗经·邶风·绿衣》也说人们穿着绿色的外衣、黄色的内衣和绿色的上衣、黄色的下裳。衣裳色彩的这种搭配，将原来的本末、尊卑关系完全颠倒了。《论语·阳货》说"恶紫之夺朱"，在此，朱是正色，紫为间色；朱是正义的化身，紫则代表着邪恶。所以孔子说："紫色夺去了大红色的光彩和地位，可憎可恶！"

春秋服装色彩的多样化，说明西周以来中华礼制文化的变迁。这时尊卑关系虽有所颠倒，但服装颜色的等级要求作为一个文化传统，从周代一直延续下来，贯穿整个封建时代。

>>>寻踪觅迹

宁波服装博物馆 服装服饰类专题博物馆，从7000年前河姆渡人的原始纺织服装切入，展示了从先秦直至民国时期的服饰文化变迁史。

28. 吴越陶瓷的发达

陶器，这种质地较粗且不透明的黏土制品，在新石器时代就已大量出现。春秋时期陶器的制作水平大大提高，品种也增多了，尤其是东南吴、越地区发展比较迅速。当时多数地区的陶器仍以夹砂灰陶和泥质灰陶为主，夹砂红陶与棕色陶较少，还有少量的灰皮陶和黑皮陶。装饰比较简单，以粗绳纹为主，也有一定数量的弦纹、划纹、附加堆纹和暗纹。

吴、越地区的陶瓷手工业是春秋时期制陶业的一大特色，常见的作品有印纹硬陶和原始青瓷。印纹硬陶是质地坚硬、扣之有磬声的夹砂陶器，器表纹饰大多为几何图案，颜色以紫黑色为多，灰色和泛红色较少。原始青瓷以瓷土作胎，胎质坚硬，扣之有金属声，器表涂有高温釉，

春秋印纹陶瓿

春秋印纹陶簋

几何印纹硬陶罐
春秋。江苏江阴市欢寿山
出土，江阴市博物馆藏。

青瓷鼓座
江苏无锡鸿山春秋战国时期吴越贵族
墓葬出土。

原始青瓷虎形器
春秋。安徽黄山市屯溪区出土。

呈青色、青黄和褐色，已具有一般瓷器的特点，是成熟瓷器的前身，其纹饰有锥刺纹、圆圈纹、水波纹、弦纹、篮纹等。春秋中期之后，在制作上已变为拉坯成型，表面光滑均匀，多数不再有纹饰，瓷色也逐渐以灰白色或土黄色居多。

考古发现春秋时吴、越境内存在规模较大、延续时间较长的原始瓷生产作坊，还创造了套装叠烧工艺。由于原始瓷业发达，吴、越地区的统治者往往以大量的原始青瓷随葬，有的原始青瓷占随葬品总数的 26.5%。许多人推测，中原的原始青瓷可能是由南方传入的，吴、越地区是中国青瓷的发源地，而原始青瓷正是瓷器的前身，它是吴、越先民对中华民族文化的一大贡献。

>>>阅读指南
　　周建民、许冬：《青瓷断代与辨伪》。学苑出版社，2009 年 3 月。
　　冯普仁：《吴越文化》。文物出版社，2007 年 4 月。

>>>寻踪觅迹
　　浙江、江苏、安徽等长江下游原吴越故地的博物馆均收藏大量原始陶瓷。

29. 工艺百科全书《考工记》

工艺水平往往是一个民族生产力发展的标志。春秋时期工艺已达到一个很高的水平。《考工记》就是一部成书于春秋末年齐国的工艺百科全书，记载了齐国官营手工业各个工种的设计规范和制造工艺。

春秋时期的手工业以官府手工业为主，手工业者由官府供养。当时各国官府管理手工业的官吏有工正、工尹、工师等职。官府手工业组织庞大，分工很细。据《考工记》记载，春秋时的诸侯国有六种职务，百工是其中一种。百工包括治木的工匠七种，治金的工匠六种，治皮的工匠五种，施色的工匠五种，琢磨的工匠五种，制陶的工匠两种等。这些不同工种之下所划分的门类，是依据制作工艺的不同步骤设计的。《考工记》还记载了当时各国的手工特产，如郑国的刀、宋国的斧头、鲁国的曲刀，吴、越的剑都是很有名的。《考工记》还指出某些国家和地区特别普及的手工业，据说秦地的长兵器柄、燕地的铠甲、越地的镈（bó）、胡地的弓和车，在当地几乎人人都会制作。

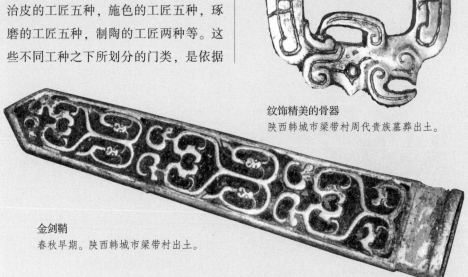

纹饰精美的骨器
陕西韩城市梁带村周代贵族墓葬出土。

金剑鞘
春秋早期。陕西韩城市梁带村出土。

官府的手工业工匠由于有特殊的技能，有时被国家作为技术人才赠送给他国或赏赐给臣下。郑国曾经将 30 位女工与其他器物一起贡纳给晋国以求和；齐灵公灭莱国（原山东黄县东南）之后，赏赐给功臣叔夷制陶、铁的手工业者 4000 人。这也说明当时还有一定数量的贵族家庭手工业。各国赠送和赏赐的手工业者一次就是几十人、数百人，甚至几千人，说明春秋时各国官营手工业作坊的规模是十分巨大的。

官府手工业者是世袭的，不能任意迁徙和改变职业。他们以家族或宗族为单位共同居住，形成一种具有血缘关系的公社组织。《考工记》中往往将百工称作"某某氏"，如"冶氏为杀矢"，意思就是制造金属器物的工匠冶氏制造供田猎的箭。

春秋后期，出现了独立的私人手工业者。他们有自己的作坊，能够自由活

原始瓷圆腹罐
春秋。江苏丹阳市出土。

动，不再受限于某一居住地域，出现了不少能工巧匠。鲁国的公输班（鲁班）就是名噪一时的木匠和机械师，他自由受雇于鲁、楚国君或贵族，留下了不少事迹和传说。

手工业从"国营"到"私营"，表明春秋时期社会经济的发展和活跃。《考工记》对春秋各国手工业技术的记载也反映了各民族经济互动的深入。

>>>阅读指南

闻人军：《国学大讲堂·考工记导读》。中国国际广播出版社，2008 年 6 月。

戴吾三：《考工记图说》。山东画报出版社，2003 年 5 月。

>>>寻踪觅迹

各地博物馆的春秋文物。

鹰蛇玉剑珌
山西太原金胜村春秋晚期晋国赵卿墓出土。

30. 宗庙之牺为畎亩之勤

春秋晚期铜牛尊
山西浑源县李峪村出土。牛鼻穿孔，戴环，这是牛作为畜力被役使的实物见证。上海博物馆藏。

对于农业民族来说，耕种技术往往是生产水平的标志。夏、商、周主要的耕种模式是用脚踩木耒（lěi）或铜耒的耜（sì）耕。到了春秋，牛耕出现了。《国语·晋语》说"宗庙之牺为畎（quǎn）亩之勤"，意思是原来主要作为祭品和食用的牛，开始改作耕地的工具了。牛耕有史记载的创造者为晋国权贵范氏、中

行氏逃亡到齐国当农民的子孙，时间大约为春秋末年，估计民间以牛耕地还要更早一些。这项看似平常的发明，却是春秋时期农业生产工具的革命性变革。

在牛耕出现之前，人们用石犁耕地，以人力作为牵引，辛苦和效率之低可想而知。后来逐渐出现了金属犁。牛耕出现后，以畜力代替人力，大大提高了劳

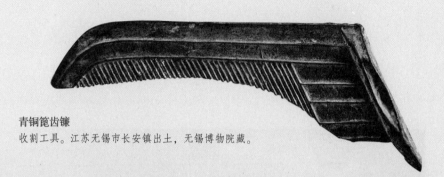

青铜篦齿镰
收割工具。江苏无锡市长安镇出土，无锡博物院藏。

动效率。随着春秋后期铁器的逐渐普及，牛拉犁耕地更是达到了人力所不能及的速度。

这项发明使春秋各国农业生产出现了新气象。在春秋初期，中原许多地方树木丛生、荒地遍布，人们开荒劳作，将荒野变为耕地，不仅要对付杂草和荆棘，还要驱逐豺狼野兽，生产效率很低，难以满足生存所需。牛耕和铁器推广应用后，各国都加强了对荒地的开垦，加上人口的逐渐繁衍，耕地面积扩大了。楚国由于开垦的新地较多，于是在全国登记"土泽地田"的情况，在新垦的土地上得到大量的税收。宋国和郑国之间原来有很多空地，郑人先后在此建立了六个邑，安置宋国遗民，并将两国间的荒地开垦为绿洲。由于荒地大量被开垦，到了战国时，国与国之间紧密相连，出现了"邻邑相望"的繁荣局面。

牛耕既成为社会时尚，时人往往以和牛、耕、犁相关的字为名，如孔子著名的弟子中就有"冉耕，字伯牛"，"司马耕，字子牛"。这种风俗的出现反映了春秋后期以牛拉犁耕地是人们向往的新生事物，也体现了中华民族先民社会经济的进步和各族人民生存空间的扩大。

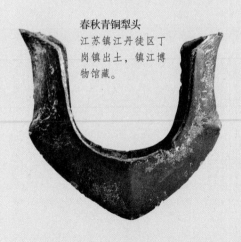

春秋青铜犁头
江苏镇江丹徒区丁岗镇出土，镇江博物馆藏。

>>>阅读指南
　　钟恒：《图说中国农耕文明》。江西人民出版社，2010 年 3 月。
　　陈文华：《中国古代农业文明史》。江西科技出版社，2005 年 8 月。

>>>寻踪觅迹
　　长江中下游各地有许多博物馆收藏有古代农具。

31. 期思陂与人工运河

春秋时期农田水源基本上仍然靠自然界的恩赐，等着天上下雨，是明显的"望天田"，但人工灌溉开始有明显的发展，各国统治者为了提高农田的产量，已十分重视沟渠的整修。铁农具提高了挖土的效率，促使各国不断兴修水道堤防、水库、运河等水利工程。

楚庄王时令尹孙叔敖在淮河流域建筑水渠系统，被称为期思之陂（bēi）。期思陂在今河南固始一带，是孙叔敖引古期思水（今史河和灌河）灌溉雩（yú）娄田地的渠导工程。这个工程的特点是将水引入众多的中小陂塘储蓄起来备用，

>>>阅读指南

陈桥驿：《中国运河开发史》。中华书局，2008 年 9 月。

嵇果煌：《中国三千年运河史》。中国大百科全书出版社，2008 年 8 月。

是我国最早的大型水利工程。后来孙叔敖之孙在规划上地时，也将修蓄水池作为农田灌溉的重要内容。《左传·僖公十三年》记载秦国为救治发生灾荒的晋国，将粮食从秦都经古雍水由水路运送到晋都绛（今山西翼城东），运粮的船队络绎不绝，人们把这次运粮称为"泛舟之役"。这么大规模的水路运输从一个侧面也表明当时对水利工程的修建和利用达到了相当高的水平。

我国最早的人工运河也在这一时期

战国宴乐狩猎水陆攻战纹壶

主体纹饰从上到下分为三道，第三道（图左下方）表现船上战斗的场面。故宫博物院藏。

战国早期水陆攻
战纹铜鉴

河南卫辉市（汲
县）山彪镇出土，
铜鉴纹饰有表现船
上战斗的场面。台
北"故宫"藏。

燕锄铁范

战国。河北兴隆古洞沟出土。

开始修建。据记载，当时修筑的运河有陈国和蔡国之间沟通沙水和汝水的运河。楚灵王在修筑章华台的时候，开凿了该台与楚郢都相通的河道，这条人工运河北通扬水，扬水西达郢都，东可通汉水。吴王夫差开凿了连接长江、淮水的邗沟，后又开深沟通沂水和济水。这些运河的开凿，对春秋时期的水运发展有重大意义，对陈、蔡、楚、吴、宋、鲁等国的农田灌溉也起到了相当重要的作用，并且使各民族之间的交流更便利了。

羽人竞渡纹铜钺

战国。浙江宁波鄞州区出土。下部以弧形边框线为舟，上坐四人成一排，皆头戴高高的羽毛冠，双手持桨作奋力划船状。浙江省博物馆藏。

>>>寻踪觅迹

孙叔敖治水工程遗址 位于河南固始县黎集镇北园村，期思雩娄灌区的部分引水工程今天仍在发挥作用。安徽寿县芍陂（又名安丰塘）、霍邱县水门塘（古称大业陂）也被认为是孙叔敖主持修建的。

32.《诗经·七月》描写的春秋农民生活

《诗经·七月》是我国上古杰出的农事诗，它描写了西周和春秋时期农村一年的生活和农事安排，从中可以看出当时农民日常生产和生活的具体情况，堪称中国最早的农民生活史诗。

《诗经·七月》叙述了农民一年的生产情况：农民正月就开始修理农具；二月就要下地耕田了，老婆和孩子把饭送到田里；到了三月，太阳暖洋洋的，村女们开始采桑养蚕，春天日子渐长，采蒿（hāo）的人多排成行；四月王瓜结果了，可以采摘；六月采食郁李和野葡萄；七月收煮葵菜和大豆；八月开镰收获，割蒲苇、绩麻、织丝、染色、打枣、摘葫芦，开始了一年的秋收和纺织；

豳（bīn）风图（局部）

南宋画家马和之根据《诗经·豳风》的诗意而作，描绘了农民闲暇时宴饮娱乐的场面。美国大都会艺术博物馆藏。

九月收麻，采苦菜，打柴火，修建打谷场；十月收割稻子，把庄稼脱粒进仓，收拾好谷场，并酿酒、割茅草、修房子；冬月开始打貂子、狐狸，剥取狐狸的好皮毛；腊月里来大会合，继续打猎习武。

可以看出，农民们一年四季生产繁忙，男的耕种、打柴、盖房子、打猎、凿冰，女的采集、养蚕和纺织，全家都要参加生产，非常辛苦。

>>>阅读指南

《诗经·豳风·七月》。

毛佩琦主编：《岁月风情——中国社会生活史》。广西教育出版社，2000年10月。

镶嵌狩猎纹豆

春秋晚期。山西浑源县李峪村出土。器、盖、柄足处均饰红铜镶嵌而成的狩猎纹，表现了各种禽兽奔腾飞跃、猎者手持武器勇武行猎的场面。上海博物馆藏。

豳风图·八月剥枣

清代吴求根据《诗经·豳风》的诗意而作，描绘今陕西及邻近地区的民风民俗。南京博物院藏。

《诗经·七月》叙述了农民生活的艰辛：农民赤脚下田种地；居住的是窗门上有缝的茅草房，到处是老鼠洞；冬月里风呼呼地吹，严寒苦相逼，粗布衣服都没有，年关怎么过都不知道；平日吃的都是郁李、野葡萄、苦菜、葫芦、麻籽、王瓜、大豆等野果和蔬菜，只有到年终才能宰杀小羔羊，吃到羊肉喝到酒。

《诗经·七月》也反映了农民所受到的剥削十分沉重：一年辛苦种地，刚把庄稼收割完，又要进宫去修房；把最好的红丝麻献给贵族做衣裳；把从狐狸身上剥下的好皮毛献给贵族做裘袍；打到大的猎物要供献给公府；要承担各种劳役；面容姣好的农家姑娘甚至被贵族当成猎物玩弄，被迫跟着公子回去，饱受欺凌，心中的悲苦无语形容。

《诗经·七月》以第一人称的口吻，讲述在一年中平凡人家的遭遇，让我们看到了中华民族的核心——华夏族形成时期农民的衣食住行等真实生活情况。

>>>寻踪觅迹

陕西彬县 周族部落首领公刘所建豳国之地，据说《诗经·七月》描写的就是这一带的风土人情。有公刘墓、先周古城墙和豳风园等相关古今人文景观。

陕西旬邑县 古称豳，传说是周人先祖公刘开疆立国之地，也是民间绘画之乡和剪纸之乡。旬邑唢呐具有古豳遗风，还有秦直道、姜嫄圣母庙、扶苏庙等人文景观。

33. 私肥于公

有渰 (yǎn) 萋萋， ·········· 滚滚乌云布天上，
兴雨祁祁。 ·········· 春雨落得刷刷响。
雨我公田， ·········· 好雨落到公田里，
遂及我私。 ·········· 同时也落私人地。

这首《诗经·小雅·大田》明确地点明了春秋时公田与私田并存的状态。更重要的是春秋时已开始出现"私肥于公"的转型。对这种转型，《诗经·小雅·甫田》中作了生动的描述——

曾孙来止， ·········· 曾孙来到田间时，
以其妇子。 ·········· 农夫率他妻和子。
馌 (yè) 彼南亩， ·········· 送酒送饭到南郊，
田畯 (jùn) 至喜。 ·········· 田官老爷吃酒肴。
攘其左右， ·········· 先让左右共享受，
尝其旨否? ·········· 尝尝酒肴香与否?
禾易长亩， ·········· 禾苗长满了田亩，
终善且有。 ·········· 既好也多得丰收。
曾孙不怒， ·········· 曾孙喜欢不发怒，
农夫克敏。 ·········· 农夫种粮好又速。

曾孙之稼， ·········· 曾孙所有的稻穰 (ráng)，
如茨如梁。 ·········· 多如屋盖高如梁。
曾孙之庾 (yǔ)， ·········· 曾孙所有的露仓，
如坻 (dǐ) 如京。 ·········· 多如沙堆高如冈。
乃求千斯仓， ·········· 就去准备千个仓，
乃求万斯箱。 ·········· 就去准备万个箱。
黍稷稻粱， ·········· 有黍有稷有稻粱，
农夫之庆。 ·········· 就把农夫功来赏。

战国嵌错社会生活画壶
壶中画面有普通百姓、官宦人家和贵族的生活场景，如勤忙耕种、射禽打猎等。北京保利艺术博物馆藏。

战国嵌错社会生活画壶上的局部图案

嵌错宴乐渔猎攻战纹壶

战国。成都百花潭出土。壶身用金属嵌错出八组画面，有习射、采桑、宴乐、狩猎、捕鱼、水陆攻战等，是研究当时生产、生活、战争、服饰、礼仪等的重要实物。四川博物院藏。

从诗中可见私田的主人曾孙雇佣农夫进行生产，获得丰硕的农产品。自从铁制农具和牛耕开始使用之后，原来因生产力低下所采取的大集体生产已不再适应，小家庭或个体生产成为可能，贫富分化开始出现。随着剥削关系的发展和个体农民的出现，井田制的解体已是必然。

井田制的解体最明显地表现在公田的衰弱和私田的不断增加上，由原来"公先于私"变为"私肥于公"。《诗经》里曾经记载公田之上庄稼茂盛，阡陌相连，收获的谷物堆积如山，散发着发霉的味道。但是到春秋时，由于人民已不再尽力于公田生产，致使大片公田荒芜，田中莠草丛生。周王室的使者一次途经陈国时，看到"野有庾积，场功未毕"，庄稼烂在田里没有收割，堆积在场上的谷物没有碾打，反映了公田败落的情景。

公田衰弱的同时，可以自由买卖交换的私田悄然兴起，许多豪门贵族纷纷购买私田，使私田越来越集中到贵族手中。同时荒地不断被开垦，使私田的数量大大超过了公田。由于私田在相当长的一个时期内不向国家交税，拥有大量私田的贵族因此富裕起来，而依靠公田赋税的各国公室的收入却日渐减少，就出现了"私肥于公"的现象。为了改变这一局面，许多国家进行了税法改革，以此来增加国家的财政收入。各国税法的名称和具体内容不尽相同，但指导思想都是一样的，就是承认私田合法，并且按照土地质量的不同和数量来征收赋税，这实际上就是封建性的田赋制度。

井田制的瓦解和私田的出现，使社会财富重新分配，社会阶层也开始了大分化，有的贵族失去了财产，降为个体农民，有的普通士大夫则积累起万贯家财，成为新兴的地主阶级，华夏民族新的经济结构模式出现了。

>>>阅读指南

何兹全：《中国古代社会》。北京师范大学出版社，2007年9月。

瞿同祖：《中国封建社会》。上海人民出版社，2005年5月。

>>>寻踪觅迹

北京保利艺术博物馆 由大型国有企业保利集团兴办，展品大多数是从海外抢救回来的，相当部分属于精品、绝品或孤品，具有很高的历史和艺术价值。

34. 初税亩与初税禾

"私肥于公"之后，各诸侯国纷纷进行土地和赋税制度改革，以鲁国的"初税亩"比较典型。在鲁国改革之前，齐国和晋国已经先后进行了变革，开始按照土地条件和产量来收税。

公元前 602 年，黄河发生了有记载以来的第一次大改道，浩浩荡荡的洪水夺淮入海，苏北大泽不再长年烟波浩渺，连绵的湖泊退出，成了季节性湿地，出现了大面积的肥沃滩涂淤地，成为可耕作的沃野良田。

居住在南方的淮夷人趁势北上，抢占开发原黄淮滩涂的土地，鲁国正卿季文子也派奴隶们南下开垦"王土"上的淤地。通过开垦黄淮故道上的涝洼滩涂作为私田，季文子家族扩展了自己的采邑，鲁国的统治区也扩大了。季文子调集臣属在这里安营扎寨，筑城设邑，设立管理机构，派军队保卫，成功阻止了南方淮夷势力北上侵掠。为了防止开发私田的奴隶反抗，季文子支持他们以鲁国臣民的身份开发滩涂洼地，同时打破井田制贡赋上缴的做法，对鲁国庶人开发的私田收入，统一实行按比例征收赋税。这样，奴隶们不再附属于国君和诸侯，有了人身自由，变成了自给自足的平民百姓。这一举措有力地促进了生产的发展，大大扩展了私田的面积，使季氏家族成为鲁国最强的经济势力。

由于诸侯们不断扩展私田，不愿向国君缴纳贡赋，属于鲁国公室的井田收入日益减少。井田衰、私田强的局面打

>>>阅读指南

丘光明：《中国古代计量史图鉴》。合肥工业大学出版社，2005 年 8 月。

黄天华：《中国税收制度史》。中国财政经济出版社，2009 年 10 月。

"高奴禾石"铜权

陕西西安阿房官遗址出土。权上有不同时代三次铸刻的铭文。除了战国时秦国高奴地方铸铜权时刻的制造工匠姓名及重量单位外，秦始皇统一度量衡时在权上加刻了二十六年（前 221）诏书，秦二世时又加刻二世元年诏书。此权是秦统一度量衡的实物证明。"权"俗称秤砣，是中国古代度量衡中的衡器，是称重量的器物。陕西历史博物馆藏。

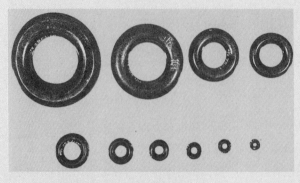

楚国"钧益"铜环权

战国。湖南长沙近郊出土。共10枚一套，重量大体以倍数递增，分别为1铢、2铢、3铢、6铢、12铢、1两、2两、4两、8两、1斤。一铢重0.69克，1两为15.5克，1斤为251.3克，10枚相加约500克。湖南省博物馆藏。

破了周王朝和诸侯分封统治的格局，鲁国延续千余年的井田制度面临崩溃的危机。公元前594年，在季文子的主导下，鲁宣公只好宣布实行"初税亩"，不分公田、私田，一律按田亩数收税，客观上承认了私田的合法性，标志着鲁国封建土地制度的确立。

四年后，为了防备齐国的侵略，鲁国开始实行丘甲制度，即以每个地方基层组织为单位来收取军赋（军役和军用品），不管是井田还是私田都要征收军赋，进一步确认了封建土地所有制的合法性。

廪陶量

战国量器。山东邹城市纪王城出土，山东省博物馆藏。

战国初期，中原各国普遍采用从土地的实际拥有者手中按田亩数计征税收的办法。

地处偏西的秦国经济发展较中原各国要晚些，直到公元前408年才实行"初税禾"。初税禾与初税亩性质相同，都是按照田地的面积征收租税，实际上承认了封建土地私有制的合法性。

各国赋税制度的改革促使井田制加速崩溃，以私田为基础的封建生产关系全面确立。到了战国时期，各国进一步变法，尤其是秦国的商鞅变法，"废井田，开阡陌"，建立起以封建土地私有制为基础、以地主和农民为基本阶级的封建经济体系，中国由宗族公社社会转变为封建社会。秦国通过商鞅变法，成为战国七雄中实力最强的大国，为完成统一六国的大业奠定了坚实的基础。

>>>寻踪觅迹

上海博物馆 收藏有左关鍴、陈纯釜、商鞅量、两诏椭升等古代量器。

35. 商旅订入盟约

井田制的瓦解只是变革和躁动中的春秋社会的一个侧面，生产的发展，手工业分工的细致化，促进了商业的繁荣，各诸侯国之间的关系因商品交换的频繁而日益密切。

春秋前期，晋、楚之间的商品交换就已经很频繁，楚地的特产皮毛、鸟羽、象牙、犀革是输入晋国的重要商品。晋文公上台后，采取"轻关易道，通商宽农"的政策，促进了商业的发展。到了春秋中后期，晋、楚两国经济上已相互依赖，商业流通极为密切。

正因为商业交往的频繁，各国结盟时也将商旅方面的内容列入了盟约之中。

铜钶

战国时期齐国量器。山东临淄齐国历史博物馆藏。

在齐桓公主持的葵丘之会上，就拟订了"无忘宾旅"、"无遏籴（dí）"，意思是不怠慢过路的旅客，不禁止别国来采购粮食。齐国盛产鱼盐，农业发达，与其他国家的商业贸易往来络绎不绝。管仲改革又以大力发展手工业生产和繁荣贸易为重要内容，打通贸易通道，保护商旅，是符合其国家利益的。公元前562年，晋、鲁、宋、卫、曹、齐、莒、邾、滕、薛、杞、小邾和郑等国在亳城（今河南商丘北）订立的盟书中规定"毋蕴年"、"毋壅（yōng）利"，要求各国不囤积粮

安邑下官钟

战国。陕西咸阳塔尔坡秦国青铜器窖藏出土。它是魏国铸器，后归秦国，腹部"大半斗一益（溢），少半益（溢）"等铭文为魏刻，口沿铭文"十三斗一升"则为秦所刻，溢、斗、升都是当时的容积。咸阳博物馆藏。

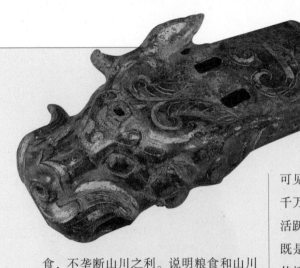

错金银铜辕首
春秋车具，是装饰在车辕前端的饰件。河南淮阳县平粮台出土，河南博物院藏。

食，不垄断山川之利。说明粮食和山川出产的物品已经是重要的商品，各国经常互通有无，垄断或囤积会波及其他国家。由此可见，商业贸易已经成为诸侯国间不能忽视的重要问题，促进彼此间的商业流通，已成为春秋各国经济上的共同要求。

与此同时，一批著名的商业中心开始崛起。齐国是丝织品中心，吴国、越国纺织业发达，蜀地是南方商品的通道，周和郑国号称中原商业集散地。商业中心大多集中在大国和强国的国都以及人口稠密的城邑，城市的雏形已经清晰

金衡饰
河北平山县战国中山王墓出土。是车马器上辕与轭（è）相连接的器具。河北省博物馆藏。

可见。带着商品流转于城邦之间，走过千万条栈道的商人们，也成为这个时期活跃的风景。他们的足迹遍布大江南北，既是经济往来的使者，又是不同文化的传播者，也是不同民族之间沟通的桥梁。在他们中间出现了一些富可敌国的大商贾，如越国大臣范蠡（lǐ），退隐后下海经商，成为天下首富，号称"陶朱公"，后世商人有不少以他为商业之祖，还供奉祭拜呢！

在春秋不断攻伐的战争之下，官方和民间的商业交流却在蓬勃发展，随着这些活动的深入，客观上要求有一个稳定的政治环境作为保障，秦国完成统一中国的大业只用了十年时间，可以说也是经济发展的趋势使然。

>>>阅读指南
余鑫炎：《简明中国商业史》。中国人民大学出版社，2009 年 4 月。
柳思维：《远古至秦汉的商业思想》。经济科学出版社，2009 年 8 月。

>>>寻踪觅迹
河南博物院 收藏有大量古代度量衡器具，如安阳出土的骨尺等。

36. 金属货币广为流通

春秋时期，金属货币在商品流通和经济交流中已广泛使用了。

在金属货币出现之前，商品交换曾经以各种面目出现。最初是以物易物，商周时以玉、帛等实物作为货币，但这些充当货币的商品都不宜于流通，社会急需一种稳定的交换媒介。金属货币有易于分割、易于携带等特性，春秋时被铸造并流通可谓正当其时。

考古发现，春秋时期流通最广泛的金属货币是空首布，它由青铜制成，形状像生产工具铸（铲）。各国的空首布造型略有不同，晋国是耸肩尖

足的，楚国是平肩平足的，周王畿内是平肩弧足的，郑等中原诸侯国是斜肩弧足的。空首布一直到战国晚期中原仍有使用。西北和北部的戎狄诸国，在春秋中晚期也开始广泛使用青铜铸币，其形状为尖首刀，可能脱胎于游牧民族的凹刃削刀，一直流通到战国中期。

东方的齐国和南方的楚、吴、越等国家，使用的金属货币颇具本地特色，有青铜贝、包金贝或金贝等。战国时，

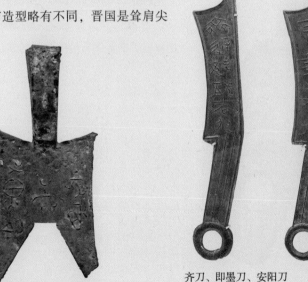

春秋耸肩尖足空首布
山西侯马县晋国遗址出土，山西博物院藏。

齐刀、即墨刀、安阳刀
刀币是由生产工具刀演变而来的，主要流通于春秋战国时期的齐、燕、赵等国，有齐刀、即墨刀、安阳刀、针首刀、尖首刀、圆首刀和明刀等很多种类。

蚁鼻钱
又称为鬼脸钱，是战国时期楚国的铜币，因其形象而得名。

齐国也流行尖首刀，很可能是在与戎狄的经济交流中受到影响。在今江苏南部和浙江北部不断出土西周至春秋的窖藏青铜块，可能是吴、越地区的称量货币，

这是一种没有进入法定货币制度阶段的金属货币，流通时必须经过成色鉴定和称衡重量。春秋战国时期已开始使用黄金，特别是楚国的郢爰（yuán）和陈爰，已是当时流通颇广的称量货币。此外，越国还流行青铜戈币。

不同地域的货币有自己的民族特色和文化特色，可见货币从一诞生就不是简单的流通工具，而是文化的承载物，更是春秋时期各民族经济联系的黏合剂。

>>>阅读指南
高英民：《中国古代钱币》。学苑出版社，2007 年 10 月。
袁远福：《中国金融简史》。中国金融出版社，2005 年 9 月。

>>>寻踪觅迹
中国钱币博物馆　位于北京中国人民银行大厦内，收藏有古今中外钱币及有关文物，有中国古代货币专题陈列。
上海博物馆　设有中国历代钱币馆，收藏近 7000 件相关文物。

"无终"三孔布
流行于战国晚期赵国、秦国、中山国，因布首及两足各有一个圆孔而得名。山西博物院藏。

37. 春秋私商兴起

春秋初的商业和手工业控制在官府手里，实行"工商食官"制。商人不仅隶属于官府，而且和手工业者一样是世袭的，不能随便迁徙或改变职业。

渐渐地，私商开始产生，他们的经营活动还受到当权者的保护，财富的积累达到十分惊人的程度，政治上也有相当势力。齐国的管仲在做宰相之前就是一个商人，上台后提出减轻商税、发展商业的政策。郑桓公立国时与商人订立盟约：只要商人不背叛，郑统治者不能强买和掠夺商人的货物。《左传·僖公三十三年》记载，秦国军队偷袭郑国，到

环耳铜量
晋国量器。山西太原春秋晚期晋国赵卿墓出土，山西博物院藏。

达滑国时，遇到了准备去成周经商的郑国商人弦高。弦高知道秦军的来意后，一面假称受郑国国君的委托来犒劳秦军，一面派邮车紧急回郑国报信。秦军以为郑国已有准备，只好灭了滑国就回家了。这件事反映了私商在郑国的地位举足轻重，否则弦高不可能假借国君的名义，

贴金海贝
东周。山西侯马县晋国故城出土，山西博物院藏。

>>>阅读指南

张鸽：《古代商人与商业》。吉林文史出版社，2010年1月。

陈锋、张建民：《中国经济史纲要》。高等教育出版社，2007年6月。

战国"共半"布
山西博物院藏。

齐国量器
山东临淄齐国历史博物馆藏。

玉贝
陕西韩城市梁带村春秋
早期芮国贵族墓出土。

秦军也不可能轻易相信他的话。

晋国的商人也插足政治。晋都城的大商人像外交使节一样，坐着豪华的马车，穿着艳丽的服装，到各诸侯国去行贿，成为统治者中一个独特的阶层。不过，商人最大的作用还是以自己周游天下的经济活动促进了新经济秩序的产生。

正如管仲所说："万乘之国，必有万金之贾，千乘之国，必有千金之贾。"大商人成为统治者中的重要组成部分，政治权力和商业资本互相渗透，私商的兴起，把各诸侯国、各民族更紧密地联系在一起了。

>>>寻踪觅迹

北京晋商博物馆 一个关于商人和商业的博物馆，位于北京长安街东延长线建国路 58 号。四万多件藏品展现了晋商跨越五百年的辉煌历史。

中国商会博物馆 位于山西平遥古城内，商会变迁的历史也是商业和商人的历史。

大良造商鞅量
秦国量器。大良造亦称大上造，战国初期秦国官名和爵名。陕西历史博物馆藏。

38. 城邑的兴起

经济繁荣的刺激，加上各国政治交往的发展和人口的增多，春秋时期城邑普遍兴起，并且具备了经济、军事、政治、文化等多方面的功能。

春秋是中国古代社会的大转变时期，思想的大解放、战争的频繁都对都城的建造产生了巨大影响。特别是残酷的战争使当时掀起了筑城的高潮，高城深池成为当时都城的显著特点。很多都城不仅修有城，而且修有郭，规模愈来愈大，内部结构也愈来愈复杂。城邑的规模普遍突破了周制，各国诸侯所居的都城随意扩建，与周王室的京畿大小相差无几，有的卿大夫居住的城邑甚至超过诸侯所住的国都。考古发现的山西侯马晋国故城、陕西凤翔秦雍故城、湖北江陵楚纪南城、河南新郑郑韩故城等古城遗址，多呈方形，外有城墙，大的占地面积有十多平方千米。

立凤蟠龙大铺首

战国晚期。河北易县燕下都老姆台出土。铺首是门上的环形饰物，此器出土于燕下都官殿遗址，有人认为应是官门上的饰物，可以想象燕下都官殿规模之宏伟。河北省博物馆藏。

>>>阅读指南

曲英杰：《20世纪中国文物考古发现与研究丛书·古代城市》。文物出版社，2003年6月。

沈福煦：《中国建筑简史》。上海人民美术出版社，2007年4月。

这时的城邑设施也已较为完善。在侯马晋故城，发现了六座城址组成的城邑整体。城内有大型高台建筑废墟，应是宫殿所在；城外南郊有范围较广的居民住址和青铜器、骨器、陶器等手工业作坊遗址；城东南发现了祭祀和盟誓的

齐国瓦当

瓦当是我国古代用于建筑顶檐上的构件，其作用是保护屋顶檐际的椽（chuán）头，同时也美化建筑物。瓦当最早见于西周，盛于战国、秦汉，后一直为我国传统建筑所用。春秋战国时期，各诸侯国争相修建亭台楼榭，瓦当数量大增，形成了秦瓦当、洛阳瓦当和齐瓦当等几大不同的风格种类。山东临淄齐国瓦当艺术馆藏。

河北易县燕下都遗址出土的瓦当

遗址。在秦雍故城内，以中部偏西为宫殿，宫殿西北建有贮冰的冰窖，城中部偏南为大型宗庙遗址。城邑内包含不同职能的建筑群，展示出当时社会不同阶层的居住空间，也表明城邑本身职能的日趋完善。

城邑的兴起，进一步促使社会阶层分化和社会财富集中，也促进了文化的发展和交流。

>>>寻踪觅迹

　　山西侯马晋国故城、陕西凤翔秦雍故城、湖北江陵楚纪南城、河南新郑郑韩故城等相关出土文物收藏在当地各级博物馆。

39. 集市交易流行

有商业活动，就有商业贸易的场所。起初是不固定的流动小摊点，在两个社区之间约定俗成的某个地点进行集会，后来逐渐由不定期变为定期，集市的雏形逐渐形成。春秋时期，随着城邑初步形成，集市成为城里人生活中不可缺少的组成部分。城邑外的农村也有不少方便生活的临时集市。当时各诸侯国都设有"市"，作为固定的商业区。靠近商业区的繁华地带，成为王公贵族、富商巨贾居住的地方。

齐国的市场是当时各国中最发达、规范的，市场情况的记录也最为详细。当时齐国有统一的量器，分豆、区（ōu）、釜、钟四级，4 升为 1 豆，4 豆为 1 区，4 区为 1 釜，10 釜为 1 钟。交易的商品相当丰富，从木材、鱼盐到鞋子和其他生活用品，应有尽有。在国都临淄有多个市场，大约有 6000 个商户集中居住在市区内。

各国市场不仅数量多，规模也很大。郑国的市场可列军阵，陈国的市场可以容纳舞蹈表演队。市场中还出现了专营行业，有卖酒的酒肆、卖熟肉的肉铺和卖羊的街市等。为了管理市场，各国都设立了专门的机构和官职。

集市交易越来越流行，既扩大了人们之间的沟通，也强化了各民族间的经济联系。

陈纯釜
上海博物馆藏。

子禾子铜釜
山东胶州市灵山卫古城出土。为战国时期田氏齐国所铸，是齐国中央政权在左关安陵地区（即灵山卫一带）征收税赋的专用标准量器。子禾子釜与同时出土的陈纯釜、左关釜被称为"齐量三器"。中国国家博物馆藏。

>>>阅读指南
吴刚：《中国古代的城市生活》。商务印书馆，2006 年 5 月。
《阎崇年讲中国古代都市生活》。九州出版社，2009 年 4 月。

>>>寻踪觅迹
山东省博物馆 收藏大量齐国文物。

40. 活着的春秋历史

历史是活着的过去。中华民族的先民早有记史的习惯，从商代开始王室便设有专职的史官，掌管宗教礼仪、历法天文，并负责各种文书的起草和档案的管理。凡国家重大事情和君主的重要言行，都由史官记录在文书档案上。中国最早的一批古代官方文书，即《尚书》、《逸周书》，就是这些史官们记录和保存下来的。这些史书虽然还不成体系，但却是我们了解中华民族多元起源最重要的资料。

春秋时期，有观点、成系统的史学著作问世了，它就是《春秋》。

《春秋》是鲁国的史书，是由孔子编写的我国第一部编年体史书，也是世界

陶串珠
春秋。山东曲阜市鲁国故城出土，山东济宁市博物馆藏。

>>>阅读指南

萧红：《四书五经详解——春秋左传》。金盾出版社，2009 年 7 月。

《白话四书五经》。新世界出版社，2009 年 2 月。

鲁伯厚父盘
春秋早期。山东曲阜市鲁国故城出土。是鲁伯厚父为女儿餘（yú）所作的媵器。故宫博物院藏。

上第一部系统记事的历史文献。孟子曾经说过，春秋之时，太平之世和仁义之道逐渐衰微，荒谬的学说、残暴的行为多了起来，有臣子杀死君王的，也有儿子杀死父亲的。孔子对此深为忧虑，于是编写了《春秋》这部历史书来警示世人。

孔子按年、月、日的顺序，对春秋时期各诸侯国的历史进行了梳理，勾勒了从鲁隐公元年（前722）至鲁哀公十四年（前481）共242年的鲁国历史。

《春秋》全书仅1.6万余字，每年记录数条至十数条，每条最长的47字，最短的仅一个字。它记录的大多是重要的政治、军事、外交等活动，是当时鲁国国君和史官认为应该记载的事情，以及周王室与其他诸侯国正式向鲁国通报的一些史料。其中有"侵伐"272例，"朝聘"154例，"杂事"217例。"杂事"类中，记有祭祀、婚丧、城筑、搜狩和田赋等，还有日食、月食、地震、虫灾、水旱灾、陨石等自然现象的记录。

《春秋》不仅开拓了中华史学文化的先河，也向今人展示了中华民族形成初期鲜活的社会生活图景。

鲁大司徒簠（fǔ）
山东曲阜市林前村出土。是春秋后期鲁国大司徒厚氏元自做的盛食器。簠出现于西周早期，盛行于西周末春秋初，战国晚期后消失。故宫博物院藏。

>>>寻踪觅迹
鲁国故城 周代和西汉鲁国都城遗址，在山东曲阜市。从西周初年周公长子伯禽在此建都，到公元前256年鲁亡于楚，历时约800年，是周王朝各诸侯国中沿用时间最长的都城之一。汉代这里继续作为鲁国的封地。从西周到汉代，故城共经过八次大规模的兴建修葺，后为县治。

41. 唱响春秋的民歌——《诗经》

中华民族自古就能歌善舞，唱响春秋的民歌就是《诗经》。

相传周代就设有称为"行人"的采诗官员。每当仲春三月，"行人"便摇着木铃，沿路到民间采集民歌，然后献给掌管音乐的太师审音定律，再唱给天子听，是天子了解民风民情的一种途径。

毛诗图

明朝周臣作。《诗经》传到汉代，主要整理者有鲁、齐、韩、毛四家。前三家都失传了，唯有"毛诗"流传最完整，现在的《诗经》就是由毛诗流传而来的。美国普林斯顿大学美术馆藏。

这样日积月累，汇集了305篇，传说由孔子删定后编成了《诗经》。

《诗经》中的民歌，代表了约公元前11世纪到公元前5世纪500多年间，包括现在的陕西、山西、河南、河北、山东和湖北北部一带的民歌。这个区域，正是中华民族形成的开端时代各民族互动、整合的主要地带。当时，《诗经》中的民歌都是配乐歌唱的，根据音乐的不同，分为"风"、"雅"、"颂"三个部分。"风"是周南（今河南洛阳以南）、卫、

>>>小贴士

出自《诗经》的部分成语

求之不得/辗转反侧/逃之夭夭/鹊巢鸠占/忧心忡忡/新婚燕尔/信誓旦旦/人言可畏/孔武有力/夙夜无寐/硕大无朋/衣冠楚楚/七月流火/万寿无疆/小心翼翼/天作之合/不可救药/同仇敌忾/投桃报李/进退维谷/兢兢业业/明哲保身/爱莫能助/寿比南山/战战兢兢/如履薄冰/高山仰止

>>>阅读指南

向熹译注：《诗经》。高等教育出版社，2009年4月。

江林：《诗经与宗周礼乐文明》。上海古籍出版社，2010年3月。

唐风图·蟋蟀

南宋马和之作。取材于《诗经·唐风》，描绘的是晋国风情。

郑、齐、曹等 15 个诸侯国的地方音乐，"雅"是周朝王畿地区的音乐，"颂"是用于宗庙祭典的舞曲。

《诗经》从一个侧面真实地反映了从西周初年到春秋末年 500 年间中华各民族之间的关系，所以诸侯和大夫常在外交场合称引诗句表达情志；周朝的国立学校把《诗经》作为教材，教授贵族子弟，孔子及儒家也递相传授；孟子、荀子等人都常在著作中征引《诗经》中的诗句……

《诗经》，唱响了春秋时代！

东汉《诗经》铭文镜

背面铸有与传世《诗经·卫风·硕人》内容相似的诗句，著名金石学家罗福颐鉴定为失传的鲁诗。武汉市博物馆藏。

>>>寻踪觅迹

湖北房县　自古就有"蜀东孔道，楚西北边疆，秦陕咽喉，荆楚屏障"之称，是中华诗祖采诗地、帝王将相的流放地，也是《诗经》编撰者之一尹吉甫的故乡。诗经文化、神农文化、巴山文化、流放文化等在这里交相辉映。这里的民歌具有"楚调、巴音、秦韵"，种类多且内容丰富，众多的民歌手不仅唱《诗经》，还唱汉民族创世诗《黑暗传》和《盘根歌》。举办诗经文化旅游节等相关活动。

42. 姜戎首领驹支赋《青蝇》

营营青蝇，............ 飞来飞去那苍蝇，
止于樊。............... 飞在藩篱上面停。
岂弟君子，............ 快乐平易的君子，
无信谗言。............ 莫信谗言要思忖！

营营青蝇，............ 飞来飞去那苍蝇，
止于棘。............... 飞在枣林上面停。
谗人罔极，............ 谗人哪有好话讲，
交乱四国。............ 只把四国来搅浑！

营营青蝇，............ 飞来飞去那苍蝇，
止于榛。............... 飞在榛树上面停。
谗人罔极，............ 谗人哪有好话讲，
构我二人。............ 挑拨你我两个人！

铜车軎（wèi）

陕西宝鸡茹家庄西周古弻国国君墓出土。正面为兽头，背面蹲伏一小人，着短裤，束宽腰带，文身，长发披肩，背部有两只相背回首的小鹿。有专家据此推测这是羌戎人形象。车軎是安装于车轮轴端固定车轴以防车轮脱出的构件。陕西历史博物馆藏。

人首銎钺

西周早期。陕西宝鸡竹园沟出土。有专家根据椎髻发型象征鹿角或羊角及鹿纹的装饰，推测他应是羌戎人。宝鸡青铜器博物院藏。

《诗经》不仅熏陶了华夏，也深受戎狄的喜爱。姜戎首领驹支赋这首《青蝇》，发生在公元前559年春天。当时吴国战败，想和晋国联合攻打楚国以报仇。晋国大臣范宣子和吴人约好在向地 (今安徽怀远) 会面，商讨攻楚事宜。吴国想趁楚国当时有国丧，出兵攻楚。范宣子不同意这么做，认为这有失仁义，打算拒绝吴国的要求。然而就在会晤前，范宣子听到了传言，说晋国的亲密盟友姜戎氏将要单独行动，想和吴国联合。

范宣子很生气，打算逮捕驹支，但是想到双方结下的深厚感情，又忍住没动手。第二天，范宣子按捺不住，在朝廷上责备驹支："姓姜的戎人！往昔，秦国人把你的祖先吾离从你们的老家瓜州 (在今甘肃敦煌) 赶走，他身披茅草衣、头顶荆条冠前来投靠我们晋国的先君。

>>>阅读指南

尹盛平：《早期中国文明·周原文化与西周文明》。江苏教育出版社，2005年4月。

马鼎辉、王昭武、庄文骏主编：《羌戎考察记——摄影大师庄学本20世纪30年代的西部人文探访》。四川民族出版社，2007年1月。

镶嵌兽纹敦
春秋晚期。山西浑源县李峪村出土。形制特异，具有鲜明的地方特征。春秋末年，浑源属于北方少数民族建立的代国，战国初期赵灭代。上海博物馆藏。

我们先君惠公当时仅有很少的土地，却慷慨地与你们平分，你们这才有口饭吃。如今诸侯侍奉我们的君主不如从前了，都是因为泄露了机密造成的，而泄密的八成就是你们戎人！明天与吴国会盟的事，你不用参加了，否则就把你抓起来！"

驹支回答："从前秦国仗着人多，贪求土地，驱逐我们戎人。惠公显示了他的大德，说我们各部戎人'都是尧舜时四方族群的后裔，不能抛弃他们'。他赐给我们南部边境的田地，那里居住着狐狸，豺狼嗥叫。我们戎人砍去田地上的荆棘，赶走了狐狸豺狼。作为先君不侵

四虎蟠龙纹豆
春秋晚期。山西浑源县李峪村出土,
上海博物馆藏。

犯、不背叛的臣下,我们直到现在也没有离心离德。从前文公和秦国讨伐郑国,秦国人私下跟郑国结盟,安置好防守的兵力,因此有了殽地的战役。晋国在上边抵挡,戎人在下边抗击,是我们各部戎人牵制了秦国的军队,使他们不能全部撤回去。这好比捕鹿,晋国人抓住它的角,各部戎人拖住它的腿,我们和晋国一起把它扑倒在地。戎人为什么不能免于罪过呢?从殽地战役以来,晋国的各次战役,我们各部戎人都从未间断地按时参战,岂敢背离?现在晋国内部执政不力,使各诸侯出现三心二意,却反而归罪于我们戎人!我们戎人饮食服装和中原不同,彼此没有财礼往来,言语不能沟通,能做什么坏事呢?不参加会见,我也没什么可担忧的!"

驹支说完,就赋了《青蝇》。范宣子连忙道歉,让驹支照例参加会盟。

《青蝇》是《诗经·小雅》中的一篇,诗中有"岂弟君子,无信谗言"一句。驹支用这句诗责备范宣子很有针对性,范宣子自觉失言,连忙赔罪,请驹支去参加会盟,以顾全自己"岂弟君子"的名声。可见,戎族驹支不仅会讲"华"语,并且能赋诗以达意,表现出相当高的文化水平。

>>>寻踪觅迹

陕西宝鸡市　姜炎文化的发祥地,文物古迹众多,代表姜戎文化的刘家文化遗址遍布全市,宝鸡青铜器博物院收藏大量相关文物。

43. 吴公子季札观周乐

春秋时期民族的融合还表现在文化上，最典型的例子莫过于吴公子季札到周文化的中心鲁国观周乐一例了。

吴国公子季札到鲁国考察，要求观看和聆听周朝的舞蹈与音乐，于是乐工为他演唱了《周南》和《召南》。季札说："美妙啊！开始为王业奠定基础了。还没有完成。然而百姓勤劳却不怨恨了！"

乐工又演唱《邶（bèi）风》、《鄘（yōng）风》和《卫风》。季札说："美妙啊！深厚啊！虽有忧思而不困窘。我听说卫康叔、卫武公的德行就像这样，大概就是《卫风》的风韵吧！"

乐工演唱《王风》。季札说："美妙啊！有忧思却无恐惧，大概是周室东迁之后的诗歌吧。"

乐工演唱《郑风》。季札说："美妙啊！但琐碎事太多了，百姓不能忍受啊！"

彩绘季札挂剑图漆盘

三国·吴。安徽马鞍山朱然墓出土。漆盘画面描绘的是春秋时期吴国公子季札和徐国国君一段动人的友情故事。

乐工演唱《齐风》。季札说："美妙啊！宏大啊！这是大国的音乐啊！做东海诸国表率的，大概就是周公的国家吧！它前途不可估量。"

乐工演唱《豳风》。季札说："美妙啊！坦荡啊！欢乐但不过度，大概是周公东征的音乐吧！"

乐工演唱《秦风》。季札说："这就

青铜句（gōu）鑃（diào）

是盛行于春秋时期南方吴越地区的一种打击乐器，一般由若干件组成套，多在祭祀和宴飨时使用。江苏常州武进区淹城遗址出土，淹城博物馆藏。

叫作西方的夏声，夏就是大，大到顶点了。大概这就是周朝的旧乐吧！"

乐工演唱《魏风》。季札说："美妙啊！婉转悠扬啊！粗犷而又委婉，艰难而勇于推行，再用德行予以辅助，那就是贤明的君主了。"

乐工演唱《唐风》。季札说："思虑深远啊！大概有尧时的遗风吧？不然，为什么忧思得那样深远呢？不是美德者的后代，谁能像这样啊？"

乐工演唱《陈风》。季札说："国家没有主人，难道能长久吗？"

乐工演唱《桧风》之后，季札就没有评论了。乐工还演唱了《大雅》、《小雅》。当演唱《颂》时，季札激动地站起来说："达到顶点了！正直而不倨傲，曲折而不卑屈，亲近而不逼迫，疏远而不离心，变动而不邪乱，反复而不厌倦，忧伤而不哀伤，欢乐而不荒淫，使用而不匮乏，宽广而不显露，施舍而不耗费，求取而不贪婪，静止而不停滞，行进而不流荡。五声和洽，八音协调，节拍有一定的尺度，乐器保持一定的次序。这

双兽三轮盘
春秋晚期。江苏常州武进区淹城遗址出土，中国国家博物馆藏。

就是盛德之人所共同具有的风格！"

季札看了舞蹈《象箾（shuò）》、《南籥（yuè）》后说："美妙啊，但仍有遗憾。"他还看了《大武》、《大夏》。当看到歌颂舜的乐舞《韶箾》时，季札说："功德达到顶点了！伟大啊！好像上天无不覆盖，好像大地无不承载一样。即使是尽善尽美的功德，恐怕不能比这再有所增加了。观看和聆听就到这里为止吧，如果还有其他音乐，我不敢再请求了。"

鲁国的礼乐使季札如痴如醉，流连忘返。季札对包括夏乐、夏舞和商乐、商舞在内的周乐、周舞的理解这样深刻，评论这样精辟，说明早在孔子编订《诗经》之前，吴越地区早已置身于春秋各民族的文化海洋之中了。

>>>阅读指南

李宏锋：《礼崩乐盛——以春秋战国为中心的礼乐关系研究》。文化艺术出版社，2009年5月。

彭林：《儒家礼乐文明讲演录》。广西师范大学出版社，2008年2月。

>>>寻踪觅迹

淹城遗址　在江苏常州武进区中部，是春秋战国时期吴国城址，有专家认为此地为吴王寿梦第四子季札的封邑。遗址上建有博物馆，收藏出土的1000余件珍贵文物。

44. 岁时节日的滥觞

有一次，孔子的学生子贡看年终腊祭。孔子问："你觉得有乐趣吗？"子贡回答："一国之人皆若狂，我不知道这有什么乐趣。"孔子说："民众终年辛苦劳累，才获得这一天国君赐予的饮酒作乐的恩泽，其中的道理不是你能懂得的！"

这个"一国之人皆若狂"的腊祭就是最具中华民族文化特色的春节。

春秋时期，随着农业生产经验的积累和对天文气象知识的逐渐掌握，人们开始认识到农时的重要性，慢慢就形成了农业节气的概念。一年的生活和劳作有了规律性的安排，也就有了空余的时间来休养生息，于是，在农时节气的基础上就出现了节日。一年的农事结束之后和开春之时，为了庆贺丰收和祈祷来年的好收成，人们往往要进行祭祀和庆祝活动，年底的腊祭就是当时的一个重要节日。

《礼记·郊特性》说神农时人们就开始举行腊祭。腊，就是求索的意思。周代每年十二月用五谷三牲供祭神灵。腊祭的时候，主要祭祀最先种植谷物的农神——先啬和主管农业的司啬。当时的

清代《十二月令图轴》之十二月

古人把阴历十二月作为腊祭的日子，以狩猎禽兽祭祖先。《十二月令图轴》一月一图，描画了一年 12 个月中民家的生活情景。台北"故宫"藏。

>>>阅读指南

张海英：《中国传统节日与文化》。书海出版社，2006 年 6 月。

严敬群：《中国节日传统文化读本》。东方出版社，2009 年 11 月。

人们对于给过自己好处者都要想办法报答。如祭猫的幽灵，是因为它能吃掉田鼠；祭虎的幽灵，是因为它能吃掉野猪；祭堤防和沟渠的神，是因为它们有功于农事。人们在祝辞中说："土壤各返自己的所在，水流各归自己的沟壑，各种虫子不要兴灾作害，各种草木各归渊泽，不要生在农田里。"

腊祭后来逐渐演化成中国人的春节。现在春节的种种风俗——腊月、腊日、腊八粥、祭社神、扫尘、给长辈拜年、畅饮欢宴、驱疫等都可以在腊祭里找到源头。古往今来，春节沉淀在中华民族的文化之中，一直是真正民众、真正民间的节日。

此时还出现了寒食节。寒食节的来源与春秋时晋国著名的忠臣、孝子介子推有关。传说当年晋文公重耳在流亡的

宝津竞渡图（局部）

元朝王振鹏作。描绘北宋清明时节皇帝驾临开封金明池，观看诸军杂乐百戏与龙舟竞渡等民俗活动。台北"故宫"藏。

时候，由于饥饿昏倒了，介子推将自己的大腿肉割下一块煮给重耳吃，才救了重耳一命。重耳做了晋文公之后，大臣们都来讨赏，唯独介子推背着老母亲跑到绵山隐居去了。晋文公多次上山都没找到他们母子，有人献计用放火烧山的办法逼介子推现身，晋文公同意了。谁料大火烧了三天三夜，草木都焦枯了，介子推却没有下山，他和老母

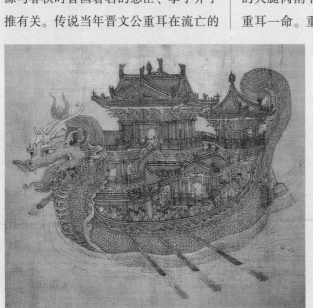

元朝画家王振鹏《龙池竞渡图》中的龙舟

台北"故宫"藏。

清明上河图（局部）

北宋画家张择端的传世之作。描绘的是北宋汴京（今河南开封）城内和郊区清明时节的风俗、风景和繁华景象。有人则认为"清明"是太平盛世之意。

一起怀抱枯树被烧死了。晋文公悲恸大哭，非常后悔。他传令在绵山所在地建县，取名介休，意思是介子推长眠之地；改绵山为介山，在山下建立祠堂，岁岁祭祀。为了纪念介子推，晋国百姓约定每年在他去世这一天开始后的一段时间内，不用明火做饭，只吃冷食，这就是寒食节。刚开始是为期一个月，后来减至三天。后来寒食和清明合二为一，成为清明节的一部分。

每年农历五月初五的端午节则与伟大的爱国诗人屈原有关。相传战国时期的这一天，楚国大臣屈原见国君无道，国势衰颓，报国无门，愤而投江。人们听闻后纷纷驾起船只去打捞他的尸体，还做了五色糯米饭投入江中，以免他被江鱼吞吃，后来就演变成了端午节的龙舟竞赛和包粽子。这些传说寄托了人们对真善美的褒扬和铭记。

岁月流逝，斯人已矣，可春节、端午、清明却成为中华民族最重要的三大节日，成为中华文化永恒的象征。

>>>寻踪觅迹

山西介休市　因介子推休于此而得名，是清明（寒食）文化的发源地。绵山上有众多相关人文和自然景观，如介公岭、介公祠、介公墓等。清明（寒食）文化节上传统的节日民俗活动丰富多彩。

湖北秭归县　屈原故里，端午习俗及龙舟文化的发祥地，也是楚文化发祥地之一。有许多关于屈原的遗迹和传说，如屈原祠、衣冠冢、屈原纪念馆、屈原故里牌坊、三闾八景以及纪念屈原的龙舟竞渡、民俗歌舞等。屈原故里端午习俗被列入国家非物质文化遗产保护名录。

45. 人之龙——老子

老君造像
位于福建泉州市清源山。是我国现存最大的道教石雕，刻于宋代。"石像天成，好事者为略施雕琢"，与大自然浑然一体。

>>>小贴士
《道德经》名句选

★道生一，一生二，二生三，三生万物。

★合抱之木，生于毫末；九层之台，起于累土；千里之行，始于足下。

★曲则全，枉则直，洼则盈，敝则新，少则得，多则惑。

★天网恢恢，疏而不失。

★邻国相望，鸡犬之声相闻，民至老死，不相往来。

★大器晚成，大音希声，大象无形，道隐无名。

★金玉满堂，莫之能守。富贵而骄，自遗其咎。

★大道废，有仁义；智慧出，有大伪；六亲不和，有孝慈；国家昏乱，有忠臣。

2000多年前，孔子评价老子时说："老子是人中之龙，而我好像只是瓮中的一只小飞虫啊！"孔子为什么对老子赞美有加呢？这要从孔子向老子问礼说起。

孔子30多岁时，对老子的学问和智慧十分敬佩，特地风尘仆仆地从鲁国曲阜赶到周王都洛阳向老子求教，《庄子》一书记录了此事。

传说孔子去的时候，老子刚刚洗完头，在晾头发。孔子一进门，只见老子披着长长的散发，迎风而立，微微抬头，双目似闭似开，脸上似笑非笑，神情似醒非醒。树叶飘过，风吹拂面，老子都不动声色。孔子心中暗惊：难道这就是大名鼎鼎的大学问家老子？怎么会像个枯木呢？懂礼的孔子没有打扰老子，先退出门去静候。

当孔子向老子问礼时，老子不紧不慢地说："你所说的那些先辈贤人，他们的骨头都腐烂了，但是他们的言论还流行于世。君子生得其时便驾车出仕，生不逢时则如蓬蒿随风飘行。我听说善做生意的商人会深藏财货，有品德的君子则大智若愚。你呀，还是抛弃骄傲之气和过大的志向，少点矫揉造作姿态和贪欲之心！"老子的几句话，仿佛把孔子带到了一个智慧大海的边上，使孔子看到了从来没有看到过的智慧波浪，听到了从来没有听过的智慧涛声。

孔子回家后三天不讲话，闭门反思。《庄子·天运篇》记载，后来当学生问孔子对老子的印象时，孔子深深地赞叹说"老子是人中之龙"。为什么呢？孔子又说："如果是鸟，我当然知道会飞，就可以用罗网捕它；如果是鱼，我当然知道会游，就可以用线钓它；如果是野兽，我当然知道会跑，就可以用箭射它。至于龙，我就不知道如何相处了，它乘风而去直上九天。我所见的老子难道不就是龙吗？"

老子为什么能成为"人中之龙"呢？传说老子是公元前600年到前470年左右春秋时期的楚国苦县（今河南鹿邑县太清宫镇）人。传说老子生下来的时候，不仅耳朵大，而且还有白胡须、

老子骑牛图

明朝张路作。传说老子见周王室衰微，势不可违，遂骑青牛出关远去，莫知所终。画中老子坐在青牛背上，手持《道德经》，正抬眼注视着一只飞蝠。台北"故宫"藏。

>>>阅读指南

姚淦铭：《老子与百姓生活》。中国民主法制出版社，2006年3月。

蒋信柏、杨琳编译：《给年轻人读的道德经》。蓝天出版社，2009年4月。

老子像
明朝文征明绘。辽宁旅顺博物馆藏。

老子长大后当了周朝的守藏史。这个职务使他有了特别丰富的知识和智慧的源泉。老子生活在春秋大动荡、大转型的时代，东周王朝正在走向衰败，人与人、人与自然、人与自我的关系非常复杂。天分聪慧、悟性极高的老子灵性焕发，洞察天下，总结了王朝兴衰成败和百姓安危祸福的经验教训，提出了一套学说，人称"老子之学"。他撰写了《道德经》（也称《老子》），不仅成了"人中之龙"的大思想家，也为道家以及汉代出现的道教提供了思想源泉。

老子、《老子》、道家，作为中华智慧的结晶，是中华民族文化的主要支柱之一。

白眉毛，于是人们就叫他老子。《史记正义》记述了一个美丽的民间故事，说老子的母亲怀他竟然长达81年，快要生的时候，她走到一棵李树下，割开左腋，生下了老子。

>>>寻踪觅迹

老子故里 在河南鹿邑县太清宫镇，有太清宫、老君台、洞霄宫等相关遗迹。老子庙会活动起源于汉代，兴盛于唐并延续至今。老子故里的另一说是安徽涡阳县郑店村。

楼观台 位于陕西周至县终南山北麓，相传因老子在这里著《道德经》五千言，并在楼南高岗筑台授经而得名，是老子晚年生活、著经、羽化之地，也是老子文化的发祥地和道教祖庭圣地，有吾老洞、老子墓、宗圣宫等遗迹。每年农历二月十五日老子诞辰日举行传统的民间祭祀活动。

46. 人之凤——孔子

孔子称老子为"人中之龙",老子则称孔子为"人中之凤"。二人相差四五十岁,这真是中华民族文化史上的一对绝配。近代著名学者闻一多曾说:"那次孔子称老子为龙,这次老子回敬孔子,比他作凤。龙凤是天生的一对,孔、老也是天生的一对……凤是殷人的象征,孔子是殷人的后裔,呼孔子为凤,无异称他为殷人;龙是夏人的,也是楚人的象征,说老子是龙,等于说他是楚人或夏人的本家。中国最古的民族单元不外夏、殷,最典型中国式而最有支配势力的思想家莫如孔、老。"

孔子是春秋时期鲁国人,祖上曾经是贵族。孔子的母亲希望生一个有出息的男孩,于是就在曲阜一座叫尼丘山的地方祷告。后来真的生了个男孩,爹妈高兴极了。不过再一看,奇怪啊!这孩子头顶怎么就像中间凹下去、四周凸起的山丘?因孩子是在尼丘山祈祷后生的,于是就给他起名叫丘,字仲尼。

孔了早年丧父,从小与母亲相依为命,很早就尝到了人生的疾苦,特别早熟聪慧。当他还是个孩子的时候,就热衷于摆弄各种祭器,学大人祭祀时的样

山东曲阜孔庙大成殿孔子像
明代彩绘,是人们最常见的孔子像。

>>>小贴士

《论语》名句选

★知之为知之,不知为不知,是知也。

★君子坦荡荡,小人长戚戚。

★不在其位,不谋其政。

★三军可夺帅也,匹夫不可夺志也。

★学而时习之,不亦说乎?有朋自远方来,不亦乐乎?

★三十而立,四十而不惑,五十而知天命,六十而耳顺,七十而从心所欲。

★学而不思则罔,思而不学则殆。

★三人行,必有我师焉。

★学而不厌,诲人不倦。

★己所不欲,勿施于人。

孔子圣迹图（局部）

清朝焦秉贞作。表现孔子周游列国、游说诸王的典故。为了表达对孔子的崇敬，自汉代起，人们不断地塑造孔子的形象，或图之于壁，或刻之于石，或镂之于木，或画之于纸帛，到明代中期产生了反映孔子生平事迹的众多圣迹图。美国圣路易斯美术馆藏。

子。长大之后，孔子干过很多社会底层的工作，如给大户人家当委吏（仓库保管员），还当过乘田（管理牛羊的佣工）。生活的艰辛没有磨灭他的志气，反而让他立下了匡世济民的大志向，在17岁的时候，孔子已经卓尔不群、名噪乡里了。

所谓君子三十而立、四十不惑，孔子30岁的时候开始创办私学，从事教育。据说他收了3000个弟子，其中较出名的有72个。为了教授弟子们礼仪，他还千里迢迢跑到洛阳向老子问礼。这个时期，孔子的儒学思想大体形成了。

35岁的时候，孔子踌躇满志地踏上了从政匡扶危世的道路。他先从齐国高昭子的家臣做起，后来返回鲁国，开始担任官职。他先后做过中都宰、大司空、大司寇，辅佐鲁定公参与夹谷之会，在会上义正词严地驳斥了齐国的无礼嚣张，并讨回被齐国侵占的郓、谨、龟阴三地。这时孔子的仕途如日中天。他继而提出要强公室、弱私门，即削弱鲁国六位专权大夫的权力，恢复鲁国王室的力量。于是他先拿季孙氏、孟孙氏和叔孙氏三家开刀，要捣毁他们建造的小城堡的城墙，结果遭到孟孙氏的抵抗，尽管动用了鲁国军队，最终还是没能达到目的。不久，先前拆毁的其他两个城邑也恢复了原先的样子。孔子"堕三都"的努力付诸流水，但他没有气馁。他后来以大司寇的身份管理鲁国三个月，竟使全国上下焕然一新。齐国听说这件事之后，

>>>阅读指南

匡亚明：《中国思想家评传丛书·孔子评传》。南京大学出版社，2006年1月。

吴明星译注：《论语通译》。吉林出版集团有限责任公司，2009年8月。

明代孔子为鲁司寇像
孔子礼冠玄衣，神态威严。山东曲阜孔子博物院藏。

担心鲁国继续任用孔子会成为霸主，于是送了很多美女和器玩给鲁国执政的季桓子，诱使他耽于酒色。季桓子果真沉溺其中，三天不理朝政，孔子只能喟叹着离去了。

经历过官场的风雨后，孔子开始了新的人生旅程，他带着亲密的弟子们一起周游列国。他先后经过卫、陈、宋、郑、晋、楚、魏等国家，在漂泊中走了十年，也游说了十年，但没人采纳他的主张。听多了人们的嘲笑，最难听的莫过于郑人笑他"惶惶如丧家之犬"；遭到了无情的追杀和围困，最难过的莫过于在陈、蔡两国间断粮七天。穷困潦倒的窘迫没有难倒孔子，他始终微笑着面对，愈发勤奋。他广授学、开民智、删诗书、订礼乐、赞易象、修春秋，成就了许多为后人称颂的杰出事业，成为儒学的开山祖。

《论语》是由孔子弟子及再传弟子记录的孔子及其部分弟子的言论集，被视为儒家经典，也是研究孔子思想的主要资料。最初的文本有《古论》、《鲁论》、《齐论》三种，东汉郑玄将它们合编成一集，共20篇，就是今天我们见到的《论语》，其内容反映了孔子的"仁"、"德"主张，告诉人们如何做人，如何做事，如何对待自然和自己。明代朱熹将《论语》和《大学》、《中庸》、《孟子》一起，合为"四书"。

孔子的学说包含了哲学、政治、教育、经济、道德、美学等多方面的内容，不仅成为长达2000余年的封建社会的精神支柱，也作为中华民族的文化基因，逐渐融入中华民族的血液和肌体之中，塑造了中华民族的人文性格。

>>>寻踪觅迹
　　曲阜孔府、孔庙、孔林　是一组由300多座1300多间金、元、明、清等各个时期古建筑组成的庞大建筑群，保存有众多珍贵文物，包括1000多件汉画像石、孔子圣迹图等石刻艺术品；5000多块西汉以来的历代碑刻；10余座历代墓葬；1.7万余株古树名木；10余万件馆藏文物，以元明衣冠、孔子画像、祭祀礼器最为著名；30万件孔府明清文书档案……

47. 书法——中华艺术的灵魂

世界上把书法当作艺术的唯有中华民族。美学家曾把书法比喻为纸上的音乐和舞蹈，说它是中华艺术的灵魂。

春秋时期是中国书法艺术开始发展的时期。这一时期，文字不仅具有传情达意的功能，还开始向审美的艺术领域拓展。由于地域文化的差异，书写风格逐渐分出南北，南方清秀华丽，北方浑厚重实，加上书写工具和材料的多样化，书法艺术迎来了第一个发展高潮。

能够流传后世的春秋书法作品，多以坚实稳固的器物作为载体，今人多见的主要有三种形式：青铜铭文、石鼓文和盟书。

青铜铭文中，秦文继承了周王朝时的特点，字体刚正遒劲，书写简易；东方各国则沿用西周晚期的大篆字体，变化较少。到了春秋晚期和战国，各国字体自成一派，争奇斗艳，突破了单一的格局。如楚国铭文被称为蚊脚书；吴越地区用鸟、兽、虫来装饰的鸟虫书，诡谲难辨；晋国智君子鉴上的蝌蚪文；开草篆之先的王孙诰钟、吴王光鉴铭文等。

石鼓铭文是刻在十个鼓形碣（jié）石上的文字，原文有 700 多字，现存 272 字，采用的是四言体诗，内容是描写秦国国君的狩猎活动，堪称秦书艺术代表之作，得到历代书法家的推崇和盛誉。石鼓文字体介于商周金文和小篆之间，起着承上启下的作用；字体结构常

鄂君启节

安徽寿县邱家花园出土，战国中期楚国器。由青铜制成，形似剖开的竹节，合起来是一个完整的竹筒形，故名。它是楚怀王颁发给鄂君启的水陆通行符节，分为舟节（两件）和车节（三件）两种，车节是陆路通行证，舟节是水路通行证。节上刻有精美的错金篆书，记录对鄂君启从事水陆路运输的种种规定，不仅是古代商业、交通、地理和赋税制度的重要见证，也是重要的书法资料。安徽省博物馆与中国国家博物馆均有收藏。

石鼓

唐初。发现于陕西凤翔县三畤原。石鼓共十只，每个重约一吨，上刻秦始皇统一文字前的大篆，因内容记述秦国君游猎，故又称"猎碣"。陕西历史博物馆和故宫博物馆珍宝馆有藏。

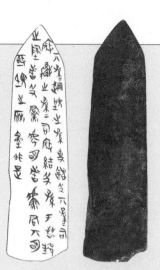

侯马盟书

山西博物院藏。

将右偏旁下靠，左边上提，于平衡中求动态，达到参差之美，刚柔兼蓄。可见当时秦国的文化艺术已经达到相当高的水平。

盟书是春秋时期诸侯结盟所流行使用的契约书。在结盟时，先凿地做一个大坑，放入玉币，然后将红笔写成的盟书和牺牲一起掩埋到地下。目前发现的最有代表性的是山西侯马晋国遗址出土的侯马盟书，它是春秋晚期晋定公年间晋国世卿大夫间举行盟誓的约信文书，盟辞书写在圭形玉石片上，多达 5000 余件，能辨识文字的就有 653 件，总字数 3000 余字。侯马盟书除了盟誓部分用血写成以外，诅咒和卜筮（shì）都用墨笔写成，由于不是同一个人所写，故字体

风格不一，或粗犷或纤巧，还有蝇头小楷，同一玉片上的文字行次规整，大小却参差不齐。从运笔上看，它是用一种极富弹性的毛笔写成的，笔锋非常清晰，是难得的篇章完整的古人毛笔手书真迹，也是研究东周文字和古代书法艺术历史的宝贵实物资料。

春秋时期不仅中原地区有高雅的书法艺术，在一些地处边陲的诸侯国，同样也具备了一流的书法水平。

>>>**阅读指南**

刘佳：《话说石鼓文》。山东友谊出版社，2010 年 1 月。

丛文俊：《中国书法史》（先秦·秦代卷）。江苏教育出版社，2009 年 4 月。

>>>**寻踪觅迹**

各地博物馆均收藏大量古代有铭文器物和书法艺术作品。

48. 走向民间的雅乐

有一次，魏文侯问孔子的学生子夏："我衣冠整齐地去听那些古乐，总是要打瞌睡；而欣赏郑国、卫国的音乐，却一点也不感到疲倦。请问，古乐使我那样，新乐使我这样，是什么道理呢?"齐宣王也曾对孟子说："我所喜好的音乐，并不是那种先王之乐，而是世俗之乐啊!"春秋时期"礼崩乐坏"，源于西周的严肃古板的雅乐已从娱神、娱祖以及规范礼仪的功能转变为娱人，并逐渐走向民间。

这时不仅王室雅乐走向民间，民间的音乐歌舞也逐渐流入宫廷，成为国家音乐的代表。如子夏所说的，郑国之音复杂多变，宋国之音妖媚低迷，卫国之音急促，齐国之音古怪，这些都突显了不同民族的音乐特色。与此同时，乐器的体系也发生了很大变化，由先前的打击乐为主转为打击乐器、吹奏乐器、弹弦乐器兼容并奏，演奏形式更为丰富多样。诸侯用乐普遍僭 (jiàn) 越礼规，许多公卿甚至士大夫不仅用起了天子之乐，还吸纳了民间喜闻乐见的音乐形式。这

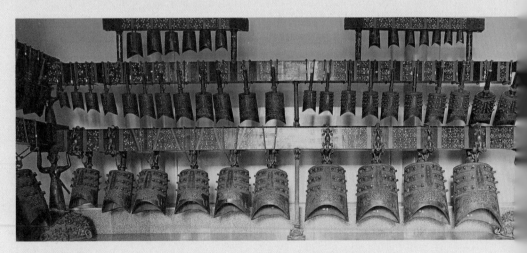

曾侯乙编钟局部

湖北随州市擂鼓墩战国早期曾国国君曾侯乙墓出土。编钟共65件，完整无缺，按大小和音高为序编成八组悬挂在三层钟架上，每个钟都能发出两个乐音，并且互不干扰，音律齐全，气势宏伟。钟上共铸有2800多字铭文，都是乐律学的内容，可以说是一部先秦乐律学著作。墓中还出土其他乐器近百件，其中琴、瑟、均钟、篪 (chí)、排箫、建鼓都是目前发现年代最早的实物乐器。湖北省博物馆藏。

江苏无锡鸿山春秋战国越国贵族墓
出土的青瓷悬铃

春秋时期吴国青铜句鑃
江苏镇江博物馆藏。

春秋伎乐铜屋
浙江绍兴市坡塘出土。是迄今我国发现的唯一
青铜房屋模型。房屋三间，四坡式攒尖屋顶，
还竖着一根图腾柱，柱顶塑一大尾鸠。屋内踞
坐六人，有鼓师、乐师及歌手等，作演奏状，
综合反映了古代越人的建筑、生活和图腾。浙
江省博物馆藏。

样就为后来战国时期百花齐放的音乐理
论的形成奠定了基础。

伴随着新乐器的广泛应用，乐舞形
式出现了新气象，出现了新的乐舞者。
原来的礼乐是由诗结合着音乐来表演的，
由于《诗经》是四言齐句，听起来虽然
庄重但嫌呆板。雅乐走向民间之后，诗
的表达失去了所附庸的乐舞形式，渐渐
就与乐分开，不再是一个统一体。而乐
舞失去了诗的限制，传情达意更加丰富，
于是，新乐取代了旧乐。过去那些君子

要端正冠冕、正襟危坐听音乐，听完之
后还要听附带的枯燥的政治道德说教，
其实是比较累人的事情，而如今可以随
意地听、享受地听。难怪新乐一出世便流
行于大江南北，其魅力确实势不可挡。

>>>阅读指南
　　李纯一：《先秦音乐史》。人民音乐
出版社，2005 年 7 月。
　　修海林：《中国音乐的历史与审美》。
中国人民大学出版社，2008 年 6 月。

>>>寻踪觅迹
　　湖北省博物馆收藏有曾侯乙编钟等古
代乐器，各地博物馆也有相关文物收藏。

49. 宗教信仰趋一归"天"

中华民族先民的原始宗教信仰是多元多神的。比如对太阳神的崇拜，有的说太阳是帝俊之妻羲和所生，她一共生了十个太阳；有个叫汤谷的山谷里有扶桑树，十个太阳轮流进进出出，一个太阳刚刚来，另一个太阳正准备出去，它们都负载在三足乌的身上。

对于月亮神的崇拜，人们也有不同的幻想。南方的民族说月亮里有兔子，所以

曾侯乙内棺上的漆画（局部）
绘有各种神怪形象，有人面鸟身、两翅舒展、有扇形尾翼引魂升天的羽人；有头戴熊首假面、胸腹饰兽面、执双戈驱鬼逐疫的方相氏；有羊首人身、两腮长须、持双戈的神兽；还有状若大鸟，鸡头、长颈、振翅张爪负载灵魂升天的鸾凤等。湖北省博物馆藏。

屈原在《天问》中就曾问月亮腹中养兔子干什么；北方的民族说月亮上有蟾蜍；《淮南子·精神训》中则说太阳中间有只三只脚的乌鸦，月亮中间有只蟾蜍。

对于火神，不同的民族分别称之为炎帝、祝融、瘛（yū）伯、黎等。

对于水神共工，周族说他是治水之神，是欢兜向尧推荐的治水人物；夏族则说他是水害之神，所以颛顼杀了他。

凡此等等，都告诉我们中华民族先民虽然崇拜日、月以及水神等自然神，但还没有崇拜天空这一自然属性的天神。

这种现象到了春秋时期逐渐发生了根本的变化，在民族整合认同的同时，宗教信仰也逐渐趋一归"天"。

早在商朝的时候，就出现了"天"和"上帝"的概念。西周时出现了"天命"理论，将地上发生的事情及结果都归于上天的意旨。周人对上帝的称谓很多，有昊天上帝、皇天上帝、皇上帝、

>>>阅读指南
周桂钿：《中国古人论天》。中央编译出版社，2008年3月。
周桂钿：《国学的智慧——中国人立身之道》。辽宁人民出版社，2010年7月。

彩绘二十八星宿衣箱

湖北随州曾侯乙墓出土。衣箱顶盖绘有世界上最早的天文图——二十八星宿图。图中央是篆书"斗"字，代表北斗星，四周写着二十八星宿的名称。东西两侧绘有一龙一虎，与传统天文学所说东方苍龙、西方白虎正好对应。湖北省博物馆藏。

皇帝、上帝、天、皇天、昊天等等，反映了周灭商后西周民族多元的态势。春秋继承了商周对天和上帝的信仰，这时人们对天的信仰已经完全人格化了，作为"天"的上帝，既不是人间某帝王的在天之灵，也不是某一自然实体，如太阳、月亮之类的神灵，而是想象中的天上最高君王，是人格化了的抽象的天。人们想象上帝所在的地方有一个类似人类朝廷的处所，称为帝廷、帝所等。

战国时期，人们深信上帝是北极星，它住在紫微宫。民间称上帝为天公、天老爷、老天爷，人间灾异祸福统统归于天，也就是孔子所说的"生死有命，富贵在天"。在这种天人相通、认命敬天观念的指导下，民间无论做何祭祀，第一杯酒总是先敬天；人们祈祷平安、顺利和成功，总是祈求"老天爷保佑"；诅咒恶行和坏事，也总是警告说"老天爷会惩罚的"。

相信天命也是当时统治者的主导思想，他们相信政权的更迭、国家的兴亡以至个人的祸福都是天决定的，因此也重视对天的祭祀。祭天的礼仪主要有郊祀、封禅和雩（yú）祭。

所谓郊祀，就是以天子居住的都城郊外作为祭天的场所，时间应在春耕之前。祭祀的时候要用骍（xīng）即赤色牛作为祭品，演奏庄严的黄钟大乐。祭天是天子的礼仪，他同时祭祀自己的祖先。由于世系的特殊地位，比如鲁国祖先周公有大功于周王室，所以诸侯中的杞、宋、鲁等国获得特别恩准也可以进行郊

漆凤鸟羽人

湖北荆州天星观战国楚墓出土。由蟾蜍状器座、凤鸟和羽人三部分组成。蟾蜍匍卧，羽人人面鸟喙，鸟爪形足踏于凤鸟之上，凤鸟为展翅飞翔状。蟾蜍象征月亮的精神和生命，凤鸟象征畅游于天地间的神鸟，这是巫风兴盛的楚国最具创意的作品。荆州博物馆藏。

民间绘画中的玉皇大帝形象
玉皇大帝是中国民间把"天"人神化的重要形象之一，他是天庭的最高领袖，统领天、地、人三界，主宰万物的兴隆衰败、吉凶祸福，为神中之神、神中至尊。

祀。诸侯的郊祀只能使用天子的音乐，就是说他们并没有自己郊祀的权利，而只是替天子祭天。

关于封禅，有非常古老的传说。据说凡是受命于天的真命天子，都要登泰山筑坛祭天，称为"封"；在泰山下的小山祭地，称为"禅"。传说春秋以前举行过封禅的有72位帝王，从华胥氏、伏羲、神农、炎帝、黄帝等上古明君一直到周成王。齐桓公称霸的时候，本想在葵丘之会上举行封禅大典，也过把瘾，但遭到管仲的反对。管仲认为以前帝王封禅要有15种吉祥征兆和祥兽出现才够资格，齐桓公只好作罢。后来直到秦始皇统一中国之后，才开始举行这种浩大的礼仪，以显示帝王的威严。

雩祭与求雨有关，有两种：一种是农历夏正四月，苍龙、角亢二星宿即龙星出现的时候举行祭祀，预先为庄稼祈雨，叫作"常雩"，是按照节令举行的普通祈雨仪式；另一种是遇到旱灾而求雨的非常雩祭，一般由天子举行，称为"大雩"。各国诸侯在遇到旱灾的时候，也可以举行雩祭，但只能在本国境内祭山川求雨。《春秋》记载了鲁国的雩祭，从鲁桓公五年至鲁定公元年，共21次。

对天的崇拜和天命观深深地刻在当时人们的思想里，人们不仅通过各种仪式来表达自己对自然的敬畏和崇拜，在世界观上，也逐渐形成了中华信仰文化中人与自然融合为一的理念。

>>>寻踪觅迹
山东泰山 中华文明的发祥地之一。先秦72位祖先君王、秦统一以来12位皇帝到此举行封禅大典，历朝有94代帝王到此参拜。秦统一封泰山李斯碑、汉武帝无字碑、唐高宗武则天鸳鸯碑、唐玄宗纪泰山铭以及康熙、乾隆手迹等历代2500余处刻石尤为珍贵。

50. 社稷五祀连着血缘和地缘

土地崇拜和天崇拜一样，都在华夏民族的农耕生活中扮演着重要角色。原始社会时期，人们对赐予衣食的土地心怀神秘、崇敬与感激，产生了祭祀。夏代延续了这种祭祀，出现了崇拜土地神和农神的社稷祭祀。商朝的土地神有了四方地域之分，并据此进行祭祀占卜。到了西周，一整套礼仪和土地神的思想复杂化了，并与等级制度紧密联系起来，成为一国命脉、君主的象征。

社稷实际上是两位神的连称。社即土地，社祭或祭社是对土地神的祭祀；稷即五谷神，又称农神，在进行社祭的时候，也要祭祀与它关系紧密的稷神。社祭属于经常性的祭祀，在郊祀中，不仅祭祀天，还要祭祀地，并且每年夏至都要在郊外的山丘祭地神。

周朝的时候，与祭天不一样，天子、诸侯、卿大夫以至普通老百姓都可

社神图（局部）

帛画残片，也叫太一将行图。湖南长沙市马王堆三号汉墓出土。图上部正中绘一头戴鹿角的神祇，据其左侧和腋下题记推断，可能为社神或太一神。画中还有青、黄二龙和雷公、雨师等，属避凶求吉、避灾求福之物。湖南省博物馆藏。

金代社火砖雕

山西侯马市出土。社火源于古代的社祭活动，随着时代的发展，逐渐演变成中国民间一种传统庆典活动和民俗，内容和形式因地域有较大差异。山西博物院藏。

台湾宜兰县土地庙金身土地公

社神（土地神）是中国民间信仰中的地方保护神，被视为德神、福神与财神，保佑乡土家宅平安、五谷丰登、六畜及人丁兴旺。大小土地庙遍及城乡，有些人还把土地公迎进家里祭拜。

以祭社，只是按照等级制形成了不同等级的社。周天子为各姓诸侯立的社称为太社，周天子自己立的社为皇社，诸侯为百姓立的社称为国社，诸侯自己立的社为侯社，大夫以下立的社为置社。此外，百姓25家为一里，以里来立社，称为里社。里社是私社，其余均为官社。官社祭祀的是社稷神，里社祭祀的是土地神。这反映了宗族公社系统对土地神的共同祭祀，将血缘关系和地缘关系密切结合起来。

春秋时期沿用商周的制度，在祭社稷的同时还要祭祀五行神。传说上古时

木官之长叫句芒，主管东方，称为春神；火官之长叫祝融，主管南方，称为夏神；金官之长叫蓐（rù）收，主管西方，称为秋神；水官之长叫玄冥，主管北方，称为冬神；土官之长叫后土。因此，祭祀社稷和五行神称为"社稷五祀"。

春秋时期很多重大事件都要祭社，比如出兵打仗、诸侯结盟，甚至预防火灾等。各诸侯国的祭祀名称也不一样，燕叫"有祖"，齐叫"社稷"，宋叫"桑林"，楚称"云梦"。当时社祭已经发展成为一种民间活动。齐国民间的社祭最热闹，连鲁庄公都去观礼。那时祭祀中还有以人祭社的习俗，如鲁国俘虏了邾国的国君益，拿他来祭社，说明在重大祭祀中用人做牺牲还没有绝迹。

社祭之礼一直流传下来，对中华民族的民间信仰产生了深远的影响，尤其是民间因祭祀结成的里社组织，与宗族组织一起成为中国乡土社会的基础。

>>>阅读指南

魏建震：《先秦社祀研究》。人民出版社，2008年4月。

傅亚庶：《中国上古祭祀文化》。高等教育出版社，2007年11月。

>>>寻踪觅迹

北京社稷坛　位于天安门西侧中山公园内，建于明永乐十九年（1421），是明清两代皇帝祭祀社神和稷神的庙坛建筑。

后土祠　位于山西万荣县宝鼎乡，始建于汉初，是祭祀土地神的地方。从汉代至宋代，历朝皇帝先后24次来此祭祀，迄今2100多年仍香火不断，每年农历三月十八日后土圣母诞辰日庙会更是热闹非凡。另外，山西介休市后土庙有近千尊明代早期悬壁彩塑，十分珍贵。

51. 沉淀在草根里的巫术文化

子之汤兮，宛丘之上兮。……………………	你的舞蹈真漂亮，在那宛丘坡地上。
洵有情兮，而无望兮。……………………	朝思暮想情难忘，可惜至今没希望。
坎其击鼓，宛丘之下。……………………	咚咚不断把鼓击，在那宛丘坡地下。
无冬无夏，值其鹭羽。……………………	寒冬炎夏舞不息，洁白鹭羽拿手里。
坎其击缶，宛丘之道。……………………	咚咚不断把盆敲，载歌载舞宛上道。
无冬无夏，值其鹭翿（dào）。…………	寒冬炎夏不停跳，洁白鹭翿手中摇。

这是《诗经》中一首叫《宛丘》的民歌，写的是陈国一个男子经常观看巫女的舞蹈，心中爱慕又不敢抱有希望，可见巫术在春秋已广为流传。

当时，对天地、自然神的崇拜和祭祀与巫术密切结合，甚至国家大事的决策也离不开巫师们的参与和定夺。在春秋各国，掌管巫史和祝卜的官在政权中占有相当重要的地位，周有卜正，楚有卜尹，梁有卜招父，秦有卜徒父，晋有卜偃、巫皋（gāo），鲁有卜楚丘，都是重要的卜筮之长。

春秋各国虽然都信巫术，但虔诚程度不同，中原地区以陈国最盛行。有的国家还有特殊的巫儿制度，如齐襄公时规定民家长女不能出嫁，要充当巫儿，即主持家祠。这种制度一直沿袭到汉代，可见齐国巫风之普遍，持续时间之长久。

河南信阳长台观战国楚墓出土的一件锦瑟上绘有精美的漆画，表现了楚国巫师作法、升天驱邪等情景

>>>阅读指南

胡新生：《中国古代巫术》。山东人民出版社，2010年1月。

北京大陆桥文化传媒：《巫术的世界》。重庆出版社，2008年6月。

形态各异的楚国镇墓兽

这种怪兽有兽面、人面、鹿角等，外形抽象，构思诡谲，形象怪诞，具有强烈的神秘意味和浓厚的巫术神话色彩。

在南方的楚、越、吴，巫风也很盛。西周初年，楚君熊绎不仅兼有大巫之称，还把桃木做的弓和棘枝做的箭献给周天子除邪驱灾。由于民间巫者众多，为了区分，楚国的男巫师叫觋（xí），女的叫巫。在楚君的继承人和军队将帅的选择上，都要以枚卜（——占卜）来决定。在楚人的墓葬中，出土了大量的镇墓兽，其用意是避邪驱鬼，是楚人深信鬼神巫术的标志。由于楚地盛行巫术，巫师也很出名，各国都请楚巫到本国行巫术。如齐景公专请楚巫微来祭祀五帝，见到微的时候，景公叩头于地，命百官供给微斋戒用的物品。

巫术中的卜筮在春秋时期占据非常重要的地位。卜是以兽骨龟甲占卜，筮是以蓍（shī）草占卦。《春秋》和《左传》中记载晋、楚、秦、鲁、齐、卫、郑、吴等国的卜筮之事有 30 多次，战争、祭祀、立储、立夫人、嫁女、出使、生病、选太子奶娘、生子女、预料子女未来命运等等，大事小事，都要占卜问筮，而且也很迷信占卜的结果。

观日月、占星相也是春秋巫术的重要方面。对日食、月食的祭祀以及对星辰的观察和祭祀，都是巫师的主要功能。公元前 524 年冬天，在"大火星"旁出现了彗星，引起很多国家的恐慌。郑国的巫师就对执政大臣子产预言宋、卫、郑、陈四国将发生火灾。果然，第二年夏天，"大火星"在黄昏时出现，四国相继发生了火灾。郑国巫师在都城北面筑祭坛，祭祀火神和水神，宋和卫国也都这样做了，这次禳（ráng）灾成为中原最大的一次巫术活动。

春秋时期巫术盛行的风气沉淀在民间，作为草根文化，一直影响着中华民族的心灵。

>>>寻踪觅迹

荆州博物馆　中国收藏古代漆器数量最多的博物馆，有楚国和秦汉时期漆器逾万件，其精美图案和独特造型是古人精神世界的写照。

湖北省博物馆　收藏众多古代楚文物。

52. 会盟之礼

有一次，鲁哀公会见齐平公，在蒙地（今山东南部）结盟，鲁国孟武伯做司仪。齐平公叩头，哀公弯腰作揖，齐人生气了。孟武伯说："哀公不是天子，不能叩头。"孟武伯问孔子的弟子高柴："诸侯结盟，谁执牛耳？"高柴说："鄫（zēng）衍（今河南方城一带）那次结盟，执牛耳的是吴公子姑曹。发阳那次结盟，执牛耳的是卫国石魋（tuí）。"孟武伯说："那么这次就是我了。"这个谁执牛耳的故事讲的就是春秋诸侯间的会盟之礼，后来演化为成语执牛耳，就是居领导地位、权威的意思。

由于会上要共同立誓制约与会者，因此会盟之礼又称盟誓礼仪。预定的聚会叫"会"，不定期的叫"遇"，会上互相订约叫作"誓"，用牺牲歃（shà）血为盟的叫"盟"。会盟要先设神位"方明"，就是象征四方之神的木刻神位，设在大堂北面，作为会盟告祭之用。然后在司盟指挥下挖一个方形坑或椭圆形坑，在坑北壁再挖个龛（kān），用来埋玉币。接着杀祭祀用的牛，并取牛耳血存在玉敦（一种器具）里，作为歃盟用，由盟

侯马盟书

山西侯马市晋国盟誓遗址出土。它是春秋晚期晋国世卿大夫间举行盟誓的约信文书。盟书长达3000余字，用毛笔书写在5000余片大小不一的玉片上，是研究中国古代盟誓制度和晋国历史的宝贵实物资料。山西博物院藏。

卑次序，一一歃血，以示信守盟约。

歃血后，由诅祝（祈求鬼神加祸于敌人的人）将盟书写在竹简或玉石上，一式数份。著名的侯马盟书内容就包括了同宗与盟人效忠盟主的誓约、背离敌对势力投靠主盟者的誓约、对某些罪行加以谴责的诅咒文等。将一份盟书放置在牲牛上，称为"载"。把负载盟书的牲牛埋入坑里，会盟者各取一份带回。另外还要抄成正副数本，正本藏于盟府，副本分授给掌政务的六官，即天官、地官、春官、夏官、秋官、冬官，以备查验。至此，会盟之礼才告结束。

春秋近 300 年间，有记载的大小会盟共有 450 多次，可见当时诸侯之间会盟是相当频繁的。

河南温县西张村春秋时期晋国遗址出土的石圭盟书

主拿着，名为"执牛耳"。

歃盟时，由戎右（陪乘之官）端着牛血玉敦，盟主向西站在坛上，司盟和同盟者向北站在坛上，面向方明。先由司盟宣读盟书祭告神明，接着戎右呈上敦血，先由盟主歃血。歃血有的说就是饮血，有的说是用血涂嘴。然后依照尊

>>>阅读指南

吕静：《春秋时期盟誓研究——神灵崇拜下的社会秩序再构建》。上海古籍出版社，2007 年 6 月。

田兆元：《盟誓史》。广西民族出版社、上海文艺出版社，2001 年 1 月。

>>>寻踪觅迹

山西侯马晋国盟誓遗址　共发现 400 余个"坎"（埋牺牲的土坑），除了盟书，还发现了牛、马、羊等牺牲，以及龛和各种祭祀用的玉币，如璧、璜、瑗、玦、珑、璋、铲、圭、戈、刀等，形象直观地展现了春秋战国时期盟誓的情景。

53. 来来往往的宾礼

公元前 540 年，为了回报晋国使者韩宣子来鲁国聘问（访问），鲁国使者叔弓也到晋国聘问。晋平公派人到郊外迎接。叔弓辞谢道："我的君王派我前来继续过去的友好关系，一再命令我'不能把自己当作贵宾'。能把使命上达给贵国，我们就受惠很大了，岂敢烦劳郊迎？请允许辞谢。"晋国派人送他到宾馆，他又辞谢说："我的君王命令下臣前来继续过去的友好，使命完成，这就是下臣的福禄了，岂敢住进高大的宾馆？"晋国大臣叔向说："叔弓懂得礼啊！"

叔向所说的"礼"，指的就是春秋时期民族或族群、诸侯与诸侯、天子与诸侯之间来来往往的宾礼。

周代的宾礼分为朝、宗、觐、遇、会、同、问、视八种。春天朝见天子叫作"朝"，夏天则称为"宗"，秋天名为"觐"，冬天称为"遇"；天子因大事召见一方诸侯叫"会"；12 年天子不巡狩，天下诸侯来朝见天子叫"同"；天子有事，诸侯临时派遣臣下来聘问叫作"问"；侯服外的诸侯定期派卿臣来聘问，称为"殷覜（fù）"。殷是"众"的意思，覜是"祝祷"的意思，"殷覜"又称为"视"。

朝聘是诸侯朝见天子、天子聘问诸侯、诸侯相互聘问的礼仪，朝是亲往，聘是派使者去。春秋时期诸侯国之间钩心斗角，朝聘是他们互相拉拢的重要外交手段。各国之间聘问频繁，逐渐形成一种相对固定的制度。据记载，在晋文

彩绘夹苎胎漆奁（lián）

湖北荆门市包山二号墓出土。奁是中国古代女子用来盛放梳妆打扮用品的匣子。此漆奁外壁画有一组连环画，展现了楚国贵族出行和迎宾的一整套礼仪和排场。湖北省博物馆藏。

三人踏猪形玉佩
湖北枣阳市九连墩战国墓出土。一头大猪被三个人"众"字形叠压在脚下。三人均大圆脸，窄长袖宽长袍，装束、纹饰与楚人的宽袍大袖传统穿着不同，却与中山国的人物着装一样，应是中山国的遗物，可视为楚国与中山国高层交往的物证。湖北省博物馆藏。

中山国金贝
春秋战国时期黄金虽然开始作为货币使用，但流通主要限于上层社会，用于国家或诸侯间礼聘、赠赏、大宗交易等。河北省博物馆藏。

公和晋襄公兴霸业的时期，规定诸侯每三年一聘，每五年一朝。朝聘随行的人员也有限制，主要的使臣称为"宾"，随从名为"介"，介的人数由使臣爵位决定，"上公七介，侯伯五介，子男三介"。与此对应，主国的接待人员"傧"也分等级，"卿为上傧，大夫为承傧，士为绍傧"。

聘问的礼物称为"币"，有玉石、丝帛、马匹和兽皮等。以玉制的圭或璋作为币，是重礼的表示。币的多少由被朝聘的霸主国决定。使者去朝聘要搭乘车子，并以红色的曲柄旗表明身份。

朝聘的礼仪程序较繁琐，主要有六项：一是郊劳，主国国君派官员到边境迎接并慰劳使者；二是聘享，主国国君接见受礼并宴请使臣，使臣要表现得毕恭毕敬，献受币时，双方都要脱去外衣左袖，以示尊敬；三是飨宾，主国国君设宴酬谢使者；四是私觌（dí），使者以私人身份见主国国君和卿大夫并赠币；五是馆宾，使者准备返回时，主国国君要亲临送行，派大臣将圭、璋还给使者；六是赠贿，使者出发前，主国国君要派遣大臣回赠与聘币价值相当的礼品，以示礼尚往来。

这种来来往往的宾礼，后来成了中华民族礼仪文化的重要组成部分。

>>>阅读指南
李无未：《周代朝聘制度研究》。吉林人民出版社，2005 年 4 月。
王金玲：《图说礼仪——礼仪之邦的礼乐全典》。重庆出版社，2008 年 6 月。

>>>寻踪觅迹
各地博物馆古代文物。

54. 飨燕礼的沟通

有人说中国人是在餐桌上办事的，虽是戏言，却也道出了饮食对于中国人社交活动的重要性。这种传统早在周朝时就有所体现了，当时称为飨（享）燕（宴），简单说就是请客吃饭。春秋时期由于政治和外交上的需要，飨燕之礼频繁，有天子飨诸侯及其夫人、诸侯飨天子、国君间飨燕、诸侯飨别国卿大夫、国君燕饮臣下、大臣飨君、大夫互飨等不同形式，飨燕之盛，形式之多，成为那个时期政治礼仪的一大特色。

按周礼，王室飨燕诸侯和卿大夫有两种规格。一种是天子请诸侯设"享"，又称"饫（yù）"。享时置酒和"体荐（wěi）"，就是把半个生的牲体放在餐桌上，设有酒食但不能饮食。诸侯不脱鞋进入宴堂，站着，不能坐，有桌椅也不能靠，有酒也不能喝。虽然宴会时有表示友好的礼品，吃饭时也要上菜，但一切都是摆设，仅是教导恭敬节俭而已。另一种是天子请卿大夫设"宴"。宴会中有酒和大块连着牲头的肉。卿大夫脱鞋进入宴堂坐下，宾主一起饮食，以表示君主对臣下的慈爱恩惠。这种宴会的气氛比较轻松活泼，还要设乐舞，主宾互相赋诗、赠礼品，甚至还让臣下跳舞。

在请客的时候，主人从迎客开始就要讲究礼仪了。主人要站在门外东边迎客。客人由西向北登上台阶的时候，其身份如果是大夫，就要面西向北而登；客人如果是士，则要面北而登。如果弄错了位置，就会主客颠倒，被人耻笑。

在宴会上主宾互相敬酒也有讲究。主人向客人敬酒称为"献"，客人回敬叫

铜鉴缶
湖北枣阳市九连墩战国楚墓出土。古代冰酒或温酒的器具，一套两件，外部为鉴，鉴内置尊缶。鉴与尊缶间有较大空隙，夏天放入冰块，冬天则贮存温水，尊缶内盛酒，这样就可以喝到冬暖夏凉的酒了。可见春秋战国时期贵族钟鸣鼎食之家生活之奢侈。湖北省博物馆藏。

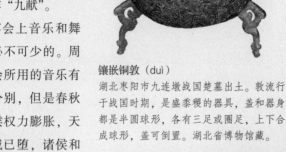

"酢（zuò）"，主人劝酒称为"酬"，隆重的相互敬酒和送礼的礼仪叫作"九献"。

宴会上音乐和舞蹈是必不可少的。周代宴会所用的音乐有等级分别，但是春秋时诸侯权力膨胀，天子权威已堕，诸侯和贵族飨宴时经常僭越礼仪，使用天子之乐也是常事。在宴会上赠送的礼品也有所改变。比如公元前676年，虢公、晋侯朝见周天子，周天子一律用醴（lǐ，即甜酒）招待，允许他们向自己敬酒，又各赐给他们玉五对、马三匹，且不分等级。如果按照周礼的话，这些都与他们的身份有出入。

飨燕之后，还要举行射礼。国君召集大夫和士比射叫"大射"。比射者一对对行揖礼后，到设有箭靶的赛场比射，

镶嵌铜敦（duì）
湖北枣阳市九连墩战国楚墓出土。敦流行于战国时期，是盛黍稷的器具，盖和器身都是半圆球形，各有三足或圈足，上下合成球形，盖可倒置。湖北省博物馆藏。

输者罚酒。还有一种投壶游戏，宾主用箭投射壶中，投中多者为胜。

天子和诸侯贵族的交往带有明显的政治性质，礼节更隆重，场面更大，陈设更铺张。例如喝的是高级甜酒，敬酒次数视宾客的尊贵等级也有所不同，多的如有一次郑国君宴请楚王，就行九献之礼，即敬酒九次。

春秋时飨燕和射投之礼在民间也广泛流传，称为"乡饮酒礼"和"乡射礼"。

看来古人的宴饮远比今人请客吃饭要复杂多了，但是通过宴饮进行交际，促进沟通和交流，却是中华民族交际文化古今相承的重要内容。

>>>阅读指南
任晓彤译注：《中国古典名著全译典藏图文本·仪礼》。中国社会科学出版社，2007年5月。
吕建文：《中国古代宴饮礼仪》。北京理工大学出版社，2007年5月。

云纹金盏和漏勺
湖北随州市战国曾侯乙墓出土，湖北省博物馆藏。

>>>寻踪觅迹
全国各地博物馆食器、乐器和娱乐器物。

55. 男女开放之风漫春秋

野有死麕 (jūn)，白茅包之。……………… 野地有只死獐子，白茅草儿来包扎。

有女怀春，吉士诱之。……………… 有位姑娘怀春情，小伙挑逗追求她。

林有朴樕 (sù)，野有死鹿。……………… 林中小树丛丛长，有只死鹿在地上。

白茅纯束，有女如玉。……………… 白茅草儿捆扎好，送给如玉好姑娘。

舒而脱脱兮，无感我悦 (shuì) 兮，……… 轻手轻脚悄悄到，莫动佩巾莫急躁，

无使尨 (máng) 也吠。……………… 莫让狗儿汪汪叫。

这是《诗经·野有死麕》一诗，描写一位男青年带着猎物，去追求一位漂亮姑娘，姑娘约他幽会的情景。在两千多年前封建社会诞生的前夜，春秋时期男女关系的自由和开放，完全出乎当代人的想象。从《诗经》这部传世名著中也可以看出一鳞半爪。

《诗经·国风》大部分是描写男女情爱的情歌，描绘了自由恋爱、调情、幽会、相思等情节。这些诗篇，大多来自劳动人民中间，表达他们产生于日常生活之中的真挚而热烈的感情。《野有死麕》、《静女》、《桑中》、《山有扶苏》、《溱洧 (zhēnwěi)》等都是自由求爱的诗篇，表明男女之间因情爱自由结合，女子私订终身和私奔都不受社会约束或制裁。当时的社会风气比较开放，道德松弛，尤其是郑、卫、燕、齐等国。郑、卫两国的男女青年可以自由聚会，纵情取乐，相互戏谑。燕国风俗则"宾客相过，以妇侍宿，嫁娶之夕，男女无别，反以为荣"，两性之间更加宽松无羁。

相比之下，王公贵族们的情爱生活

豳风图·缝衣
清朝吴求作。取意于《诗经·豳风》。南京博物院藏。

狼跋、伐柯

南宋马和之《豳风图卷》局部，取意于《诗经·豳风》中的同名诗。

不仅自由而且混乱，甚至是荒淫。《左传》记载，不仅家庭中同辈男女可以互娶互嫁，也可以超越辈分嫁娶，如子、侄、弟可以上娶父、伯、叔、兄的妻妾，甚至孙辈可以上娶非直系的祖母。如卫宣公娶了自己的庶母，即自己父亲的小妾夷姜，生了急子；之后给急子娶了齐女，见到媳妇漂亮，又将她霸占为自己的小妾，生了公子寿和公子朔。晋献公也是娶了自己的庶母齐姜，生了后来的秦穆公夫人和太子申生，而晋文公则在秦国娶了自己的侄媳怀嬴。

另一方面，女子也可以一嫁再嫁，甚至三嫁四嫁，最出名的例子就是当时有名的大美女郑穆公之女夏姬。她先是嫁给陈国大夫御叔，却同时与陈灵公、卿大夫孔宁以及仪行父私通。她的儿子夏征舒杀了灵公，孔宁和仪行父闻讯逃到了楚国。后来楚国攻破陈国，将夏姬掳去。楚庄王贪图夏姬美貌，想要她为妾，在申公巫臣劝谏下才放弃了。执政子反也想娶她，又被巫臣劝止。于是楚庄王将她赐给大臣连尹襄老。后来连尹战死，她又和连尹的儿子私通。巫臣其实一直想娶夏姬，终于等到了机会。他劝夏姬回郑国娘家，然后派人提亲，之后自己则举家逃到郑国娶她。因为这件事，巫臣与楚王及子反都结下了大仇，连累其家族。为了复仇，巫臣叛变楚国，还泄露了楚国的军事机密，帮助吴国重创楚国。

春秋男女间的开放风气既表明了时代动荡变迁的特点，也与非华夏民族进入中原带来的风俗有关，它使原有的道德底线被冲击、破坏，这也是先秦社会多民族风俗互相交融的一大特点。

>>>阅读指南

《诗经》中的爱情诗。

陈绍棣：《中国风俗通史·两周卷》。上海文艺出版社，2003年6月。

>>>寻踪觅迹

各地博物馆春秋文物。

56. 鬼魂与祖灵

鬼神之说由来已久，即使是在科学昌明的今天，仍有不少信众。原始社会时期就已出现鬼魂观念，到春秋时发展为普遍的信仰，并随着宗族关系的发展，有了祖灵崇拜。

公元前535年，郑国出现了一次鬼魂大恐慌事件。据说在过去政变中被杀的原执政大臣伯有变成了厉鬼，许多人都声称看见了他鲜血淋漓的样子，于是纷纷奔逃，王城顿时笼罩在一片阴森恐怖的气氛之中。当时的执政者子产为平复鬼魂的怨恨，立伯有的儿子良止等人为大夫，还特意祷告安抚，这样才将恐慌平息下去。后来子产到晋国去，晋大臣赵景子按捺不住好奇，问他有无此事。子产回答说有，并且解释说人的魄与魂不同，魄是附在人肉体上的，魂是附在人的阳气中的，人死后魂归于天，魄归于地。人如果不得善终，死后就要变为厉鬼作祟，如果生前地位高、势力大，做厉鬼后力量也大。

由于人们普遍相信鬼魂的存在，加上对血缘关系的重视，我国古代对祖先鬼魂的崇拜和祭祀也特别盛行。传说中国的祭祖始自有虞氏，中国的建庙制度也是由此而始的。一直到西周，天子设五庙，即考（父）庙、王考（祖父）庙、皇考（曾祖父）庙、显考（高祖父）庙、太祖（始祖）庙（也叫太庙）。西周中期做了改变，为了保持对周文王、武王的祭祀，改为天子七庙，诸侯只能设五庙，大夫祭父、祖父、太祖三庙，士祭一庙或二庙（父、太祖），庶人无庙。

祭祀分月祭、四时之祭和殷祭等多种。月祭在每月初一举行，又名朝庙。每五年和三年对宗庙的大祭和合祭通称殷祭。此外，凡是天子出征、狩猎、会盟等都要祭告太庙，并派遣祝史祭告其

西周夔（kuí）纹铜禁
陕西宝鸡斗鸡台出土。禁是商周时代贵族在祭祀、宴飨时摆放卣、壶等盛酒器的几案，以显尊贵。之所以称为"禁"，是因为周人鉴于夏商末君嗜酒亡国的教训，发布禁酒令，规定只在祭祀时才能饮酒。天津博物馆藏。

余的宗庙，返回时也要祭告宗庙。

宗庙建筑和祭祀的礼仪程序、服饰、旗帜、用具都很复杂、讲究，等级分明，不能违背。为了表示节俭，太庙要用茅草盖顶，用蒲席铺垫，祭祀的肉不能放调料，主食不用精米。为了表示上下尊卑，从礼服穿戴到使用的乐器，每个细节都有规定，要由专人来主持，名叫"相"。

祭祀宗庙的祭品特别丰盛洁净，祭祀的规格和祭者的身份等级有严格的规定，不能错乱。周天子的祭品用"会"，相当于三个太牢（牛、羊、猪并用），诸侯用太牢，卿用特牲（一头牛），大夫用少牢（羊、猪并用），土用猪，庶民用鱼。

举行祭礼时还要奏乐，音乐当然也要分尊卑的。西周只有嫡长子才能主祭宗族远祖和大宗，即嫡长系统的祖先，其他后裔只能主祭非嫡长系统的祖先。

与社会其他方面一样，春秋时期诸

联禁铜壶

湖北随州战国曾侯乙墓出土。盛酒的壶、承放酒器的禁和取酒水的勺，三者组合，在祭祀活动中充当成套礼器。湖北省博物馆藏。

侯祭祀太庙也大大僭越了礼仪，不仅祭祀的时间、程序和祭品等方面超越了诸侯的身份，还出现了太庙因年久失修塌坏的现象，这反映出诸侯中祖先崇拜衰弱的迹象。相反，民间的祖先祭祀则一直蓬蓬勃勃地生存发展下来，至今在中国民间仍具有强大的生命力。

>>>阅读指南

　　贾福林：《太庙探幽》。文物出版社，2005 年 5 月。

　　傅亚庶：《中国上古祭祀文化》。高等教育出版社，2005 年 10 月。

>>>寻踪觅迹

　　北京太庙　现名劳动人民文化宫，是明清两代皇帝祭奠祖先的家庙。始建于明永乐十八年（1420），是根据中国古代"敬天法祖"的传统礼制建造的。此外，河南殷墟和二里头、陕西周原等也有古代宗庙遗址。

透雕漆木禁

湖北随州市战国曾侯乙墓出土，湖北省博物馆藏。

57. 孝的提倡

亲情可贵，母子情深，血浓于水，中国的孝子孝事历来不绝于史。春秋时期，郑国国君庄公用他的亲身经历写下了感人的一篇。

郑庄公寤生从小就不讨母亲武姜的欢心，因为他出生的时候，武姜难产，差点送命。寤生长大之后，为人忠厚内向，不擅以乖巧事人，武姜就厌烦这个儿子，而宠爱小儿子叔段，甚至在丈夫郑武公面前吵着要废了寤生改立叔段为太子。郑武公一直没答应，他觉得寤生厚道，将来会是一位好国君。

孝子图鎏金银壶
内蒙古阿鲁科尔沁旗辽耶律羽之墓出土。壶上刻着中国古代二十四孝中的八孝图，如卧冰求鲤等，可见孝得到了中华民族各个成员的认同。

寤生即位为庄公后，武姜和叔段屡屡提出过分的要求，寤生为了母亲高兴，都一一容忍了。后来，武姜和叔段密谋夺权，结果行动泄露而失败，叔段丢下母亲跑到共国去了。几十年来，自己为母亲所做的一切竟不能换回她一丝的谅解和回心转意！郑庄公既伤心又气恼和绝望。他下令把武姜押送到城颍（今河南襄城县东北），发誓"不及黄泉，无相见"！意思是除非死了，否则这辈子就不要再见面了。

可是没多久，郑庄公就后悔了，他想起让年迈的母亲一个人幽居，为人子的良心就饱受折磨。大臣颍考叔是个朝野闻名的大孝子，察觉到庄公的悔意，就想帮庄公母子团圆。颍考叔借着献礼物之机去见庄公，庄公请他吃饭。席间颍考叔特意将肉夹出来放在一边，庄公好奇地问他怎么回事。颍考叔说是要带回去给自己的老母亲吃。庄公听了感慨

>>>阅读指南
陈书凯编译：《孝经》。中国纺织出版社，2007年1月。
陈爱平：《孝说》。重庆大学出版社，2007年2月。

女孝经图（局部）

传为南宋画家马远作。《女孝经》是唐代人撰写的女性教育经典，以告诫的方式讲述孝道的意涵以及各种应该遵守的女性礼仪，全书共有18章，后世很多画家将其画成连环画卷。故宫博物院藏。

顿生："你有母亲可养，而我却没有啊！"颍考叔故意追问，庄公就把事情的原委说了一遍。颍考叔乘机进言："这并不难。城颍有一座山，泉水呈黄色，主公可命人开凿隧道，等到泉水不流了，你就可以在隧道中见到母亲了。这不就两全其美了吗？"因为庄公曾说过"不及黄泉，无相见"，颍考叔给庄公找了一个台阶下。

庄公马上命人去做，终于在隧道中和母亲相见。母子俩牵着手从隧道中走出来，在场的人都感动得热泪盈眶。这件事引起了人们的议论，都说颍考叔能推广孝义，是个不折不扣的孝子。

孝道在春秋时期已经受到社会舆论的普遍提倡，到了春秋后期，更是发展出一套礼仪和理论来，其中儒家学说最受推崇。孔子认为孝道就是要在父母生前竭尽全力侍奉，以父亲定的规矩来说和做，父母去世后要依礼安葬并守孝三年，之后还要终身祭祀并延及子孙。这样，孝就逐渐变成整个社会的道德准则，为中华孝文化奠定了基础。

>>>寻踪觅迹

曹娥庙 又叫灵孝庙、孝女庙，位于浙江上虞市百官镇曹娥江西岸，是为纪念东汉投江救父的女子曹娥而建。始建于公元151年，有近2000年的文化积淀，以雕刻、壁画、楹联和书法"四绝"饮誉海内外。

董孝子庙 位于浙江宁波市尹江岸路，是纪念东汉孝子董黯的地方，现存为清代建筑。董黯是东汉大儒董仲舒的六世孙，奉母至孝，今浙江慈溪市即因其"母慈子孝"传说而得名。

58. 束发右衽与披发左衽

在古装戏里，我们经常能看到古人衣袂（mèi）飘飘的形象，煞是好看。其实，这是在古代中原华夏族服装的基础上，经过美化加工的产品。真正的古装，早在春秋时期已经形成，并且配有一套复杂的穿戴礼仪。

让我们从头说起。男子头部一般是束发，成年戴冠，女子是束发外加装饰。贵族男子用象骨制的掮（tì）固定发髻（jì），罩上冠，用玉簪横穿发髻固定住。祭祀用的礼冠称为冕。贵族女子的头饰除了掮和两耳旁垂着的玉瑱（tiàn）之外，还有假发做的髻副和插在头发上的六珈（六种玉饰）等，非常复杂、华丽。

内穿的衣服上为短衣，叫襦（rú）。下穿袴，一种是没有裆的裤子，称为灿褰（qiān）；一种是有裆的裤子，叫作裈（kūn）。

外穿的衣服通常为上衣和下裳。当时还流行一种衣和裳相连的深衣，腰间通常系以丝带。外穿的衣服还有长衣，称为衫。长衣内填充乱麻和丝棉的叫袍，这是冬天穿的衣服。

贵族的礼服要隆重得多，通常用丝和麻制作，衣服上绘有彩画或织有纹绣，花纹为日、月、星、龙、火、山、花、虫等，还有黑白相间的图案或黑青色相间的花纹。一般上衣为黑色，下裳为黄色。礼服前有皮革做的敝膝（即围裙），叫绂（fú）。贵族冬天穿的皮衣用狐、羊、鹿、熊等皮制

东周戳点纹右衽武士俑
山西长治市分水岭出土，长治博物馆藏。

>>>阅读指南
黄能馥、乔巧玲：《衣冠天下——中国服装图史》。中华书局，2009 年 11 月。
马大勇：《华服美蕴——追梦中华衣冠礼仪》。文物出版社，2009 年 5 月。

成，服饰颜色和搭配相当讲究，不能随便穿戴。比如：君子不用深青透红或黑中透红的布镶边，也不用红色或紫色的布做家居服；夏天穿粗的或细的麻布单衣，但一定要套在外面；黑色的羔羊皮袍要搭配黑色的罩衣，白色的鹿皮袍要配白色的罩衣，黄色的狐皮袍要穿黄色的罩衣；平时在家穿的皮袍右边的袖子要短一些；每月初一要穿礼服去朝见君主；斋戒时，一定要穿布做的洗澡用的明衣。相比之下，平民的衣服就朴素多了，用粗毛和粗麻制作，叫作褐（hè），最贫贱的人甚至没有外衣穿。

鞋子方面，一般人穿的是屦（jù），

右衽铜人
战国晚期。河北易县燕下都遗址出土。

是一种一层底的鞋子，由葛、麻、革、丝制成，一般夏天用葛，冬天用皮革。脚上要先穿袜子，袜子用布帛或熟皮制成。与贵族的礼服配套的，是在腿上缠布幅，脚上穿舄（xì），即一种皮、木两层底的鞋子。贫苦的劳动人民通常只穿草鞋或木鞋。

各国的服饰虽然大体相同，不过各具地方特色和民族特色。齐人喜欢黑色，贵族崇尚五颜六色的织锦衣服，齐国妇女喜欢穿着男装；南方的楚国人喜欢戴高帽子；东南方的越人原来的风俗是断发文身，根本不穿衣服；西北方的戎狄与华夏族的束发右衽（rèn）完全不同，他们是披发左衽。

束发右衽和披发左衽正好代表了中华服饰文化的两大系统。夷狄服装衣襟开口在左边，称为左衽；华夏族服装衣襟开口在右边，称为右衽；夷狄披头发，华夏族则束发椎髻。

踞（jì）坐人漆绘铜灯
战国。河南三门峡市上村岭出土。踞坐人偏髻、束冠，身着长袍，腰系宽带，以带钩扣合，让我们看到了古代中原先民的真实形象。河南博物院藏。

>>>寻踪觅迹
　　民族服饰博物馆　位于北京服装学院内，收藏有中国56个民族的服装、饰品、织物、刺绣等传统服饰精品，有综合展厅、苗族服饰、金工首饰、织绣染品、老照片和民间传统服饰工艺室等专题展厅。

59. 尚武重义之风盛行

从春秋开始，战争成为时代的主旋律，尚武之风盛行，渗透到人们的日常生活中。首先，各诸侯中多尚武之君。齐有桓公、管仲，管仲主张"武勇者长"，将尚武精神作为国策。晋国的文公、襄公、景公、厉公、悼公都是一代骁勇之君，先后在春秋争霸战争中纵横驰骋。楚国君主以武为荣，如果没有战功，就觉得愧对先君和国人，楚武王和楚文王一生征战，最后都死在征途中。秦穆公"修德行武"，"西霸戎狄"，其后的康公、景公、厉共公等都是屡建战功的。吴、越之君更是"皆好勇"，吴王从寿梦到夫差，越君从允常到句践，都是能征惯战的，并且因此最终称霸一方。

春秋尚武之风席卷上下，从军队到民间都崇尚武力。史载秦人风俗崇尚气概、勇猛、忘生轻死；吴越人好用剑，也忘生轻死。民间的日常生活也有军事性质的比赛，如饮酒时的射礼等。

由于尚武，产生了不少轻死重义的

托举曾侯乙编钟的铜人武士

铜人头戴圆帽，身着彩绘长袍，腰际佩剑，两手上举，气定神闲地托举着横梁与编钟，当时尚武之风可见一斑。

侠义之士。吴王阖闾（Hélǘ）用的两名刺客就是有名的侠士。阖闾还没有登基的时候，人称公子光。他一心想继位当王，所以通过大臣伍子胥结识了一位勇士专诸。专诸是个孝子，阖闾平日待他母子特别好，不仅供给衣食，还从来没有提出任何要求。母亲去世之后，专诸来找阖闾报恩，阖闾让他去刺杀当时的吴王僚。专诸先是学会做僚最喜欢的烤鱼，然后在一次宴会上把宝剑鱼肠（极小的匕首）藏在

越王戈

有专家考证为春秋晚期越国开国之君允常（句践之父）之戈。

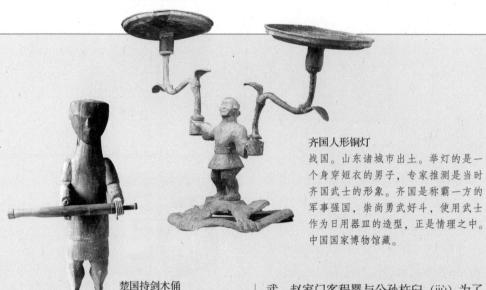

齐国人形铜灯

战国。山东诸城市出土。举灯的是一个身穿短衣的男子，专家推测是当时齐国武士的形象。齐国是称霸一方的军事强国，崇尚勇武好斗，使用武士作为日用器皿的造型，正是情理之中。中国国家博物馆藏。

楚国持剑木俑

战国。湖南长沙近郊出土。

烤鱼中，一剑刺死了僚，他也被拥上来的武士砍成了肉泥。

公子光终于登上了王位，他担心吴王僚的儿子公子庆忌来报仇，于是又找了另外一个刺客要离。要离为了得到庆忌的信任，与阖闾一起演出苦肉计，竟牺牲了自己的妻儿。他终于得到机会在江心小船上刺杀了庆忌，然后伏剑自尽，理由是自己杀妻不仁，杀前王之子不义，成就了吴王的心愿自己却家破人亡，实为不聪明，因此没有脸面再活在世上了。

为了争权夺利，晋国权臣间互相残杀，屠岸贾杀了赵盾全家，并搜捕孤儿赵武。赵家门客程婴与公孙杵臼 (jiù) 为了掩护赵武，先后以身相殉，成为一代忠烈的楷模。后人以各种形式将这个故事搬上舞台，就是著名的《赵氏孤儿》。

由于尚武，人们普遍使用武器，并惯以武器陪葬。早在商末周初，就出现了冷兵器之王——剑，铸造技艺达到了很高的水平。吴、越是剑的故乡，出现了一批名剑，铸剑大师有欧冶子、干将、莫邪，剑术名家有越女和袁公等。

还是要离说得好：士，最关键的是看他有没有勇气，而不是看他能否杀人。这种勇气，就是不怕死、重义气的精神，它作为历代侠义之士的追求，对中华民族高尚的献身精神产生了深远的影响。

>>>阅读指南

　　梁启超：《中国之武士道》。中国档案出版社，2006 年 6 月。

　　郑铁伟：《中国古代冷兵器》。上海文化出版社，2008 年 2 月。

>>>寻踪觅迹

中国人民革命军事博物馆　内有古代战争馆，以战争史为主线，陈列相关文物、照片、模型、图表、绘画、雕塑等展品。各地博物馆均有相关古代文物。

镂空多节玉佩
湖北随州战国曾侯乙墓出土，湖北省博物馆藏。

60. 战国七雄争天下

虎头形陶水管
战国·燕。河北易县战国燕下都故城遗址出土，中国国家博物馆藏。

当春秋时代唱完它最后一个音阶，烽火未尽，却狼烟又起，正是：七雄鼎立逐天下，百家争鸣唱九州；纵横长短驰英杰，万流入海归一统。轰轰烈烈的战国时代拉开了帷幕。

在民族或族群分布格局上，发生了大变化。原来镇守中原的强者晋国分裂为韩、赵、魏三国；东部首先称霸的姜氏齐国被田氏取而代之，只是招牌未改；楚国依次重新收回南蛮之地，征服了巴人和东夷，并于公元前306年灭了越国，成为独霸南疆的最大诸侯国。各大国纷纷进行变法改革以增强国力，比较著名的有魏国李悝变法、秦国商鞅变法、楚国吴起变法等。这样，就出现了齐、楚、燕、秦、韩、赵、魏七雄并立的局面。

这时有许多小国生存在大国之间，除了宋、鲁、郑、卫、莒、邹、杞、蔡、郯（tán）、任、滕、薛、费、曾等，还

>>>小贴士

三家分晋 春秋末期，晋国国君权力衰微，实权由六家大夫把持。他们各有各的地盘和武装，互相攻打，最后剩下赵、韩、魏三家，称为"三晋"。他们平分了被打败的另外三家大夫的土地和晋国的其他土地，只留了两小块地方给晋幽公。公元前403年，韩、赵、魏三家派使者去见周威烈王，被正式封为诸侯国。公元前376年，三家废晋静公，将晋公室剩余土地全部瓜分，史称"三家分晋"。"三家分晋"具有划时代的意义，史学界以其作为春秋与战国的分界点之一。

有戎狄、东夷、百越和南蛮部族。周王室名义仍在，实际上也变成了小国。

战国初期的疆域，楚国最大，后来被楚国灭掉的越次之，赵、齐、秦、燕、魏又次之，韩最小。楚国疆域从今重庆东端起，囊括整个湖北省，包含江西北部、安徽北部、陕西东南角、河南南部、

云纹兽纹青玉璜
战国·魏。河南辉县固围村出土,中国国家博物馆藏。

江苏的淮北中部,北边接壤秦、韩、郑、宋等国,东和越接界,西和巴相邻,南与百越为邻。越国大约占据了今山东以南、江苏南北、安徽南部、江西东部和浙江北半部地区。齐国领有山东偏北大部,兼河北东南部,全境东边靠海。秦国据今甘肃东南,沿渭河至陕西腹地,有一小部分从陕西东南部伸入河南灵宝,东与魏、韩及大荔之戎交界,西和北部与戎国相接,南部与楚、蜀相邻。燕国在今河北北部和辽宁南部,兼有山西东北角。韩、赵、魏据有晋国旧地,居于中部,大约在今陕西、山西、河北、河南以及山东西边一角。

在战国的兼并战争中,七雄原有的

国力基础固然重要,但是新出现的纵横家成为活跃在历史舞台上的重要力量。诸侯国一方面加强了中央集权,一方面一改过去武力为雄的做法,开始侧重经营外交,使中华民族从分散走向统一的历史诡谲多变,精彩纷呈。

蒜头壶
山东临淄商王村战国墓出土。蒜头壶大致起源于战国时期,是盛酒水用的,因壶口沿处呈蒜头形而得名。山东省博物馆藏。

楚疆
战国。山东泰安出土。被认为是楚国灭鲁之后祭祀泰山的祭器。山东省博物馆藏。

>>>阅读指南
沈长云、杨善群:《战国史与战国文明》。上海科学技术文献出版社,2007年4月。
中国国家博物馆:《文物春秋战国史》。中华书局,2009年1月。

>>>寻踪觅迹
山西博物院、河北省博物馆等战国韩、赵、魏地区文物部门均收藏有相关文物。

61. 战国七雄之间的族群

在战国七雄鼎立的同时，七雄之外早在春秋时就已经与中原地区比邻而居或杂居的各少数民族，这时也有了新发展。

介于韩、魏之间的伊水、洛水流域有阴戎。其来源复杂，是由春秋时此地杂居的扬拒、泉皋、伊洛等部落，加上后来的陆浑之戎混合发展起来的。他们住在黄河以南、秦岭以北，古人以山北水南为阴，故得名阴戎。

在秦国西北，今陕西、甘肃、青海、宁夏一带，由东至西分布有大荔、绵诸、月氏、乌孙、朐（qú）衍、乌氏、析支以及义渠等部落。其中义渠比较强大，改变了游牧的方式转而定居生产，有几十个城邑。此外，在靠近四川西北的地方，还活动着羌族。

在秦国西南，今四川和重庆境内有蜀、巴、苴（jū）、丹犁、笮（zuó）都、邛（qióng）都、徙、冉駹（máng）、僰（bó）等。其中以蜀最大，号称"戎狄之长"，战国中期时迁都成都。巴次之，占据重庆地区，建都于巴，即今重庆嘉陵江北，与楚接壤。巴人原来是水上射猎的居民，受蜀和楚的影响才定居生活，已有高度文化，能铸造精美的青铜器。笮都分布在大渡河和雅砻江险峻之地，善于制作笮，即竹索或藤索桥，他们生活的地方因此又被称为"篇笮之川"。

在燕、赵以北地区，有肃慎、东胡、匈奴、林胡、楼烦、代戎、襜（chān）褴、濊貉（Wèimò）等族，其中以肃慎、东胡、匈奴三族较大。肃慎在今长白山以北，直到黑龙江流域。匈奴主要分布在蒙古高原，南到阴山一带，北到今俄罗斯贝加尔湖附近。从战国时期匈奴墓

中山王方壶
河北平山县战国中山王墓出土。腹壁有四百多字纤细优美的篆书铭文，记载了中山伐燕国的战争，并讲述了安国立邦的道理，铭文还提到"皇祖文武、桓祖成考"等中山国先王，填补了史籍对战国中山王系记载的缺漏。河北省博物馆藏。

>>>阅读指南

段连勤：《北狄族与中山国》。广西师范大学出版社，2007年9月。

张正民：《长江流域民族格局的变迁》。湖北教育出版社，2006年10月。

中出土的铜器来看，既有草原游牧部落的风格，又有中原地区的特点，还有从中原交换来的铁器与丝织品，说明匈奴与中原有密切的联系。东胡

凤鸟形金饰片

战国西北民族遗物。甘肃省博物馆藏。

是鲜卑族的前身，文化与匈奴相近，但是仍有自己的特点。楼烦有两支，一支与赵国相邻，一支与燕国相接。这些部族都善于骑射，经常袭扰中原。在赵国西北还生活着貉族的河宗氏和休溷（hùn）诸貉等较小的部族。

少数民族在中原地区建立的国家只有中山，它是白狄鲜虞部所建，在今河北中西部一带，面积虽然不大，却国富兵强，长期纵横捭阖于大国之间，成为战国七雄之外的又一强国。中山曾被魏国占领并统治了20多年，后又复国，与韩、魏、赵、燕等大国同时称王。公元前296年，中山被赵国所灭，历时470

多年，几乎绵亘整个春秋战国时期。20世纪70年代，在河北平山县发现了中山国都城遗址及中山王墓，出土了大批精美绝伦的珍贵文物，揭开了中山王国神秘面纱的一角。

分布在云贵高原的，有夜郎、且兰、滇、靡莫、巂（xī）、昆明等，其中以夜郎和滇较大。夜郎面临着牂（zāng）舸江，是蜀商的商贸活动中心和商品集散地，它衔接着富庶的巴蜀和同样富庶的南越，是南越的属国。滇国和昆明是后来汉朝开辟南方丝绸之路的必经之地，此时与周边国家贸易往来频繁，国力强盛。

东南沿海地区，在楚和吴、越以南，广泛分布着越族，主要有瓯越、闽越、南越。春秋时期越族已经开始和华夏族融合，其文化兼具中原与南越的特色，还吸收了楚文化的特点。在楚国境内还存在着淮夷，直到秦完成统一之后，它才与华夏族融合。

战国时期中国的民族结构仍然是多元的态势。

人物纹靴形铜钺

湖南衡山县出土。战国越族遗物，是研究古代南方地区民族习俗的重要资料。湖南省博物馆藏。

>>>寻踪觅迹

中山国灵寿故城遗址　在河北平山县三汲村，是中山国都城及王陵遗址。相关文物收藏在河北省博物馆。

62. 赵简子家族与戎狄联姻

战国时期，华夏与蛮夷戎狄之间的血脉相融也发展了，晋国赵简子家族与戎狄的联姻就是很生动的一例。

晋顷公时，赵简子继立为卿，他为人机警沉着，城府很深。由于接近戎狄之地，晋国历史上本来就不乏与戎狄通婚的例子，赵简子的先祖赵盾便是混血儿。赵简子也曾临幸过一个狄人的婢女，还生有一个儿子叫毋恤。当时赵简子不动声色，暗中却有了思量，于是后来就发生了一些怪事。

赵卿鸟尊
山西太原金胜村春秋晚期赵简子墓出土。赵简子执掌晋国军政大权五十余年，这件鸟尊就是体现他生前勃勃雄心、赫赫武功的代表文物。山西博物院藏。

公元前513年的一天，赵简子忽然得了怪病，连续五天不省人事，医生一筹莫展。后来好不容易找到了神医扁鹊。扁鹊摸了脉象，沉吟许久，没开方子就走了出来。家臣拦住他问情况。扁鹊说："脉象嘛，平和安泰，没什么问题。以前秦穆公也像这样昏迷过，要七天才能醒

>>>阅读指南
　　金海曙：《赵氏孤儿》。时代文艺出版社，2003年10月。
　　高专诚：《三晋烽烟——韩赵魏兴衰史话》。山西人民出版社，2005年5月。

来呢。醒来的时候，秦穆公告诉大臣说，他到天庭见到了天帝，天帝告诉他秦国以后三代的情况等等。大臣就把这些话写了下来，结果后来发生的事情都一一应验了。如果主君的病和穆公一样，不出三天他就会醒过来，他醒来一定有话要说。"

果然，过两天赵简子就醒过来了。他告诉大夫们，自己在天庭射死了一只熊和一只罴（pí），天帝很高兴，赏赐他两个竹箦，里面装着一些配件。天帝还送他一条狄犬，说："等你的孩子长大

了，把狄犬赏给他。晋国将在第七代灭亡，嬴姓将大败周人，不过也不能完全占有。我要将舜后裔孟姚许配给你的第七代孙子。"后来有一天简子出门的时候，一个神秘的人挡住他的去路。这个人自称是天帝的使者，他向简子解释说，熊和罴分别代表晋国的二卿，天帝让简子消灭他们；竹箧的配件代表简子的儿子将在狄地攻克两个国家，都是子姓国；狄犬是代族的先祖，简子的儿子将占有

镂空簸箕形格
用于装炭取暖的实用工具。山西太原金胜村赵简子墓出土，山西博物院藏。

代国，其后代会改变政令且穿胡服。说完，这个人就消失了。

　　这些事情当然是不可信的。实际上，经过长久的观察，赵简子认为晋国的局势很严峻，要使赵氏的势力得到巩固和发展，就必须除掉对手范氏和中行氏，同时选择一个适当的继承人。毋恤能隐忍，是做大事的人，可惜他出身卑微，如果伪称天命的话，一切就可以顺理成章了。公元前492年至前490年，赵氏趁着范氏和中行氏作乱之机，联合私交甚笃的魏、韩两家，剿灭了范氏和中行氏。从此，赵氏名义上是晋的正卿，实际上控制了晋国的政权，俸禄、封邑与诸侯一样。

　　赵简子找来算命先生给儿子们看相。

匏（páo）壶
山西太原金胜村春秋晚期赵简子墓出土，山西博物院藏。

提梁虎形青铜灶

实用炊具。山西太原金胜村赵简子墓出土。灶身铸成虎形，上翘的虎尾是四节中空并可拆卸组装的烟囱，虎口即灶门，其腹腔就是火膛，虎背上为圆形灶眼，内置一平底双耳釜，釜上有深腹盆形甗相扣，代表了东周时期炉灶设计的较高水平。可拆装的结构适用于军旅或游牧的需要，也反映了赵氏家族与北方戎狄民族的某些联系。山西博物院藏。

算命先生说："这里面没有能做将军的人。"赵简子叫来毋恤，算命先生一看，站起来说："这才是真正的将军！"赵简子说："这孩子的母亲卑贱。"算命先生说："上天赐给的，即使卑贱也定能显贵。"

从此，赵简子经常把儿子们叫来谈话，毋恤每次都是表现最好的。

一天，赵简子对儿子们说："我把宝符藏在常山上，你们去找，谁找到我就赏给谁。"宝符是朝廷给出的信物，谁不想得到它？赵简子的儿子们飞一般跑上山四处寻找，但什么也没找到。毋恤站在山上，向东北方向看了一会儿，就回来对赵简子说找到宝符了。他说："从常山上往东北可以看到代国，可以把它夺过来。"于是，赵简子废了原先立的世子伯鲁，改立毋恤为卿位的继承人。为了消除代国的戒心，他又将毋恤的姐姐嫁给代王。

代国位于今河北西北部和山西东北部一带，是一个以戎狄为主体的国家。赵简子去世后，毋恤继位为襄子。孝服还没有脱掉，赵襄子就登上夏屋山（今山西代县东北），请代王来喝酒，暗中叫仆人在倒酒时用铜勺将代王杀死。赵襄子派军队平定了代国，他的姐姐哭叫着苍天，用磨尖的发簪自杀了。代人哀怜她，把她死去的地方称为摩（磨）笄（jī，发簪）山（今河北涞源县境内）。

由此看来，在扩张势力的时候，周围的戎狄部落也是赵氏的目标。不过，赵氏以自己最亲的人与戎狄联姻，赵氏女竟以死殉夫，表明双方都能互相沟通并建立很深的感情，平日他们的交往与联系也一定不会少。政治虽然残酷，但民族或族群血脉的融合和亲情，却永远也泯灭不了。

>>>寻踪觅迹

山西博物院 收藏有山西太原金胜村春秋晚期赵简子墓出土的大部分文物。

63. 秦羁縻巴蜀人

在西北崛起的秦国从秦惠王即位后，进一步图谋对外扩展，建立"王业"。

在如何建立"王业"这个问题上，有两种不同的意见。当时的情况是，一方面苴（jū，今四川剑阁东北）、蜀一带的蛮族互相攻击，苴国向秦求救，另一方面正好韩国又来侵扰秦国。秦惠王想先攻打韩国，然后攻打蜀地，又怕这样做会有不利的地方；先攻打蜀地吧，又怕韩国趁秦国久战疲惫时来偷袭。惠王因此犹豫不决。谋士张仪主张先攻打韩国的新城、宜阳，即今河南伊川、宜阳一带，到达周的郊区，迫使周王交出九鼎和天下的地图户籍，挟天子以令诸侯。大臣司马错认为这么做只会得到恶名而得不到实利，主张先攻灭西南号称"戎狄之长"的蜀国，那里土地宽阔且财富丰裕，并且巴蜀可以从水道通楚，蜀地在握，控制楚国就容易了，兼并天下也就指日可待了。

秦惠王决定采用司马错的意见，于公元前316年派司马错、都尉墨等人从汉中经石牛道伐蜀。蜀王亲自率兵到葭（jiā）萌（今四川剑阁东北）抵御秦军，结果大败被杀，蜀国灭亡。司马错等人又攻灭了苴国和巴国，活捉了巴王。

由于当地主要是巴蜀族群，其首领有一定的号召力，于是秦采用羁縻政策来管理巴蜀之地：去掉首领的"王"号，改封其子弟为侯或君长；将秦宗室之女嫁给当地君长；将巴蜀作为秦的属国，派遣秦国大臣为相或守监管，并将大批汉民移民到此杂居；实行低赋税，规定巴族人民可以用土产的布和鸡代替纳税。

双龙形黄玉佩
重庆涪陵区小田溪墓群出土。有专家认为小田溪是战国晚期巴国的王陵区。重庆中国三峡博物馆藏。

>>>阅读指南

萧易：《古蜀国旁白》。成都时代出版社，2005年11月。

白九江：《巴人寻根——巴人·巴国·巴文化》。重庆出版社，2007年5月。

错金银犀牛带钩
四川广元昭化区出土，战国巴人遗物。重庆中国三峡博物馆藏。

刚开始的时候，蜀侯的势力还很强，常与蜀相、蜀守发生冲突。公元前311年，蜀西南的少数民族丹、犁臣服蜀侯，蜀相陈壮因与蜀侯发生冲突把蜀侯杀了。秦王为了安定蜀地，就派人杀了陈壮，又讨伐丹、犁，封蜀侯子弟子辉为侯。公元前301年，子辉的后母陷害他，在他献给秦昭王的贡品中加了毒药。当昭王将品尝时，子辉的后母说："这些贡品从1000千米外送来，应该检查一下有没有问题。"昭王命近臣尝试，结果中毒毙命。昭王大怒，派司马错到蜀地，赐剑逼子辉自杀，还连带杀了子辉的大臣、亲信27人。第二年，昭王封子辉的儿子绾为蜀侯，但在15年后（前285）又怀疑他反叛，把他杀了。此后，秦派张若为蜀守，设置蜀郡管理蜀地。

秦连杀了三个蜀侯平定蜀地，最终消灭了当地可以与之抗衡的地方割据势力，把蜀纳入了自己的势力范围。

虎纹铜戈
战国。四川郫县出土。戈上铸有挽椎髻的蜀人形象和巴人的图腾虎纹，说明战国时期巴人和蜀人在文化上已经相互融合。四川博物院藏。

>>>寻踪觅迹
金牛道 古蜀道的主干线，又名石牛道、五丁道、剑阁道等。全长约600千米，是战国中后期古蜀国修筑的秦、蜀之间的通道，也是秦军的灭蜀之路。古道北起陕西汉中，南到四川成都金牛坝，在龙门山脉与秦岭天堑的绝壁沟壑间穿行，至今部分路段仍存，风景秀丽，古柏森森。

四川博物院、重庆中国三峡博物馆收藏有大量巴蜀文物。

64. 秦与义渠之戎的拉锯战

秦在西南攻打巴蜀的同时，积极向西北兼并义渠的土地。

义渠在商代前是西方羌戎族群的一个分支，原居今宁夏固原草原和六盘山、陇山两侧。西周建立后，义渠臣服于周。姜太公曾派使臣出使义渠，义渠送马、鸡和犀牛给周文王。义渠的邻居鬼方（猃狁）与商周对立，每次战争后，鬼方失败逃走，义渠趁机内迁，逐渐占据了今甘肃庆阳、宁县、镇原一带。这里土地肥沃，水草丰茂，义渠由游牧改为定居，并向周族人学会了农耕技术，学习周族文化，效仿周人建立城堡和村落，逐渐发展成半农半牧族群。

西周末年，趁周室内乱，义渠正式

凤鸟纹铜扣饰

战国。宁夏西吉县出土。春秋战国时期，西吉县是义渠戎居住地。

建立郡国，随即出兵吞并其他西戎部落，先后筑城数十座，成为秦国称霸西戎的主要对手，双方经历了 400 余年的反复军事较量。

公元前 651 年，义渠收留晋国人由余，派他出使秦国，以缓和两国的紧张关系。由余到秦国后，被秦穆公用离间计招降。秦用由余之计攻义渠，"开地千里"。义渠失败后，筑城郭自守，养精蓄锐。公元前 430 年，义渠发大兵攻秦，一直攻到渭南，迫使秦兵退出渭河下游。此后 30 年，是义渠最强盛的时期，地域东达陕北，北到河套，西至陇西，南抵渭水。

公元前 352 年，秦和义渠又起摩擦。

人驼纹铜牌饰

战国。宁夏彭阳县出土。春秋战国时期，彭阳县是义渠戎居住地之一。

由于内乱，义渠被秦乘机打败，便臣服于秦。此后双方时战时和。公元前327年，义渠正式成为秦国属地，但双方的战争并没有结束。

秦对义渠之戎的政策是两面的。在秦有外来敌人的时候，就给义渠王很多财物进行拉拢，以获得支持；当秦没有外来威胁的时候，就对义渠采取烧杀掠夺的办法。如此摇摆不定，也难怪义渠时而臣服时而反抗。秦惠王时，魏国宰相公孙衍因与秦相张仪不和，就在义渠王来朝见魏王时对他说：贵国路途遥远，来一次不容易。听说张仪在游说秦国迫害义渠，我特意给您提个醒。秦国对待义渠是这样的：山东诸侯来攻打的时候，它就特别亲善您；而当山东诸侯没有联合攻秦的时候，它就会焚烧、侵略您的国家。公孙衍的话是很有见地的。果然，公元前318年，楚、魏、齐、韩、赵五国一起联兵攻打秦国，秦国就派人送给义渠王千匹华美的锦绣和百名美貌的女子，义渠王想起公孙衍的话，就发兵攻打秦国，大败秦人。秦国也不是好惹的，哪能容忍枕边大患？于是不再示好，开

翼兽形提梁青铜盉
战国戎羌遗物。甘肃泾川县出土，甘肃省博物馆藏。

始频繁进攻，先后掠得义渠25座城邑。

秦昭王继位后，因年纪尚小，由母亲宣太后摄政。她改变正面征讨义渠的策略，采用怀柔、拉拢、腐蚀的办法，邀请义渠王长期居住在秦甘泉宫，以优厚的生活款待他，使义渠王逐渐丧失了警惕。34年后的公元前272年，义渠王在甘泉宫被杀。秦昭王这才松了一口气。他去见秦相范雎（jū）时说："早该来见您了，只是被义渠的事情拖住，直到今天才有空。"

秦随即发兵灭亡义渠，在其地设置了陇西、北地和上郡，陇西一带终于获得安宁。

>>>阅读指南
　　李吉和：《中国西北少数民族通史·先秦卷》。民族出版社，2009年1月。
　　陈炳应、卢冬：《遥望星宿——甘肃考古文化丛书·古代民族》。敦煌文艺出版社，2004年2月。

>>>寻踪觅迹
　　甘肃省博物馆、宁夏固原博物馆　收藏大量古代北方少数民族（如戎羌等）文物。

65. 合纵连横促民族互动

战国七雄争霸，逐渐形成了合纵和连横两条政治、军事路线，这两条路线也构成了各国民族互动的主流。

所谓合纵，就是众弱国联合，以制止强国的兼并，具体说，就是六国联合对抗秦国，由于秦国在西方，六国土地南北相连，故称合纵；所谓连横，就是强国（秦）分化瓦解众弱国（六国），以达到各个击破的目的，由于秦在西方，六国在东方，东西相连，故称连横。当时进行合纵、连横的政治家主要是惠施、张仪和公孙衍。

战国初期，秦国的力量并没有后来那么强大。秦惠王时用张仪为相，实行连横政策，对各国采取麻痹、分化和各个击破的政策，全面推进了秦国的发展。

张仪在商鞅变法的基础上，"外连横而斗诸侯"，运用雄辩的口才，诡谲的谋略，纵横捭阖，游说诸侯与秦建立联盟，使秦国威大张，在诸侯国中产生了巨大的威慑作用。

带头合纵的是魏相惠施，他主张联合齐国、楚国以御秦，秦国则用连横策略对之。为了连魏，张仪策划了很久，并待在魏国达四年之久。他让秦王免去自己的秦相职务，转到魏国去做相。他费尽口舌劝说魏惠王与秦国联合，魏惠王就是不肯。于是，公元前322年，秦发兵攻占魏的曲沃（今山西闻喜东北）和平周（今山西介休西）。在大军压境的态势下，魏惠王见惠施联齐、楚之策失败，不得不采用张仪秦、韩、魏联合攻

鎏金嵌玉镶琉璃银带钩
河南辉县固围村战国魏国王室墓出土。带钩相当于今天的皮带扣，有金、银、铜、铁、玉等材质。中国国家博物馆藏。

齐、楚的战略。为此，魏惠王免去了惠施的相职，起用张仪为相。惠施乔装改扮逃到楚国，楚国不敢久留他，就以宋王很看重其为由，把他送到了宋国。

在张仪的运作下，公元前 320 年，秦借道韩、魏向齐发动进攻，齐威王以匡章为大将，大败秦军，挫败了张仪的连横策略。

秦军败后，公孙衍开始出来游说合纵之策，得到各国的响应。魏国赶走了张仪，任用公孙衍为相，因与张仪不和而被驱逐的惠施也回到了魏国。公元前

陈璋圆壶
又名重金络壶，江苏盱眙县南窑庄古代窖藏出土。除了精湛复杂的制作工艺，特别之处是它铸有燕、齐两国文字。齐文记述齐宣王五年（前315）齐国伐燕，齐将陈璋参与此役，缴获了这件燕国王室重器。出土时壶内装着36枚楚制金币，说明战国时期各国间错综复杂的关系。南京博物院藏。

"张仪"铜戈
广州西汉南越王墓出土。上刻"张仪"铭文，是秦惠王四年由秦国相国张仪督造的，也是秦统一岭南的重要历史物证。

318 年，合纵的魏、韩、赵、楚、燕五国联合共击秦国，由于只有魏、赵、韩三国出兵，以失败告终，但这次声势浩大的合纵与连横之战在诸侯中产生了广泛而深刻的影响。

公元前 298 年，齐、魏、韩三国再次结成合纵联盟，向秦发起了长达三年的进攻，终于攻入函谷关。这时，赵、宋也加入合纵，夹击秦国。五国合纵联盟，迫使秦国归还了占领的魏国土地。

此后，合纵与连横形成拉锯之势。为了实施连横之策，秦昭王于公元前 288 年自称"西帝"，为了笼络齐国，同时尊齐湣王为"东帝"。意想不到的是，

>>>阅读指南
姜安：《战国说客双雄》。社会科学文献出版社，2009 年 12 月。
刘家驹、时淑英译注：《鬼谷子·合纵连横》。广州出版社，2006 年 1 月。

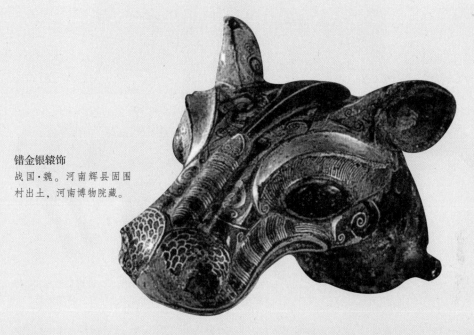

错金银辕饰

战国·魏。河南辉县固围村出土，河南博物院藏。

这时出了个合纵家苏秦，他游说齐湣王去掉帝号，以得到天下人的拥戴，齐湣王竟然认同了。于是，齐、燕、赵、魏、韩五国合纵攻秦，迫使秦国也不得不撤消帝号，归还魏、赵的土地求和。在合纵与连横的拉锯战中，战国的民族互动更加深入了。

秦国不甘失败，第二年又游说齐湣王连横，秦同意齐攻宋，齐则让秦取魏的安邑。这次连横大获成功，秦取得了魏国的大片土地，齐也灭了宋。

秦国的专利本来是连横，但当齐国灭宋强大起来后，秦想乘机联合各国攻齐，又玩起了合纵策略。这时，魏国的乐毅为燕、赵两国之相，他率领赵、秦、韩、魏、燕五国军队攻取齐的灵丘（今山东高唐县南）。公元前285年，秦军伐齐，连拔九城。次年，秦又与韩、赵、魏、燕联合伐齐，大败齐军。

合纵与连横的结果，秦把势力扩展到了中原，占有函谷关和武关以东的重要据点，既便于防守，又便于进攻，国势日盛，锐不可当，为六国和华夏族的统一奠定了基础。

>>>寻踪觅迹

函谷关 位于河南灵宝市。春秋战国时由秦国所建，是中国历史上建置最早的雄关要塞之一，因关在谷中，深险如函而得名。既是古战场，又是思想家老子著述《道德经》的地方，也是中原文化与秦晋文化的交会地。许多著名的历史故事和传说如六国伐秦、紫气东来、鸡鸣狗盗、公孙白马等均与此地有关。

66. 换件衣服的变革

青铜马
河北邯郸战国赵国王陵二号墓出土。是研究赵武灵王胡服骑射军事文化的宝贵实物资料。邯郸市博物馆藏。

换件衣服怎么会引起大的变革？这还得从赵国胡服骑射讲起。

赵国的先祖在春秋时期迁至晋国，传到第六世赵衰时，因曾跟随晋公子重耳流亡，在重耳成为晋文公后权重位高，其后代赵盾、赵武、赵简子、赵襄子都成为晋国股肱之臣。后来通过"三家分晋"，赵成为独立的诸侯国，领地主要在今河北南部、山西中部和陕西东北隅。

赵国北有林胡、匈奴、东胡、楼烦，东有强齐，南有悍魏，西有虎秦，附近还有小而不好对付的中山国。被这么多强邻包围着，赵国只剩下了招架之力，经常不得不向秦、魏等割地求和，并不断被林胡、楼烦骚扰。尤其是北部边境经常被游牧民族抢掠，人民的生产和生活损失很大。游牧民族善于骑射，动作灵活迅速，每次袭击，赵军不是反应不及，就是速度太慢，难以在山岭间捉住敌人。其中一个重要原因就是赵国军士穿的是中原的宽袍长裙，在马上战斗很不方便，而游牧民族穿的是短袖上衣和

>>>阅读指南
常万生：《赵武灵王》。华夏出版社，2009年1月。
沈长云等：《赵国史稿》。中华书局，2000年11月。

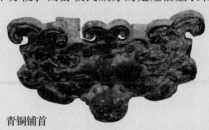

青铜铺首
河北邯郸战国赵王陵出土，邯郸市博物馆藏。

透雕夔龙纹金牌饰

河北邯郸战国赵国王陵二号墓出土，邯郸市博物馆藏。

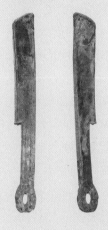

甘丹刀

战国时期赵国都城邯郸所铸钱币。刀面有铭文"甘丹"二字，"甘丹"即"邯郸"。

裤子，上下马自然方便轻捷多了。

公元前307年，赵武灵王实施军事改革，提出要扔掉老祖宗那些碍手碍脚的大袍子，换上短衣紧袖、皮带束身、脚穿皮靴的胡服。此言一出，那些年老的贵族们就炸开了锅。他们纷纷上奏说，这衣服是中原宗室的象征，是礼制的体现，改穿胡服，那不意味着要改变圣人的礼教了吗？赵武灵王反驳说，治理国家不能只遵循一种老办法，只要对国家有利，就没必要抱着老祖宗的东西不放。他当着满朝文武大臣的面，用箭将门楼上的枕木射穿，并严厉地说："谁胆敢再说阻挠变法的话，我的箭就穿过他的胸膛！"他自己率先穿上胡服上朝，并命令贵族们都换上，然后逐步推广到官府、军队和百姓中。

变装胡服是为了推广胡人的骑射技术，放弃中原的战车、长矛，将军队结构由以步兵为主体改为骑兵和弓弩兵为主体。赵武灵王建立了骑兵队伍，训练士兵像胡人一样射击，并结合围猎活动进行实战演习。

赵武灵王的军事改革大大提高了赵国的国力，不但打败了中山国，夺取了林胡、楼烦之地，而且向北方开辟了上千里的疆域，设置云中、雁门、代郡三郡，成为战国后期唯一能与强秦抗衡的国家。

胡服骑射虽然是一次军服改革，却影响了人们的心理和思维方式，减弱了华夏民族鄙视胡人的心理，增强了胡人对华夏民族的归依心理。心理距离的缩小促进了二者的经济文化交流，进而为民族融合和国家统一奠定了基础。

>>>**寻踪觅迹**

河北邯郸市 战国时期作为赵国都城历150多年，有赵邯郸故城遗址、赵王陵墓群、武灵丛台、插箭岭遗址、梳妆楼照眉池遗址、回车巷等相关人文景观。邯郸市博物馆有赵文化专题陈列。

赵武灵王墓 位于山西灵丘县城郊。

67. 秦、齐国君称帝

就在秦用张仪的策略取得很大成功、正锐意进取的时候，秦国发生了内乱。公元前307年，秦武王因举鼎折断胫骨而死，他没有孩子，于是几个弟弟开始争夺王位，造成长达三年的混乱。后来，大臣魏冉用兵权拥立公子稷登位成为秦昭王。此时张仪已死，魏冉上台为相，秦国政权重新稳定了下来。

位于东方的齐国也改变了策略，采用谋士祝弗的计谋，驱逐了亲魏的大臣周最，改用亲秦的吕礼为相。这意味着秦、齐开始联合。双方各有目的，秦国是为了攻略韩、魏，齐是为了便于灭亡

茧形壶
因器形似蚕茧而得名，是战国时期秦国特有的器型，后盛行于西汉。最初既是生活实用器，又可在战争中埋入地下，用以倾听远方敌军骑兵的马蹄声，俗称"听枕"。

宋国。公元前294年，秦大将白起攻韩、魏，战胜韩魏联军，斩首24万个，夺取了大片土地。

此时赵国由于推行胡服骑射策略，攻取了中山国和大片胡地，收编了林胡、楼烦的军队，军事力量大为增强。这样，秦、齐、赵三强鼎立的形势形成。

魏冉图谋采用与齐连横的策略，联合齐、楚、燕、韩、

银耳杯
战国。山东临淄商王村出土。上面刻有秦国铭文，应属秦国宫中之物，出土于相距遥远的齐国，耐人寻味。也许是馈赠和经济交流，也可能与秦统一六国的战争有关，亦可能是秦国贿赂齐国重臣的礼品。临淄齐国历史博物馆藏。

>>>阅读指南
《纪连海纵论齐国风云人物》。辽宁人民出版社，2010年1月。
《白话战国策》。江西人民出版社，2007年8月。

错金银牺尊
战国中期。山东临淄
商王村出土，临淄齐
国历史博物馆藏。

魏五国一举攻灭赵国，他想到了从称号
上做文章。当时各国已经先后称王，
"王"号已经不够尊贵，魏冉就采用秦、
齐并称为"帝"的连横政策。"帝"原是
上帝的称号，这时从上帝神话演变而成
的黄帝传说已经很流行，齐威王更是已
经把黄帝作为自己的远祖来崇拜。魏冉
此举正好投其所好，因为在上古传说中，
"帝"的德行要比"王"更高，拿来作为
秦、齐两强君主连横结盟的最高称号非
常合适。

秦昭王早早准备好了，在宜阳建好
了朝见的行宫。公元前288年，他在宜

阳自立为"西帝"，同时派
魏冉到齐国，给齐王致送
"东帝"的称号。秦国这时
候拉拢齐国并称为帝，主要
目的在于邀约五国结盟，共
同伐灭赵国并三分赵地。五
国曾经订下盟约，约定了出
兵的日期。赵是东方各国合
纵的盟主，在秦、赵两强连
横合纵、相互斗争的关键时
刻，齐国就处于举足轻重的地位，秦国
大费周章，弄一个"帝"号来拉拢齐王，
是为自己灭六国打通关节。

>>>寻踪觅迹

山东临淄　春秋战国时期作为齐国都
城长达约800年，是齐文化的发祥地，也
是世界足球（古代蹴鞠）的起源地。有齐
国故城遗址、春秋殉马坑、田齐王陵、稷
下学宫、桓公台、遄（chuán）台、雪宫
台、管仲纪念馆、姜太公祠等古迹。齐国
历史博物馆、淄博市博物馆、中国古车博
物馆、齐国瓦当艺术馆收藏大量相关文物。

鸟柄铜灯
战国晚期齐国器。山东临淄商王村出土，
临淄齐国历史博物馆藏。

68. 梦中蝴蝶——庄子

梦蝶图

元朝刘贯道作。取材于《庄周梦蝶》典故。炎夏树荫下，庄周袒胸仰卧，鼾声醉人，其上一对蝴蝶翩然而乐。

追随老子学问的战国人是庄子。老子是"人中之龙"，庄子却是"梦中蝴蝶"。庄子自己在《庄子·齐物论》中说：从前庄周梦见自己变成蝴蝶，真是一只自在飞舞的蝴蝶，十分开心得意，不知道还有庄周的存在。忽然醒过来，发现自己就是一个僵卧不动的庄周。不知道是庄周梦见自己变成了蝴蝶，还是蝴蝶梦见自己变成了庄周？不管什么情况，蝴蝶与庄周毕竟是不一样的，它们之间的转化也就是物与物之间的转化，所以称为"物化"。"梦中蝴蝶"——真是一个浪漫的比喻！

庄子名周，宋国人，原来在家乡的一个漆园当管理员，曾经与魏相惠施交往。当同时代的其他人正在为仕途奔波的时候，庄子却多次拒绝了楚威王的聘请，一心一意过着俭朴的隐居生活。

庄子的学说中弥漫着一种避世空灵的出尘之气和瑰丽奇幻的光彩，他的《庄子》一书现存33篇，一般认为只有内篇7篇是他所作，其余都是他后世的

>>>阅读指南

图说天下编委会：《图说天下·庄子》。吉林出版集团有限责任公司，2007年11月。

雨然：《世界名人传记丛书·庄子》。浙江少年儿童出版社，2006年1月。

弟子写的。《庄子》多用寓言来说明哲理，文字优美，寓意深长。

庄子和一般人最大的不同是人们都眼红的东西他看不上，而他看重的东西人们也往往并不在意。庄子最看不上那种追名逐利并为此机关算尽、蝇营狗苟的人，他骂这些人骂得痛快，与他们的界限也划得很清楚。他对物质生活的要求很低，用现在的话说，温饱就可以了。其实，在他做漆园吏的时候，好像连温饱也难以保证，有时候揭不开锅，要向别人借米。即使这样，他仍然不改其志，自我感觉很好。

庄子为什么有这样的境界呢？庄子认为，人的精神自由必须做到无己、无名、无功。一个人如果连自己的存在都感知不到了，哪还会去追求什么名誉、成功这些虚无的东西呢？对贫贱、富贵、疾病、死亡

等人生境遇，都要安之若素。天下本来就在天下之中，何苦要逼自己去谋求天下的事业？安于平淡，对一切天意安排都怀着感恩之心，就不会扰乱自己的心志。忘记自己的肉体，忘记自以为是的人类智慧，去掉任何认识之心，就达到了与自然万物浑然一体的"天与人一也"的境界，也就获得了绝对的精神自由。

《庄子》中寓言式的故事充满了人生哲理。《鲁侯养鸟》一篇中说——

有一天，鲁国的城郊飞来一只海鸟。鲁侯从来没见过这种鸟，以为是神圣，就派人把它捉来，亲自迎接并供养在庙堂里。为了表示对海鸟的爱护和尊重，他吩咐把宫廷最美妙的音乐奏给海

长子口簋形觥
西周早期。河南鹿邑县太清宫镇长子口墓出土。有专家推测墓主是宋国开国君主微子启或其继承者。河南博物院藏。

安徽蒙城县庄子祠庄子故事壁画

尽管主观愿望很好，也难免要失败。

庄子对人生的大彻大悟使他的精神比老子的遁世隐名更超脱、更浪漫，不仅名不要了，连肉身、知识也不要了。他要做一只蝴蝶，就像《庄子·齐物论》说的那样：在山川、林间、花草中无拘无束、欢天喜地地飞翔，上立花蕊汲花粉，下歇草尖采露珠，扑翅于树林绿叶间的日子，不知道世上还有一个叫庄周的人。

鸟听，用最丰盛的筵席款待海鸟吃。可是海鸟体会不到国王这番盛情，吓得神魂颠倒，举止失常，连一片肉也不敢尝，一滴水也不敢沾，只三天就活活饿死了。

这篇寓言告诉我们，对待客观事物，一定要具体问题具体分析。不同的对象，应当用不同的方式方法对待。如果像鲁侯那样，用供养自己的方法供养海鸟，

庄子还想做大鸟、乌龟，把自己看作是大自然的一部分，升腾在尘世的喧嚣之外。后世把孔子当作圣人，把庄子当作神人。庄子的思想是古往今来最具颠覆性和创意的"标新立异"，是中华民族最宝贵的思想财富之一。

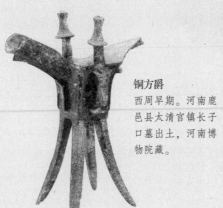

铜方爵
西周早期。河南鹿邑县太清宫镇长子口墓出土，河南博物院藏。

>>>寻踪觅迹
庄子祠　位于安徽蒙城县。始建于北宋，后几经战火，现存建筑是在宋代旧址上重建的。
庄子故里　主要有五种说法，分别是安徽蒙城县、河南民权县和山东冠县、东明县、曹县，当地都有相关纪念景观。

69. 曾子的修身之道

三圣图

元朝赵孟頫作。中为孔子，左为颜回，右为曾参。三人衣服上满书小楷，文为《论语》。山东曲阜孔子博物院藏。

孔子的弟子子夏死了儿子，哭瞎了眼睛。曾子去慰问，说："我听说过，朋友双目失明就应该为他难过哭泣。"说完就哭了起来。子夏也哭了，说："天啊！我没有罪过啊！"曾子生气地说："你怎么会没有罪过呢？我和你在洙水、泗水之间侍奉孔子，后来你回来在西河边养老，使西河的民众把你比为孔子，这是你的罪过之一；当初你为亲人守丧时，并没有让民众知道你不是孔子，这是你的罪过之二；死了儿子，就哭瞎了眼睛，这是你的罪过之三。还说你没有罪过吗？"子夏扔了手杖下拜，说："我错了，我离群索居已经太久了啊！"这个数落子夏的人就是孔门弟子中对后世影响最大的曾子。

曾子姓曾名参，春秋末年鲁国南武城（今山东嘉祥县）人，是孔子亲授弟子中年纪最小的，他比孔子小了整整46岁，同时也是最认真好学、最讲究修身养性的一个人。他的名言是："吾日三省吾身，为人谋而不忠乎？与朋友交而不

> **>>>小贴士**
>
> **曾子名句选**
>
> ★不说人之过，成人之美。
>
> ★大孝尊亲，其次不辱，其下能养。
>
> ★以孝事君则忠，以敬事长则顺。
>
> ★夫子之道，忠恕而已矣。
>
> ★格物而后知至，知至而后意诚，意诚而后心正，心正而后身修，身修而后家齐，家齐而后国治，国治而后天下平。
>
> ★十目所视，十手所指，其严乎！富润屋，德润身，心广体胖，故君子必诚其意。
>
> ★鸟之将死，其鸣也哀；人之将死，其言也善。
>
> ★慎终追远，民德归厚矣。

兽面纹黄玉带钩
战国中期。山东曲阜鲁国故城出土，曲阜孔子博物院藏。

信乎？传不习乎？"意思是说要把反思自己为人处世的不足之处作为每天的习惯，对待上级要讲忠义，对待朋友要讲诚信，传授的学业要经常练习。后来的孟子是曾子的徒弟子思的门徒，他非常推崇和欣赏祖师爷这种忠信精神，这种精神也成为孟子学说的核心之一。

曾子不但学

问高，而且以身作则践行和推广修身之道，曾子杀猪的故事就广为人知。

有一天，曾子的妻子要去赶集，孩子哭叫着也要去。妻子哄道："乖孩子，待在家等娘，娘赶集回来杀猪给你吃。"孩子信以为真。

傍晚，妻子回到家，看见曾子正在院子里磨刀，就问他要干什么。曾子回答："杀猪。"

妻子不解："不过年不过节，杀什么猪呀？"

曾子说："你不是答应孩子要杀猪给他吃吗？既然答应了，就应该做到。"

妻子说："我不过是哄哄孩子罢了，何必当真？一头猪顶两三个月的口粮呢，怎么随随便便就杀了！"

曾子说："对孩子更应该说到做到。不然的话，不是明摆着让孩子学着大人撒谎吗？大人说话不算话，以后还有什么资格教育孩子？"

>>>阅读指南
陈桐生译注：《曾子·子思子》。中华书局，2009年10月。
修建军：《孔门弟子》。山东文艺出版社，2004年10月。

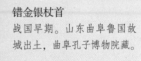

错金银杖首
战国早期。山东曲阜鲁国故城出土，曲阜孔子博物院藏。

鎏金镶玉带钩
战国中期。山东曲阜鲁国故城出土，曲阜孔子博物院藏。

于是，夫妻俩把猪杀了，并且宴请了乡亲们，告诉他们教育孩子要以身作则。

曾子的做法虽然遭到了一些人的嘲笑，但他的人品受到了后人的尊敬。

曾子的思想主要体现在他所著的《曾子》一书中。此外，《大学》与《中庸》是曾子的门人所作，也是曾子一派的重要著作。

曾子对继承孔子的学说不仅有清醒的自觉，而且有决心和信心。他说过："士不可以不弘毅，任重而道远。仁以为己任，不亦重乎？死而后已，不亦远乎？"意思是有远大理想抱负的人不可以不刚强勇毅，责任很重，路途又很遥远。把推行仁政当作自己的责任，不是很重吗？死了才停止，不是很远吗？

在继承孔子学说时，曾子非常注重德行的修炼。《曾子·立事篇》指出许多德行不好的人是不能结交的，比如博学但没有什么专注兴趣的人、喜欢卖弄博学不懂得谦恭的人、经常夸耀自己的学问逞英雄的人等。他告诫人们交友要慎重，要学会观察，从言行表现中推知其人的品行，比如侍奉父亲孝顺的人，可以推知他对君主也一定会忠心耿耿，因为忠义是孝行的基础。

后世人所说的修身、齐家、治国、平天下的政治观，省身、慎独的修养观，以孝为本的孝道观等道德原则，大都是从曾子学说中来的。这种原则不仅在古代备受推崇，在当代仍被视为中华民族标准的为人处世之道，渗透到中国社会的方方面面。君子之名，果真万世流芳！

>>>寻踪觅迹

　　曾子庙、曾子墓　位于山东嘉祥县南武山麓。曾庙始建于周考王十五年（前426），是历代祭祀曾参的专庙，现存30余座明代官式建筑，有殿、庑、亭、堂70余楹，碑碣林立，古柏森然，气势雄伟。

70. 人之初，性本善

孟母断杼教子图（局部）

清朝康涛作。孟母断杼是中国家喻户晓的教子故事，说的是孟子小时候逃学回家，孟母很生气，用剪刀把还没织完的布剪断了。她教育孟子说："你荒废学业，就如同我剪断这布一样。半途而废，将一事无成！"故宫博物院藏。

"人之初，性本善"是人们十分熟悉的一句三字经。其实在中华民族思想史上最早提出性善论的人是孟子。

孟子，名轲，出生于战国时期的小国邹国（今山东邹城市），是鲁国公族孟孙氏的后代，是孔子之孙子思学生的学生。孟子年轻的时候，有感于自己的国家弱小，不得不作为强国的附庸，便出国游学，渴望能学到真正有效的治国、强国之道。他常以孔圣人为榜样和目标，也周游列国去实现自己的政治抱负。他先后到过齐国、宋国、滕国、魏国，见过不少自以为英雄的国君，如齐威王、魏惠王等，但是都得到了和孔子一样的结果，并不得志。于是他回到故乡，著书讲学，与弟子万章、公孙丑等人作《孟子》，传世的共有七篇。

孟子的学说都是以性善论为出发点的。他认为人的性情本来就是善的，恻

金（qiān）父瓶（友父瓶）

山东枣庄市小邾国贵族墓出土。邾国又名邾娄国、邹国，是春秋战国时期的一个诸侯国，后被分为三个国家，小邾国就是其中之一，最后为楚国所灭。山东省博物馆藏。

邾君庆壶

山东枣庄市小邾国贵族墓出土，枣庄市博物馆藏。

隐之心、羞愧之心、恭敬之心、是非之心是人人都有的，这是天生的仁、义、礼、智的根苗。他举例说：一个小孩爬到井口边就要掉下井去，在这危急时刻，一个人看见了，赶紧过去把小孩拦住、抱起来。这个人不是小孩父亲的朋友，也不是这家的亲戚。他不是为了让别人知道他做了好事，也不是为了向乡亲讨个赞扬。那他究竟是为什么呢？是因为他的心中天生就有恻隐之心，这个恻隐之心就是仁心的萌芽。只是在后来的人生过程中，许多人受到外界的诱惑，迷失了本性。因此，要从"不动心"和"寡欲"做起，养"浩然之气"，就可恢复人的善性，所以"人皆可以成尧舜"。

在孟子的理想中，假如国君将本性中的善加以推广，就能够做到"仁"，推行"仁政"，实行"王道"。王道就是国君以仁德治理天下，如同上古明君尧舜禹和周文王一样，不用刑罚，德化人民，轻徭薄赋，重视农事，任用有贤德的人。孟子还提出了"民贵君轻"的思想，认为人民才是国家的根本，应以人民的利益为重，民心向背关乎国家的运数。一些国君施行暴政、虐政，滥用民力，苛捐杂税，是失去民心、引起萧墙之祸的根本原因。

孟子主张实行王道和仁政，不仅对于推动战国时期民族的和谐有积极的意义，而且发展了孔子倡导的儒学，从此孔孟连称，成为中华民族传统文化的一道风景线。

>>>阅读指南

　　曹尧德：《孟子传》。国际文化出版公司，2007年7月。

　　图说天下编委会：《图说天下丛书·孟子》。吉林出版集团有限责任公司，2009年8月。

>>>寻踪觅迹

　　山东邹城市　孟子故里，有孟庙、孟府、孟林、孟母林等与孟子相关的庞大古建筑群与纪念物。

　　枣庄市博物馆　有小邾国贵族墓葬出土文物专题展览。

71. 龙凤信仰盛行

龙凤人物图（局部）
湖南长沙陈家大山战国楚墓出土，湖南省博物馆藏。

透雕凤首龙身玉佩
湖北枣阳市九连墩战国墓出土，湖北省博物馆藏。

昆仑山上那七珍异兽所在，美轮美奂的空中花园啊，你到底在何方？

你那九重的宫阙，能够美妙旋转的宫室和栽满碧玉梧桐的城堡，巍峨而上到底有多高？

听说你的四方之门，守护着如老虎一样的开明兽，还有六位持有不死灵药的仙子，能够浩浩荡荡出入天境的，都是哪些灵通？

这是诗人屈原在《楚辞·天问》中对西方昆仑仙境的遐想。这一瑰丽的想象，跨越了2000多年的时空，悄悄照耀在祖国腹地的长江楚地。

1949年，在长沙东南近郊的战国楚墓里出土了一张帛画《龙凤人物图》，描绘的是女墓主的灵魂正在龙凤的引导下驾龙西行上天堂。画面上一个侧面的成年妇人面向左而立，两手向前伸出，弯曲向上，合掌敬礼。妇人头挽垂髻，着黑白两色衣裳，衣长曳地，下摆像倒垂

>>>阅读指南
何新：《谈龙说凤——龙凤的动物学原型》。时事出版社，2004年9月。
王大有：《龙凤文化源流》。中国时代经济出版社，2008年1月。

人物御龙图（局部）
湖南长沙城东子弹库战国楚墓出土，湖南省博物馆藏。

的牵牛花向前后分张；腰带很宽，衣袖很大，袖上有些繁复的绣纹，袖口和领襟都有黑白相间的斜条纹。妇人头上左前飞翔着一只凤鸟，两翅上张，尾上有两只长翎向前弯曲，一只脚向前曲着，另一只脚向后伸着，都露出有力的脚爪。凤鸟的前面有一条一只脚的龙样动物，头部左右有两只角，身子略作蜿蜒而竖垂，身子上有环纹六节。

无独有偶，1973年，长沙城东子弹库楚墓也出土了一幅帛画《人物御龙图》，描绘的是男墓主乘蛟龙西行的情景。画的正中是一个有胡须的男子，侧身向左直立，手执缰绳，驾驭着一条龙。

龙头高昂，龙尾翘起，龙身平伏，腹下一脚做游泳状。龙尾上部站有一鹤，圆目长喙，昂首仰天。画的上方有华盖，三条飘带随风拂动。画的左下角有一条鲤鱼。画中华盖飘带、人物衣着飘带和龙颈所系缰绳飘带，都是由左向右，表现了风动的方向。龙、男子以及鱼都是朝向左方，表现了行进的方向。男子高冠长袍，腰佩长剑，神采奕奕。

这两幅图都传达了相似的文化信息，即楚人关于西方极乐世界昆仑的传说和对龙凤的信仰。

战国时巫术兴盛，方士活跃，尤其是道家学说的兴起，使人们热衷于寻找养生长寿的神仙之道。当时人们普遍相信中华大地上有东西两处仙山，一处是东方海中的神山，这是燕、齐方士要寻

人乘龙玉佩
战国早期。湖北荆州熊家冢出土。龙尾上站立一人，双手抄于腹前，着右衽小袖深衣，深衣上有方块形网纹。荆州市博物馆藏。

彩绘描漆虎座双鸟鼓架

湖北江陵县望山楚墓出土。它以两卧虎为鼓座，两凤鸟为鼓架，鼓悬挂在两凤之上，悬空敲击演奏。它是楚人崇凤的象征性器物。湖北省博物馆藏。

《天问》中也发问"安得夫良药，不能固臧"。屈原遭到流放，途中郁愤而作《离骚》，里面就写到自己已经随着仙巫飘游到昆仑圣地去。他的神魂一路西行，过流沙河、赤水，经西皇（传说中的西方尊神）准许渡银河之后，经过不周山左，到达西海目的地。他还不止一次西行。在他再次西行的时候，乘上了飞龙驾的车，再乘蛟龙渡银河，蛟龙是有脚的，可以游泳渡水。

《龙凤人物图》中出现的是飞龙和凤鸟两种瑞兽珍禽，《人物御龙图》上的蛟龙肚子下正伸着一脚在游泳，昂首西行。这两幅画与屈原的诗中所表达的情形非常相似，不同的只是墓主人是死后灵魂才西行，而屈原是生前魂魄出行。

看来，当时对神仙方术的信仰不仅普及到各国，更作为一种相同的文化要素为各个民族共同接受，连带的，龙和凤作为祥瑞的代表，得到了中华各族的共同认可。

求的；一处是西方黄河之源的昆仑山，这是中原巫师要寻求的。在传说中，西方昆仑有九重宫阙，最上面是上帝的宫殿，也就是黄帝的宫殿。昆仑以北的俄玉山，有西王母掌管着不死之药，相传后羿曾取得此药，却被嫦娥偷走，吃了之后跑到月亮上去了。

这个神话在战国的时候已经流行，

>>>寻踪觅迹

湖南省博物馆 收藏有《龙凤人物图》、《人物御龙图》等，楚文物为其特色之一。

72."大九州说"的流行

刑天舞干戚
清康熙年间《山海经》插图。刑天舞干戚的故事出自《山海经·海外西经》。

著名诗人陆游在《示儿》这首诗中用"死去元知万事空，但悲不见九州同"，表达自己对中原河山失陷、国破家亡的悲愤之情。这里的"九州"又称"神州"，都是指中华大地。最早提出九州说的是战国时期的阴阳家、齐国人邹衍，他的"大九州说"和"五德终始说"对后代封建王朝影响至深。

在战国百家争鸣的局面下，要提出给人以深刻印象、具有震撼力的学说，并不是一件容易的事情。邹衍以自然怪异现象结合历史上的成败兴替，吸收了之前阴阳家的一些观点，建立了一门神秘的学说体系。在那个笃信天命的时代，许多人都被他的奇谈怪论吸引住了，他的名气越来越大，被称为"谈天衍"。

所谓五德，就是金、木、水、火、土五行，这五行相配，木胜土、金胜木、火胜金、水胜火、土胜水。这五德与历史兴衰联系起来，就变成：黄帝和尧舜时代得到土德势力，所以兴盛；大禹得到木德，胜土，夏兴；商汤得金德，胜木，所以殷商胜；周为火德，胜金，因此周代商。

邹衍还将这套学说推衍到黄帝之前天地还没有诞生的原始历史。此外，同

人面手足鱼身陵鱼
清康熙年间《山海经》插图。

《山海经·大荒西经》说：有青鸟，身黄，赤足，六首，名曰鸀（shǔ）鸟

依据。

五德说的是天学，大九州说的则是与天学阴阳相配的地学。邹衍将宇宙视为一个整体，中国称为"赤县神州"。赤县神州内有九州，就是夏禹时划分的九州。中国之外如同赤县神州的还有九个州，各有小海环绕，每州内又各有九州，天下共分81州，语言风俗都不相通。邹衍还罗列了中国九州的名山大川、物产、禽兽等的不同。这种对世界地理的推论性假说，在当

五德相配的还有颜色、数字等。由于这些历史不可考，越发显示邹衍的博学和多才，那些淫乱无道的君主则被唬得一愣一愣的。

五德说对后世封建王朝产生了深远的影响。秦统一后，推行五德之运，认为秦代周为水德，于是以十月为一年的开始，衣服、旌旄（一种古旗）、节旗都偏好黑色，并且重刑罚，以此来和水德相配。汉代之后的王朝都自称"奉天承运"，把五德终始说作为他们改朝换代的

>>>阅读指南

徐客：《图解山海经——认识中国第一奇书》。南海出版社，2010年5月。

许颐平：《阴阳五行图文百科1000问》。陕西师范大学出版社，2010年1月。

《山海经·海外南经》描述的长臂国人形象

时和后世有扩大人们地理视野的意义。后代的事实虽然证明这只是一种假说，但"神州"之名一直沿用到今天。

战国时期，随着兼并战争的日益剧烈，全国统一的趋势愈加明显。为了适应统一事业的需要，在邹衍大九州说的影响下，出现了全国性的地理志，其中以《禹贡》和《山海经》最为重要。

《禹贡》假托是夏禹治水时期的作品，实际写作年代在战国中期之后。它把全国疆土划分为冀、兖、青、徐、杨、荆、豫、梁、雍九个州，分别叙述了山脉、河流、土壤、草木、田赋和少数民族分布的状况，还总叙了全国的名山大川，记载了分五服缴纳贡赋的制度。用九州作为全国的区域规划，是适应即将建立的统一王朝的需要，"九州"也就成了中国的另一个代名词。

《山海经》分《五藏山经》、《海外经》、《海内经》和《大荒经》四个部分，各部分的写作年代不一样，其中以《五藏山经》的写作年代最早，约是战国初期。它的作者应属于南方人，因为其中记载的许多神话传说与《楚辞》中写的非常相似。它将全国疆土分为南、西、北、东、中五个部分，以记述各个地区的山脉为主，讲到了水流、草木、鸟兽和矿物等特产，第一次对中国广大地区的地理和蕴藏进行了探索和具体记录。

无论是大九州说还是《禹贡》、《山海经》，都体现了中华民族先民对中国国家有了地理疆域和地理环境的具体认识，还体现出将自然界与人类社会融合为一体的朴素的宇宙观和世界观。

《山海经·大荒南经》描述的羽民国人形象

>>>寻踪觅迹

湖北省博物馆 收藏大量造型奇异的战国楚文物，有专家认为曾侯乙墓内棺漆画表现的就是《山海经》中记载的一些灵物。

73. 南北民族文化交融的楚帛书

1942年，湖南长沙子弹库楚墓中一件稀世国宝被盗，之后辗转流入大洋彼岸的美国，成为华盛顿赛克勒美术馆的珍藏。当它出现在众人面前的时候，所有的人都惊叹不已，这是一幅战国时期的长方形丝织品，被称为"楚帛书"。

楚帛书上下高38.5厘米，左右宽46.2厘米，中心书写着方向相反的两段文字，一段13行，一段8行。四周旋转状排列有12段边文，每段都附有一个神怪图。整个帛书共有900多字，考释论著甚多，观点各有差异。文字最多的13行文章，作者特别强调"敬天顺时"，上天的神帝被描绘成具有施德降罚本领的命运主宰；8行那篇文章主要是讲神话，

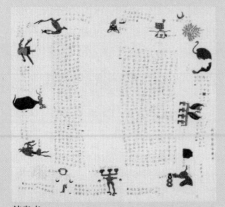

楚帛书

湖南长沙子弹库战国楚墓出土，美国华盛顿赛克勒美术馆藏。

是13行那篇所述神秘思想的背景；12段边文每段代表一个月份，略述该月宜忌，如某月可否嫁娶、某月可否行师用兵、某月可否营筑宅屋等等。

楚帛书四边的12个神怪图实际上是楚国民间流传的12月神像，12段边文记有月名，末尾三字是说明这个月神的职司或执掌的事情。从每月的题记来看，12月来自于执掌每个月的神名。值得注意的是，春、夏、秋、冬四季的最后月份都载有这个月神的职司，如三月"秉司春"，六月"且司夏"，九月"玄司秋"，十二月"涂司冬"。这四个四季之神的传说谱系分别来自东方、南方、北方地区，但是在这里都成了一家人。

生活在东方的夷族人崇拜玄鸟，传说春神句芒是他们的祖先，长着鸟身人面。春神主管草木五谷的生长，楚帛书上称春神为"秉"，"秉"字就像手执一

>>>阅读指南

何新：《宇宙的起源——〈楚帛书〉与〈夏小正〉新考》。中国民主法制出版社，2008年8月。

袁珂：《中国神话史》。重庆出版社，2007年5月。

玄武

有时是龟的形象，有时与蛇组合在一起。它的本名叫玄冥，"武"、"冥"古音相通。先秦时期流行的四时之神与四方、四色相配合的学说和理论，沉淀在民间信仰中，玄武就成了多面神：冬神、北方神、水神、司命神，还是道教大神，名叫"真武大帝"。

束禾的形状，表明它的职能身份。

夏神祝融也是火神，人面兽身，面有红色的边缘，没有左右下臂和手，穿着长袖衣，身后有尾巴，并有雄性生殖器。祝融原来是南方楚人的祖先神，楚人称之为"且（祖）"，和帛书上记载的"且司夏"一致。祝融不是一个人名，而是一个神官职位，在《史记·楚世家》中记载了楚君祖先司职祝融清晰的谱系。

秋神玄冥是双首的四脚爬行动物，双首似龟头，四足似鳖，系出古史传说中的鲧（gǔn），即夏民族的先祖，后来因治水失败被杀，尸体复活为黄熊，成为水神。这个神话曾经传到蜀国，成为鳖灵的传说，也被楚人所用并进行了改造。

冬神禺强巨头、方面、大耳，头顶竖着两根长羽毛，两手握拳左右张开，穿着黑色短袖上衣，在帛书上记为"涂"。《山海经》寓其为北方之神，应源自中原的传说。

帛书中对这四方神灵的描述是现存所见时代最早的创世神话文献。它记叙了上帝命四神疏通天地初始的混沌，并掌管四季轮流、日月运行，使人世间有了时间纪年，从而产生了清晰的空间概念。其中，祝融主持创世工程，下降人世，怀抱日月，经行天地，运行星辰。从这里看出帛书仍保留着浓厚的楚人信仰，因为在中原的信仰中，掌管日月轮回的分别是春神和秋神，而在《山海经》中记载的秋神是蓐收，在《礼记·月令》中冬神则为玄冥。

楚帛书既记载了南方人民信奉原始宗教、崇拜各种祖先之神和自然之神的智慧，也烙上了中原文化五行思想和阴阳术数思想方面的深刻印记，说明战国时期中原各族与南方各族有了许多共同的文化元素，产生了一定的相互认同心理。

>>>寻踪觅迹

梧桐祖殿 在浙江衢州市柯城区外陈村，是国内罕见的供奉春神句芒的神庙，现存殿宇为明清时期建筑。衢州民间将祭祀春神的场所和仪式，以天文节气为计时方法保存下来。每年立春的迎春庙会和中秋节的丰收祭祀均极为隆重。

74. 神医扁鹊创搭脉望诊

战国时期的某一天，扁鹊来到虢国，正好遇上太子猝死。看到举国悲痛的情形，医生的天职使得他上前询问。问了之后，他觉得太子的症状很像医书上所说的"尸厥"，于是立即向宫中禀告，要求替已"死"的太子诊治。国君一听神医扁鹊说太子有救，急忙亲自把他迎进宫去。扁鹊仔细观察，发现太子的耳朵里有声音，鼻翼翕（xī）动，大腿内侧还是温的，果真和他想象的一样，于是他取出金针、砭石（石针），在太子的三阳五会间施行治疗。过了好一会儿，太子真的慢慢苏醒过来了。当时的人都以为扁鹊能起死回生，赞叹他的医术神奇。扁鹊谦虚地说："我只是救活了没有死的人，哪里有起死回生的本领！"

还有一次，扁鹊来到蔡国（今河南上蔡县西南），蔡桓公宴请了他。扁鹊见到桓公后说："君王有病，就在肌肤之间，不治会加重的。"桓公不但不相信，还很不高兴。五天后，扁鹊再去见桓公，说："大王的病已到了血脉，不治会加深的。"桓公仍不信，而且更加不悦了。又过了五天，扁鹊又见到桓

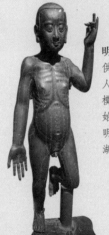

明代针灸穴位铜人
供中医针灸教学用的人体经络腧（shù）穴模型。针灸穴位铜人始铸于北宋天圣年间，明清及现代均有制作。湖北省博物馆藏。

帛书《足臂十一脉灸经》（局部）
湖南长沙马王堆三号墓出土，湖南省博物馆藏。

>>>阅读指南
刘研：《中国历史名人传·扁鹊》。北方妇女儿童出版社，2004年2月。
杨道文：《图解人体经络实用手册》。九州出版社，2010年7月。

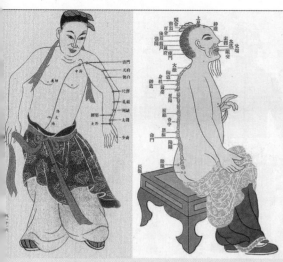

明代绘制的经络图

公，说："病已到肠胃，不治会更重的。"桓公不喜欢别人说他有病，因此非常生气。五天又过去了。这次，扁鹊一见到桓公，赶快就避开了。桓公十分纳闷，就派人去问。扁鹊说："病在肌肤之间时，可用熨药治愈；在血脉，可用针刺、砭石的方法达到治疗效果；在肠胃里时，借助酒的力量也能达到；可病到了骨髓，就无法治疗了。现在大王的病已在骨髓，我无能为力了。"果然，五天后，桓公身患重病，忙派人去找扁鹊，但扁鹊已经走了。不久，桓公就死了。

扁鹊是春秋战国时期著名的医生，当时的人们称他为"神医"。望、闻、问、切是中医的四种主要诊断方法，其中望诊十分深奥，要达到一望即知的神奇能力更是非同寻常。扁鹊的望诊技术出神入化，真是"望而知之谓之神"的神医了。起死回生、讳疾忌医、病入膏肓三个成语都出于上面这两个著名的医学故事。

经络学说是中医学独特的内容，望、闻、问、切最重要的就是搭脉。世界上最早的经络学著作是写于春秋时期的《足臂十一脉灸经》。扁鹊在齐国长大，据说他年轻时师从长桑君，曾经得到过许多"禁方书"，即不公开的丹方秘药书，由此医术大进。他运用《足臂十一脉灸经》发明了搭脉诊断，创立了中医三指搭脉诊断的方法。由于他的名气太大了，以至于从春秋到战国，跨越了170多年，仍然流传有他救人的事迹。估计是后来有许多名医也自称或被称为扁鹊，因此他们的事迹也被当成扁鹊本人所为记录了下来。

经络学说和搭脉诊断技术在世界上是独一无二的，它是中华民族宝贵的医学实践结晶，也是中华民族文化中的宝贵遗产。

>>>寻踪觅迹

河北内丘县 春秋战国时期神医扁鹊行医采药的地方，是扁鹊文化的发祥地，境内扁鹊庙是全国规模最大、历史最久的纪念扁鹊的庙群，举办扁鹊文化节等相关纪念和祭祀活动。

扁鹊遗址 扁鹊一生四海行医，足迹遍布大半个中国，除了河北内丘县，河南汤阴县、山西永济市、陕西西安临潼区、山东济南等地也有扁鹊墓、扁鹊祠和碑刻等相关遗迹。

75. 气功的养生之道

导引图（复原图）
西汉早期。湖南长沙马王堆汉墓出土，是现存最早的导引图谱。原图藏湖南省博物馆。

至今还在中国流行的气功有悠久的历史。一般认为，气功在商朝即已产生，到了春秋战国，已经形成一定的理论体系，经络、穴位、气血学说是气功的理论基础。当时并不叫气功，通常称为吐纳、导引、行气、服气、炼丹、修道等等。原始的气功没有名称，之后历代名家著作中的静坐、坐忘、禅定、胎息、行气、服气、调气、周天、内丹等，都属于气功的内容，体现了天人合一、人和自然合一、形神合一的整体观。气功一词首见于晋代许逊的《灵剑子》一书，此处气功虽有练气、修德之意，但尚未作为专用名词使用。清末《少林拳术秘诀》一书明确使用气功一词，并逐渐作为一种养生之道为广大民众所熟知。

古代气功一般分为儒、医、道、释、武术五大派。儒家气功以修身养气为目的；医家气功以防病、治病、保健强身

>>>阅读指南
国家体育总局健身气功管理中心：《健身气功二百问》。人民体育出版社，2007年1月。
曲黎敏：《从头到脚说健康2——健身气功与养生之道》。长江文艺出版社，2010年1月。

行气铭玉杖饰

战国后期。呈 12 面棱柱状，表面刻篆书铭文 45 字，被称为《行气铭》，论述了呼吸和行气的全过程，是我国现存最早的气功理论文物。天津市博物馆藏。

为宗旨；道家气功讲究身心兼修、性命双修；佛家气功要求"炼心"，以求精神解脱，其中入定派强调"四大皆空"，参禅派强调修身养性、普度众生；武术气功主要是为了锻炼身体和提高技艺。

1984 年，在湖北江陵县张家山汉墓出土的竹简《引书》中说：导引可以治疗背痛，每次治疗使用熊经和前据两种导引动作十次。《庄子·刻意篇》也说：吐故纳新，呼吸有快有慢，吐出混浊之气，吸进清新之气；熊经鸟伸，学老熊攀援悬吊，学鸟儿伸腿展翅，只求延年益寿。这是讲究气功导引，养练身躯，希望像彭祖那样长寿的人所爱好的。彭祖是传说中最长寿的人，寿命长达 800

多岁。导引就是今天说的气功。

熊经和鸟伸是战国早期气功因模仿熊和鸟的特殊动作而得名。以身体的运动加强全身精气的循环流通，是气功中的动功；吐故纳新是静坐或卧着，通过深长的呼吸使精气循环流通，是气功中的静功。长沙马王堆汉墓出土的帛画《导引图》对此做了很好的说明。《导引图》是一幅绘有各种运动姿态的帛画，长约 100 厘米，宽约 50 厘米。图上绘有 44 人，有男有女，有老有少，有的穿长袍，有的穿短裙短裤，甚至有裸背的。他们做着各种运动姿态，有伸屈、屈膝、体侧、转体、跳跃，还有吐纳动作，其中包括站桩等静功和伴随动作的动功。此外，还有模仿动物姿态的，如鹞背、龙登、鸟伸、熊经等。

值得提及的是熊经和鸟伸这两个导引动作。熊经折射了北方民族的生存环境，鸟伸则反映了南方民族的生存环境。后来在此基础上形成和发展起来的汉代名医华佗的五禽戏，更是战国时期南北方民族生活的综合反映。

>>>寻踪觅迹

气功史陈列馆 在上海市气功研究所内。用图片和复制文物等展现气功从古到今的发展史以及代表人物、代表功法等，是气功科普教育的重要基地。

76. 楚辞：流进血液中的文化基因

漆木角形器
湖北枣阳九连墩战国楚墓出土。专家认为它很可能是已经失传的古代乐器"雅"。屈原《楚辞·谬谏》中就有"故扣宫而宫应兮，弹角而角动"之句。九连墩战国墓是与屈原同时代的楚国大夫墓。湖北省博物馆藏。

今夕何夕兮，搴 (qiān) 中洲流？……　今晚是什么样的良宵啊，竟能操桨于江洲中？

今日何日兮，得与王子同舟？……　今天是什么好日子呀，有幸能与王子同船共游？

蒙羞被好兮，不訾 (zǐ) 诟耻。……………　承蒙大人赏识见爱，我无比羞愧。

心几顽而不绝兮，知得王子！……　我紧张心跳不止，因为我知道他居然是王子！

山有木兮木有枝，心说 (yuè) 君兮君不知！山上有树树有枝，我爱慕您，您却不知！

这首《越人歌》出自西汉刘向的《说苑·善说》。它记载了一个美丽的故事：春秋时期楚国令尹、鄂君子皙坐船出游，划桨越人爱慕他，抱着船桨对他唱歌。歌声悠扬缠绵，委婉动听，打动了子皙，他让人把歌词翻译成楚语……

《越人歌》的风格显然与以《诗经》为代表的北方文学迥然不同，它和楚国的其他民间诗歌成为屈原《楚辞》的艺术源头。

屈原大概是中国历史上最郁郁不得志的政治家之一。他是与楚王同姓的贵族，少年得志，一度得到楚怀王的高度信任，官至左徒，是怀王的左膀右臂。他对内积极辅佐怀王变法图强，对外坚决主张联齐抗秦。在他的努力下，楚、

山鬼图（局部）
清朝罗聘作。清华大学美术学院藏。

>>>阅读指南
　　林家骊译注：《楚辞》。中华书局，
2010年6月。
　　宁发新：《屈原》。长江文艺出版社，
2003年9月。

齐、燕、赵、韩、魏六国结成联盟，并一致推举楚怀王为联盟的领袖。联盟的力量抑制住了秦国的扩张势头，也使楚国一度出现了国富兵强、威震诸侯的局面，屈原也因此成为楚国内政外交的核心人物。

　　屈原的正直和才能遭到了上官大夫靳尚、公子子兰的妒忌和谗毁，他被楚怀王贬为三闾大夫，负责宗庙祭祀和贵族子弟的教育。秦相张仪得知这一消息后非常高兴，认为机会来了，于是用重金贿赂靳尚、公子子兰和楚怀王的宠妃郑袖等人，极力破坏齐楚联盟。楚怀王轻信谗言上了当，结果被秦国俘虏不得返，三年后客死他乡。

　　继位的楚顷襄王继续重用子兰等人，把忠直进谏的屈原流放到了边远的地方。屈原仍然心系国运，无奈楚国政治黑暗，国势已衰，终于被秦国攻破了国都。屈原说：举世皆浊我独清，众人皆醉我独醒。我怎么能以洁净之躯蒙受世俗的玷污呢？与其如此，我宁可投江，葬身鱼腹！于是投汨罗江自尽。屈原的爱国精神得到了世人的称颂，后来人们就以他投江这天作为端午节，永远纪念他。

　　在流放途中，屈原将人生的不得志和对国家、对人民的全部激情，都投入到诗歌创作中。他在楚地民歌歌词的基础上，发展了《诗经》的比兴手法，创造出句子长短不一、变化灵活的一种新诗体——楚辞体，并由西汉末年的刘向汇编成《楚

九歌图·山鬼

元朝张渥作。《九歌图》共11段，每段一图，画楚辞《九歌》中的10章内容。上海博物馆藏。

溪旁闲话图

描绘屈原所作《楚辞·渔父》中的故事。屈原被放逐之后，在江湖间游荡，脸色憔悴，形容枯槁。渔父见了，问："您不就是三闾大夫吗？为什么会落到这种地步？"屈原说："举世皆浊我独清，众人皆醉我独醒，是以见放。"台北"故宫"藏。

辞》一书。

《楚辞》中为屈原所著的部分包括《离骚》、《九歌》、《天问》等篇章，想象瑰丽，辞藻华美，文采绚烂，激情洋溢，成为世代长盛不朽的歌咏。其中，《离骚》是他的代表作，也是中国古典文学中最长的抒情诗，全诗2400多字。诗中大量运用古代神话传说和香草美人的比喻，将自己幻想成无拘无束遨游天地的自由之子，营造了一个神奇浪漫的人间仙境，极具艺术魅力。《九歌》原是楚国民间祭祀鬼神的乐曲，经过屈原的重新加工，变成了托物言志的美妙篇章。《天问》从自然现象和神话一直追问到远古的历史传说，其创作灵感来源于楚国宗庙和神祠里的大幅壁画，全诗1500多字，以四言为主，一共提出了170多个问题，表达了屈原对传统思想的怀疑和探索真理的精神。

政治上不得志的屈原，在抒发自己忧郁的心情中，整合南方民族文化所创造的楚辞，使南方民族的文化基因永远流淌在中华民族的血液之中。

>>>寻踪觅迹

屈原故里　在湖北秭归县，是端午习俗、龙舟文化的发祥地和楚文化发源地之一，现存许多关于屈原的遗迹，有屈原祠、屈子衣冠冢、屈原纪念馆、屈原故里牌坊和乐坪里"三闾八景"以及纪念屈原的龙舟竞渡、民俗歌舞等。

磨山楚文化游览区　位于湖北武汉东湖风景区内，有楚天台、楚市、楚城歌舞等楚文化景观和活动。

77. 从万舞、倡优到百戏

简兮简兮，方将万舞。……………… 咚咚振响是鼓声，瞧他万舞要开场。

日之方中，在前上处。……………… 太阳堂堂当头照，瞧他领队站前行。

硕人俣（yǔ）俣，公庭万舞。……………… 高高个儿好身材，公堂前面舞起来。

有力如虎，执辔（pèi）如组。……………… 扮成力士猛如虎，一组缰绳牢牢抓。

左手执龠（yuè），右手秉翟（dí）。…………… 左手拿着管儿吹，野鸡毛在右手挥。

赫如渥（wò）赭（zhě），公言锡爵。……… 舞罢脸儿红似染，公爷叫赏酒满杯。

这是《诗经·邶（bèi）风》中一首叫《简兮》的诗，生动地描写了一次宫廷中表演"万舞"的盛况。可以看出万舞包括文舞和武舞：英俊的舞师先是以雄姿矫健、如虎添翼的气魄，表演了驾驭骏马奔腾驰骋，很像虚拟的奔马手法；接着拿起编管乐器龠和羽制舞具翟，文质彬彬、翩翩跹跹地跳了起来。舞师的

彩绘乐舞图鸳鸯形漆盒
湖北随州战国曾侯乙墓出土。器腹两侧分别绘有撞钟与击鼓舞蹈图案，是中国古代音乐舞蹈及绘画艺术的罕见史料。湖北省博物馆藏。

精彩表演博得了国君的夸赞并赏以美酒，他也就成了人们心目中爱慕的"美人"。

万舞发端于商，盛行于春秋，武舞与文舞的结合折射出这一时期民族多元、文化互动的景象。

表演万舞的舞者无论男女都被墨子称为"女乐"。齐、楚、燕、郑、秦、晋等国都有女乐。还有一种男性专业艺人，称为"倡优"，他们除表演乐舞外，还以诙谐幽默的表演和笑话娱人。从春秋时期开始，各国宫廷中就出现了一种供国君娱乐的艺人，叫做"优"。这种艺人善于唱歌跳舞，尤其善于说笑话、演笑剧，有的还利用表演的形式进行暗讽和进谏。

>>>阅读指南

萧亢达：《汉代乐舞百戏艺术研究》。文物出版社，2010年1月。

王克芬：《中国古代舞蹈史话》。人民音乐出版社，2006年11月。

击鼓说唱俑

四川成都天回山崖墓出土。陶俑赤膊跣足，左臂环抱一个圆鼓，右手高扬鼓槌，表情幽默夸张，以写实手法刻画了正在进行说唱表演的艺人形象，为汉代盛行的俳优提供了实物证据。中国国家博物馆藏。

到了战国时期，除了宫廷、贵族和大官僚家中也供养从事歌舞乐和杂戏的"俳（pái）优"。"优"中还有侏儒，他们身材矮小，常常在笑剧中担任小丑角色。

随着倡优逐渐成为有身份地位的人家娱乐时不可缺少的一部分，他们说笑话、演笑剧的表演形式也逐渐发展、成熟起来。其实这种笑剧原来是民间的创作和演出，是一种来自社会底层的艺术形式，本来是不登大雅之堂的。秦统一中国后，兴乐舞，优人常侍在帝王左右，秦二世就在甘泉宫进行角抵和俳优表演。到了汉代，国力强盛，乐舞更为发达，名曰"角抵戏"，后改称"百戏"。百戏集演，除角抵戏外，还有乐舞、杂技、魔术等，有的来

乐舞百戏图

内蒙古和林格尔县东汉墓壁画局部。有掷剑、弄丸、舞轮、安息五案等活动，庄园主正和宾客边饮酒边观看乐舞杂耍表演，展现了汉代社会生活的动人场面。

自民间，有的从域外传入。汉武帝就倡导百戏集演，由宫廷主持大规模的百戏演出，用于接待外国宾客。

百戏演出中，已有装扮人物和含有故事内容的歌舞。东汉张衡在《西京赋》中描写过"总会仙倡"的场面——

总会仙倡，戏豹舞罴（pí）。

白虎鼓瑟，苍龙吹篪（chí）。

女娥坐而长歌，声清畅而蜲蛇。

洪涯立而指麾（huī），被毛羽之襂（shēn）襹（shī）。

度曲未终，云起雪飞。

初若飘飘，后遂霏霏。

复陆重阁，转石成雷。

礔（pī）砺激而增响，磅磕象乎天威。

在这个场面里，倡优扮演娥皇、女英、洪涯，装扮豹、罴、白虎、苍龙等兽，结合云、雪、雷、电等场景表现天威，充满了神话色彩。

乐舞会演百戏就成了孕育中国戏剧的摇篮！

>>>寻踪觅迹

四川博物院　设有汉代陶石艺术专题展，说唱俑更是独树一帜。

河南博物院　收藏有汉代百戏俑。

78. "中国功夫"的勃兴

"中国功夫"这个被外国人广泛使用的词，其实就是武术，是中华民族独创的一项运动，其内容是把踢、打、摔、拿、跌、击、劈、刺等动作，按照一定规律，组成徒手的或运用器械的各种攻防格斗功夫、套路和单势练习，形式多样，流派众多。

武术的起源可以追溯到原始社会。那时人类即已开始用棍棒等原始工具做武器与野兽搏斗，既是为了自卫，也是为了猎取生活资料。后来，人们为了争夺财富，制造了更具杀伤力的武器，并通过战斗，逐渐积累了一定的攻防格斗技能。

商代随着青铜业的发展，出现了矛、戈、戟、斧、钺、刀、剑等铜制武器，也出现了这类武器的用法，如劈、扎、刺、砍等技术。为了提高战斗力，这时已有了比赛的形式。《礼记·王制》有"凡执技论力，适四方，裸股肱（gōng），决射御"的记载，意思就是较量武艺高低。

武术的勃兴与春秋战国的争霸战争有密切关系。此时铁器出现，步骑兵兴起，为了在步骑战中发挥作用，长柄武器变短，短柄武器（特别是剑身）变长。这样，武器更加多样，武术的技击性进一步突出，同时武术的健身作用也受到重视，比试武艺的形式已广泛出现。《管子·七法》说当时每年都有"春秋角试"，《庄子·人间世》和《荀子·议兵》记载当时比武已非常讲究技巧，拳术打

绘有角抵图案的秦代木篦
湖北江陵县凤凰山出土。角抵是古代武术搏击的一种，类似今天的摔跤、相扑。江陵县博物馆藏。

>>>阅读指南
于志钧：《中国传统武术史》。中国人民大学出版社，2006年2月。

郑勤、田云清：《神奇的武术》。广西人民出版社，2004年1月。

力士骑龙博山炉

河北满城县西汉中山靖王刘胜妻窦绾墓出土。力士上身裸露，屈膝骑在卧兽上，左手撑于兽颈，右手擎托炉身，矫健有力。河北省博物馆藏。

法有进攻、防守、反攻、佯攻等。

各国诸侯也都大力提倡武艺。齐国人善技击（散打），宰相管仲曾下令各乡把"有拳勇股肱之力者"推荐给官府任用；越王勾践重视剑击，请来女剑客越女为他训练军队；赵武灵王学习胡人轻装紧衣，促进骑术的普及发展；秦将王翦练兵，采取投石超距之法，训练士卒练习跳跃和投掷。魏国李悝制定"习射令"，规定打官司难断曲直

时，就让双方比赛射箭，"中之者胜，不中者负"。命令下达后，老百姓个个争先恐后、日夜不停地练习射箭，结果在战争中大败秦国。名将吴起论兵时说："一军之中，必有虎贲（bēn）之士，力轻扛鼎，足轻戎马，搴（qiān）旗斩将，必有能者。若此之等，选而别之，爱而贵之。"这里所说的扛鼎、戎马、搴旗，是选拔勇猛之士的重要标准。

在这种形势下，民间的习武活动，包括与杂技有关的摔跤、跳投、马术、武术等蓬勃开展起来。北方人民一年中有"三时务农，一时讲武"的传统。赵惠王能召集到精于剑术者3000人；"日夜击于前"，说明剑术在民间基础深厚。射箭更是当时男人们的本分，从国君的大射至乡村的乡射，经常定期举行。东方和南方的吴、越、齐、楚等国水上技艺日益发展。管仲为了使齐国能与水兵

角抵图

山东临沂金雀山汉墓出土帛画局部。

强盛的吴越抗衡，鼓励人民游水为戏。在普及性的游泳活动开展之后，管仲得到"扶身之士"（游泳能手）五万名。

《庄子》中曾讲过一个关于剑术的故事——

赵文王爱好剑术，紧傍着宫廷寄居的剑士就有3000多人，他们日夜在文王面前相互击斗，一年里死伤的就有100多人。这种情况并没有影响文王对剑术的爱好，几年下来，国势衰落，各国诸侯已经在打赵国的主意了。

太子悝对此十分忧虑，就悬赏：

战国漆盾

湖南长沙五里牌楚墓出土。盾是古代近战的防御装备，与戈、戟、剑等兵器配合使用，既可以将杀伤力加以消耗或偏导，也可以作为助攻武器。湖南省博物馆藏。

"谁能说服大王，让他与剑士们断绝来往，就赏他1000金。"手下人说："庄子应该可以。"

太子便派人把1000金送给庄子，庄子不接受。他和使者一起去见太子，问："太子对我有何吩咐，竟赐我1000金？"

太子说："听说先生贤明通达，谨奉上1000金送给先生的随从人员。先生不接受这点小礼，我还敢说什么？"

庄子说："听说太子想让我劝大王断绝对剑术的爱好？倘若我劝说触怒了大王，既不能称太子的意，自己还会受刑而死，要这1000金有什么用？倘若我说服了大王，称了太子的心意，那么我向赵国要求什么会得不到？"

最后，庄子说："如今大王拥有天子的权位，却爱好平民百姓的剑，我私下里认为大王应该鄙弃它。"

这个故事当然包含了很深刻的政治解读，但也从侧面反映了击剑之风在春秋战国时十分盛行。"中国功夫"——中华武术，中华儿女永远的骄傲！

>>>寻踪觅迹

中国武术博物馆　位于上海体育学院内。2000余件藏品和多种现代科技手段，全方位展示了中国武术的历史与文化。

湖北武当山、河南少林寺　是中国武术两大重要流派武当拳和少林武术的发源地，均具有神奇的自然景观和丰富的人文景观。

从华夏到汉族

陕西西安秦始皇陵出土的秦人形象

79. 秦统一天下

秦统一天下的大趋势锐不可当。公元前 225 年，秦王嬴政灭了魏国，接着打算攻楚国。他问大将李信要用多少人马，李信说要 20 万。他又问老将军王翦，王翦说非 60 万不可。秦王想：到底是年纪大的人胆子小。于是他拜李信为大将，发兵 20 万南攻楚国，王翦推托有病，告老还乡了。

李信南征却打了个大败仗，死了七个将军。秦王无奈，只好亲自跑到王翦家里赔不是，请他出山。王翦说："我还是非要 60 万人不可。楚是大国，地广人多，楚王号令一出，组织 100 万人马是很容易的事。我说 60 万，恐怕还太少

了。"秦王答应了王翦的要求，拜他为大将，率领 60 万兵马出征楚国。

秦王亲自摆酒给王翦送行。王翦斟了一杯酒敬秦王，然后从袖子里掏出了一张纸，上面写着咸阳上等田地几亩、上等房子几所，请求赏赐。秦王看了说："将军成功回来，难道还怕受穷吗？"一边答应下来，一边想：这位老将军真有点小家子气！

王翦的请求并没有完。半路上，他派了一个人回来，请求秦王给他修一个花园。过了几天，他又派人恳求秦王再给他修一个水池养鱼。副将蒙武笑着问王翦："老将军请求了房屋、田地，为什么还要花园、水池子？打完仗将军还怕不能封侯吗？"王翦回答："世上哪个君王不猜疑？大王这回

秦杜虎符

陕西西安郊区北沉村出土。符上有错金铭文 40 字，为现存最早的调兵凭证。一符剖为两半，一半存君王之处，另一半交地方官吏或统兵将帅保管，使用时两半相合，表示命令验证可信。陕西历史博物馆藏。

>>>阅读指南

吴学刚：《一本书读懂大秦史》。中国长安出版社，2010 年 8 月。

昊天牧云：《秦朝那些事儿》。工人出版社，2010 年 2 月。

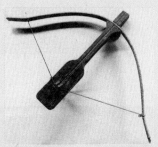

秦弩模型

秦军使用的弩机部件是可以互换的，士兵在战场上可以把损坏的弩机重新拼装使用，提高了战斗力。陕西历史博物馆藏。

秦始皇陵石胄的出土改变了秦代无胄的说法

石铠甲

陕西西安秦始皇陵石铠甲坑出土了大量石质甲胄。每领石铠甲由数百青石片组成，用铜丝连缀，重均 20 多千克，制作工艺非常复杂。

差不多把全国的兵马都交给咱们了。我左一个请求，右一个请求，为的是让大王知道我惦记着的都是小事，好让他放心。"蒙武不得不点头称是，佩服王翦的高见。

王翦仅用一年多的时间就一而再、再而三地大败楚军。公元前 223 年，王翦渡长江，先灭了吴、越，对楚国形成钳击之势，楚王昌平君在阵上被乱箭射死，大将项燕自杀。这样在秦统一天下的道路上，只剩下燕、赵、齐三国了。

王翦灭楚后，向秦王告老退休。秦王拜他的儿子王贲为大将，在公元前 222 年灭了燕、赵，把矛头直指齐国。

齐王建一向不敢得罪秦国，每次诸侯来求救，他总是婉拒，以为有了与秦国的交情，就没什么可怕的了。到韩、魏、楚、燕、赵五国都被秦灭了，他才猛醒，派兵去守边界，可是一切都晚了。公元前 221 年，几十万秦军仅几天工夫就灭了齐国。秦终于从边缘走到了中心，统一了天下。

东周列国，从春秋到战国，经过五个半世纪的整合，中国历史上第一个幅员辽阔的统一多民族国家终于由秦始皇建立起来了。

>>>寻踪觅迹

秦咸阳宫遗址博物馆 位于陕西咸阳市渭城区，建立在秦咸阳宫遗址上，展出遗址出土的部分珍贵文物。从秦孝公十二年（前 350）直至秦朝灭亡，咸阳作为秦都长达 144 年。

80. 秦始皇治天下方略

铜车马

陕西西安秦始皇陵兵马俑坑出土。共两部（以一号和二号区分），制作工艺复杂，综合使用了铸造、焊接、嵌铸、镶嵌以及多种机械连接技术，体现了2000多年前金属制造工艺的辉煌成就。一号铜车马为真车马的二分之一，双轮、单辕、驷马系驾，总重1061千克。

俗话说：打天下容易，治天下难。统一了天下的秦王是如何治天下的呢？

中华民族从开天辟地始，已经走了两千多年。秦王想着自己前无古人的丰功伟绩，觉得"王"的称号太小了。之前诸侯都称王，如今"王"没有了，那么自己应该叫什么呢？历史上有三皇五帝，所以他便自称"皇帝"；又由于自己是历史上第一个皇帝，于是就有了"始皇帝"之称，即秦始皇帝。

秦始皇不愧是一位雄才大略的人物，统一天下后，即着手治天下，其中的四大招数特别值得一提。

第一招是废除分封制，推行郡县制，开创了中国统一的行政区划制度。他把天下分为36郡，郡下面再分县。每个郡都由朝廷直接任命三个最重要的官长，即郡守、郡尉和郡监。郡守是一郡中最主要的官长；郡尉在郡守之下管理治安，统领全郡的军队；郡监执行监察之事。

第二招是"车同轨"。过去诸侯林立，制度不一，仅交通一项，各国都有车马，但是道路则有宽有窄，车辆有大有小，车一般只能在自己的地盘上才走

>>>阅读指南

　　王立群：《王立群读史记·秦始皇》。广西师范大学出版社，2009年3月。

　　童强、李燕喜：《〈中国思想家评传〉简明读本·秦始皇》。南京大学出版社，2008年10月。

陕西西安秦始皇陵兵马俑坑出土的二号铜车马
可防风避雨、防尘防晒，还有可以开合的窗子。据说秦始皇出巡天下时乘坐的就是这种车。

铜椭量
秦代官府颁发的标准器。外壁刻有秦始皇二十六年（前221）颁发的统一度量衡的诏书，其字体即小篆，是"书同文"政策规定的官方规范文字。

得动，秦国的兵车要在36郡的道路上通行就难了。于是秦始皇规定车轴两个轮子的间距一律改为6尺，使车轮的轨道相同，史称"车同轨"。与此同时，36郡都修起了统一宽窄的路，称为"驰道"。这样，从咸阳出发，北通原燕国，东达原齐国，南连原吴国、楚国，甚至湖边、海边都修了驰道。驰道宽50步（约69米），每隔3丈（约7米）种一棵青松，这样道路网把全国连成一片了。

第三招是统一度、量、衡。天下统一，交通方便，商业就繁荣起来了，麻烦的事也就来了，原来，那时各地的尺寸、升斗、斤两都不一样。于是秦始皇就规定了全国一致的度量衡，禁止再使用旧的杂乱的度量衡，并把诏书铭刻在官府制作的度量衡器上，发至全国，作为标准器。这

样一来，不仅老百姓方便多了，也大大加强了各地间的经济联系。

第四招是"书同文"。商、周以来中国的文字如同诸侯林立，字形各异，不仅有几种不同的文字，就是同一个字也有很多不同的写法，不利于人们之间的交流。秦始皇将比较简单的小篆定为正式的统一文字，其余写法不同的字一律废除，有力地推进了各方的交流和沟通。

中华民族的历史列车在秦始皇统一天下之时拐了一个大弯，从分散转向了统一，废分封、建郡县、统一度量衡和货币，以及车同轨、书同文，为这个转向奠定了坚实的基础。

>>>寻踪觅迹

秦始皇陵及秦始皇兵马俑博物馆 位于陕西西安市郊。陵墓四周有大量陪葬坑和墓葬，已出土五万多件重要历史文物。兵马俑坑是秦始皇陵的陪葬坑，是世界上最大的地下军事博物馆，被誉为"世界第八大奇迹"。

碣石宫遗址 位于辽宁绥中县万家镇止锚湾海滨，经考证为当年秦始皇"东临碣石"巡视国土最东端时建的行宫，附近还有多处秦汉时期的高台建筑群址。

秦半两钱
秦统一天下后，规定以外圆内方的半两钱作为全国通行的货币，这是中国最早的统一货币。

81. 华夏混血儿横空出世

战国时期，被称为"古今一大变革之会"，天下风俗为之一变，各诸侯国纷纷推行新政，谋求富国强兵，兼并扩张，人力、物力、财力趋向大集中，华夏民族正在母腹中躁动，只待时机成熟，便要呱呱坠地。当时虽然人们仍以国名自称为某某人，以区分与他族的不同，但是经过夏、商、周以来 1000 多年，包括原来的中原诸夏和后来吸收进来的戎狄夷蛮，都已然认同自己同为华夏族的民族身份。共同的身份认同已经形成，可是各国之间仍有壁垒，各自为政，这显然是不符合历史形势的，天下一统既是时势所趋，又是民心所向。

然而，齐、楚、燕、秦、韩、赵、魏七家，究竟花落谁家？

当时有心栽花的楚国最强，号称地方 2500 千米，有百万雄师，楚国国君早有问鼎之心，此时更欲逐鹿中原。但是，

金啄木鸟

陕西凤翔县秦雍城遗址秦公一号大墓出土。该墓出土的一件石磬刻有 290 多个篆文，证明秦人的族属为华夏族。陕西历史博物馆藏。

从政治、经济、文化和历史方面来看，楚国并不合适。政治上，在奴隶制已经崩溃的这个时候，楚国仍沿袭着旧传统，奴隶主贵族力量异常强大，楚悼王时起用吴起变法，但只维持两年就失败了。无法变革内政，沉冗顽固的政治无法给新的生产方式孕育生长的条件，国家就失去了奔腾向前的核心力量。经济上，楚国仍采用火耕水耨（nòu）的落后生产方式，相比之下，中原地区灌溉农业已高度发达。文化上，楚虽有屈原独领风骚，但是相比"百家"中的其他家，就显得单薄多了，孟子、墨子、庄子、荀子、孙膑、李悝、商鞅等名家都是出身

>>>阅读指南

后晓荣：《秦代政区地理》。社会科学文献出版社，2009 年 1 月。

孙皓晖：《大秦帝国》（共 6 卷 11 册）。河南文艺出版社，2008 年 5 月。

中原之地，接受周文化的直接熏陶。再从历史上看，楚建国从周成王始只有800年，与中原宗室之国相差了夏、商两代，而且春秋时期很长一段时间都被中原诸国视为边缘，归心者少。上述原因，使楚国在后来与秦的战争中一败涂地。

而秦国与周王室关系密切，作为周王室的西北屏障，秦国与晋国一道承担了抵御外患的主要任务。秦国秉承的是中原文化，与周宗亲晋室累世有婚姻之好，得到各诸侯国的重视。但是秦在整个春秋时期的表现都被晋室的光芒掩盖了，所以并不特别出色。战国伊始，晋国被赵、韩、魏三家瓜分，力量大大削弱，为秦长驱直入打开了大门。此时，秦国通过商鞅变法，国力大增。春秋时期，秦因晋室扼守中原而只能发展西戎之地，这反而成全了秦国独霸西戎的局面。外患已平，内政强大，秦军挥师中

虎鱼纹瓦当
秦。陕西凤翔县秦雍城遗址出土。雍城是春秋至战国中期秦国都城，秦在此建都达300余年。陕西历史博物馆藏。

原，势不可当，仅仅十年时间便统一了全国。

秦王嬴政登基为秦始皇，采用郡县制代替分封制，消除国家分裂的隐患，而后统一度量衡，统一文字，统一修建驰道，加强国家统一的凝聚力量。秦朝虽然只在历史舞台上存在了短短的15年，但这四大变革措施却彪炳千秋，万世流芳。从此，天下的人都称为"秦人"，"我国"才被赋予了一致的含义，那就是华夏民族统一了。华夏族的横空出世，国家与民族结合在一起，建构成了中华民族实体的核心部分。

修武府温酒炉
秦。陕西咸阳塔儿坡出土。杯一侧耳下及炉腹外刻铭文"修武府"三字。修武系战国时魏地，此器字体属秦，是秦灭魏的物证。咸阳市博物馆藏。

>>>寻踪觅迹
陕西历史博物馆 设有"东方帝国"专题，陈列以兵马俑为代表的秦帝国文物。
咸阳博物馆 以收藏、研究、展示秦汉历史文物为主，有秦咸阳历史文物专题陈列，包括秦人早期的典型历史文物、秦咸阳宫殿遗址的建筑成就以及秦咸阳宫遗址、手工业作坊遗址、秦人墓葬区出土的文物等。

82. 蒙恬北击匈奴

公元前 221 年，匈奴头曼单于趁秦朝初建，率领骑兵不时南下入侵秦的北部边境，占领河南之地 (今河套地区)。《史记·秦始皇本纪》记载了一个传说，说秦统一六国后，秦始皇便亲自到东海寻访仙人，讨要长生不老之药。不料那仙人行踪飘忽，无缘晤面，秦始皇只得到仙人留下的一张图谶 (chèn)。他打开一看，不禁心惊肉跳，那上面清清楚楚写着五个大字：亡秦者胡也！于是秦始皇火速回朝，当即调集各路大军，命大将蒙恬统率兵马 30 万北上击胡，夺取河

精美的秦代盾牌
出土于陕西西安临潼秦始皇陵一号铜车马的车舆内，秦始皇兵马俑博物馆藏。

南地，一场大战爆发了。

头曼闻蒙恬率军浩浩荡荡攻来，赶忙披上银盔亮甲，调集 40 万匈奴骑兵迎战。当他领兵来到阵前观察时，不禁一惊，只见阴山以南的开阔地上，黑压压铺天盖地全是秦军布下的军阵。头曼命匈奴大将狄屠龙率五万骑兵雷霆滚动般冲向山下的秦军阵营。

匈奴骑兵向来以作战骁勇闻名于世，马蹄所过之处，什么样的阵势都会被踏平。可这一次却大大出乎头曼所料，马队刚刚发起冲锋，就遭受重大伤亡。原来秦军阵上配有巨型弓弩，无数弩箭呼啸着射向扑上来的匈奴骑兵。跑在前面的骑兵还没弄清是怎么回事就纷纷落马。侥幸没被射中的几千骑兵，冲近秦军阵地时，又被抛出来的石头砸得人仰马翻。随着咚咚的战鼓声，秦军万箭齐发，匈奴骑兵死伤无数。与此同时，埋伏在两翼的秦军步兵呐喊着冲了上来，形成夹

>>>阅读指南

金铁木：《帝国军团——秦军秘史》。中华书局，2004 年 9 月。

张文立：《秦始皇帝和他周围的人》。科学出版社，2009 年 4 月。

盘羊首形竿头饰
战国。宁夏固原出土。

金耳坠
战国。内蒙古准格尔旗西沟畔二号匈奴墓出土。耳环放置在男性墓主的头骨两侧，说明战国时期匈奴贵族男性盛行戴耳饰。内蒙古博物院藏。

虎咬牛纹金饰牌
战国。内蒙古杭锦旗阿鲁柴登出土。反映了中国古代北方骑马民族高度的工艺水平。内蒙古博物院藏。

击之势。狄屠龙眼见即将全军覆没，慌忙下令后退。

站在瞭望台上观阵的蒙恬见时机已到，命令全军进击。顿时，千百号角骤鸣，无数战鼓擂响，秦军方阵顷刻间转换成进攻队形，在数千辆战车的引导下，潮水般向匈奴掩杀过去。两支大军相互拼杀在长满红柳的沙地上，直杀得天昏地暗，血流成河……

更绝的是，这时秦军一支2万人的骑兵已断了头曼的后路。匈奴骑兵一时被杀得晕头转向，自相践踏又死伤无数。好在匈奴人马上功夫过硬，在援兵接应下，死命杀开一条血路突围出去，可是5万骑兵只剩下8000余人。面对秦朝大军的压力，头曼单于不得不放弃河套地区和他的政治中心头曼城（今内蒙古包头市），向北撤退。

>>>寻踪觅迹

匈奴文化博物馆 位于内蒙古呼和浩特市郊昭君博物院内，是世界上唯一的匈奴博物馆。

秦直道遗址 位于内蒙古鄂尔多斯市境内，全长约20千米，是秦直道全程中保存最好的一段。秦直道是秦驰道之一，是秦朝为了抗击匈奴命蒙恬率领10万民工修建的。从陕西咸阳（今淳化县）到九原郡（今内蒙古包头市），全长736千米。遗址附近建有秦直道博物馆，复原了烽、障、亭、台等军事设施和条、铺、驿站等交通节点。

83. 秦修长城御匈奴

孟姜女哭长城是中国民间广为流传的一个传奇故事——

相传秦在西北崛起之时，北方的匈奴也开始兴起，他们活动于燕、赵、秦以北地区，性格强悍，首领单于经常带着匈奴骑兵向南侵扰，抢劫粮食和财物。

在秦始皇统一天下的过程中，匈奴也乘机一步步南下，逐渐占领了黄河河套以南的大片土地，甚至把秦国人抓去充当奴隶。秦始皇开始修筑长城防御匈奴。

修长城的工程非常浩大而艰苦。成千上万的民夫风里来、雨里去，在监工的鞭打下，没日没夜地干活，许多人死在了长城脚下。传说孟姜女的丈夫叫万喜良，他们结婚才一个月，万喜良就被征去修长城，一去就音信全无。眼巴巴地盼望丈夫回来的孟姜女等急了，怕丈夫受不了北方的寒冷，就做了棉衣，决定送到长城工地上去给丈夫御寒。

孟姜女一路上鸡鸣赶路，日落投宿，跋山涉水，历尽艰辛赶到了长城脚下，却找不到自己的丈夫。经过多方打听，才知道丈夫已经死了，和其他修长城累死的人一起被埋在长城底下了。孟姜女

陕西西安秦始皇陵威武雄壮的秦兵马俑军阵

虎狼搏斗纹金牌饰

战国。内蒙古鄂尔多斯东胜区塔拉壕乡出土。虎噬兽牌饰是匈奴等古代北方草原民族的代表性文化遗存。内蒙古鄂尔多斯博物馆藏。

悲痛至极，就坐在长城脚下痛哭起来，直哭得天愁地惨、狂风怒号、黑云压顶、积雪变色。忽然，一声巨响如天崩地裂，孟姜女哭倒了八百里长城！

孟姜女哭长城虽然只是一个民间传说，但它反映了秦朝时北方草原民族与中原农业民族之间的往来情况，而万里长城就是最好的历史见证。

长城最早出现于春秋时期，当时楚国就有方城（在今河南南阳）。到了战国时期，魏西河郡有长城，赵漳水上有长城，中山国西部有长城，燕易水有长城，齐沿泰山山脉有长城。这些自成一体的长城，在战争中曾经起过很大的作用。

万里长城的修建始于战国时秦、赵、燕三国。战国中期以来，正在崛起的匈奴不断掳掠三国的北部地区。匈奴善于骑射，长于野战，采取突然袭击，来去飘忽，难于捉摸，显示出很强的战斗力。秦、赵、燕这时的作战部队主要是步兵和战车，穿着宽衣大袖的服装，行动迟缓，一天只能走三五十里路，自然无法阻止匈奴的袭击和掳掠。这不仅使三国北部

人民的生命财产受到严重威胁，生产遭到严重破坏，而且大大影响了三国的统一事业。

针对这种被动局面，秦、赵、燕三国先后开始在北部修筑长城。秦昭王下令在陇西、北地、上郡北部边境修筑长城，并派军驻守。赵武灵王不仅改革兵制，实行胡服骑射，还下令筑长城，自代到阴山（今内蒙古大青山、乌拉山）而西，直抵大河（今内蒙古乌加河），又设置代郡、雁门、云中郡，以防匈奴南下掳掠。燕昭王即位后，发愤图强，也筑长城，从造阳（今河北康保县与内蒙古太仆寺旗）修到襄平（今辽宁辽阳）。长城加上一定数量的驻军，当时有效地阻止了北方游牧民族骑兵闪电式的袭击。

>>>阅读指南

施爱东：《中国民俗文化丛书·孟姜女哭长城》。中国社会出版社，2009年2月。

钟少异：《中国古代军事工程技术史》（上古至五代）。山西教育出版社，2008年1月。

铜车马构件
战国晚期。从 19 世纪末开始，中国北方长城沿线地带出土了大量以装饰动物纹为特征的青铜器及金银制品，以鄂尔多斯及其周边地区发现数量最多、分布最集中、最具典型性，因此被定名为"鄂尔多斯青铜器"，它是古代东方草原游牧民族的文化遗存。内蒙古鄂尔多斯博物馆藏。

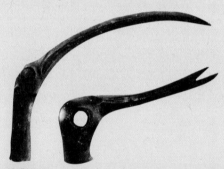

鹤嘴形器
北方草原民族的文化遗存。内蒙古鄂尔多斯博物馆藏。

所以秦始皇把匈奴驱逐到漠北之后，为了阻止匈奴卷土重来，下令蒙恬立即修筑新的长城，这就是孟姜女哭长城的背景。

蒙恬新建的秦长城，是对原来秦、赵、燕三国的长城进行了取长补短。他把长城建于高山之上，尽量利用山脊、峰峦为城，使匈奴骑兵无法越过；把长城建于河流的北面，尽量利用河流做屏障，使敌人得不到水源；在丘陵、平原，则建筑高大的城墙，或用土石夹筑，或用土夯筑，把各段长城连成一条气势雄伟、隔断南北的巨龙；烽火台也有了改进，都建在长城外开阔的山上，而且根据地形，每隔 5 千米、10 千米、15 千米就有一座；在交通路口或谷口，都修建南北两座障城；驻大部队的城，都建在长城之南，并与长城紧紧相连。

蒙恬统领 50 万百姓，用了 9 年时间，将春秋战国时期修筑的各国长城连起来，西起临洮，东至辽东，绵延万余里，所以称为万里长城，这就是我们今天所说的"万里长城"名称的由来。秦长城在山西大同、甘肃岷县一带现在还有遗迹。

长城成了北方草原民族与中原农耕民族互动的最好见证。

>>>寻踪觅迹

固阳秦长城遗址　位于内蒙古固阳县境内，跨越五个乡镇，长约 120 千米，大多为石筑，是目前保存最好的秦长城建筑实体和遗址。

孟姜女庙　在河北秦皇岛市山海关区，庙东南海中兀立的两块礁石传说是姜女坟。随着孟姜女故事的流传，许多方志都把孟姜女说成是本地人，山东临淄、陕西铜川和潼关、河北徐水等地都有孟姜女庙、墓冢等相关纪念景观。

84. 蒙古草原上升起的骄阳

匈奴王金冠
内蒙古杭锦旗阿鲁柴登战国晚期匈奴墓出土。由一鹰形冠顶饰和三条金冠带组成，雄鹰站在半球形金冠顶上，俯视着冠带上狼与羊搏斗的情景。它是迄今发现的唯一一件匈奴单于金冠。内蒙古博物院藏。

"金戈铁马，气吞万里如虎。"这是南宋词人辛弃疾写的《京口北固亭怀古》中的一句，用来形容秦汉时崛起于蒙古草原的匈奴也十分贴切。此时的匈奴可谓来势汹汹，在强大的汉朝面前，匈奴骑兵的马蹄声时常在关外响起。

匈奴原是北狄的一支，形成于漠南地区，阴山和鄂尔多斯地区是它的摇篮。在战国时期，一般称匈奴为"胡"，社会有了很大的进步，考古证据表明，当时

的匈奴已经进入铁器时代。

秦朝的时候，匈奴还不是很强盛，头曼单于与蒙恬所率秦军交锋，兵败北逃。秦末汉初，中原混战，秦始皇沿黄河筑的城池无人守卫，部分匈奴人才敢偷偷溜回黄河以南一些水草肥美的故地游牧。

匈奴的崛起始自头曼单于之子冒顿。冒顿是头曼的大儿子，是匈奴的太子。可是年老昏庸的头曼喜欢上了新娶的娇妻，想废掉冒顿，重新立宠妃之子为太子。他想出一个自以为很高明的办法，就是先把冒顿送到月氏做人质，然后派兵攻打月氏，想借月氏之手杀掉冒顿。这时冒顿显示了出色的才能，他从月氏人手中偷了匹好马，逃了回来。这个行动使昏庸的头曼看到了冒顿的不凡。不知是出于良心，还是想利用冒顿的才

>>>阅读指南
田广金等：《北方文化与匈奴文明》。江苏教育出版社，2005 年 4 月。
乌恩岳斯图：《北方草原考古学文化比较研究——青铜时代至早期匈奴时期》。科学出版社，2008 年 3 月。

干，头曼改变了主意，做出了第二个错误的决定：让冒顿统领万骑军马。

与优柔寡断的头曼相反，从逃回来的第一天开始，冒顿就显示了他的决断、深虑、坚忍与长谋。他做了一种响箭，号令他的部属，自己的响箭射到哪里，每一个部下必须跟着射到哪里，否则立斩无赦。开始是在打猎的时候，冒顿间或抽出一只响箭射向猎物，有的部下没反应过来而没跟着射，冒顿就下令将这些部下斩首。接下来有一天，冒顿突然抽出响箭射向自己的爱马，有些部下犹豫了，心想冒顿是无意的吧，就没跟着射箭，结果又被冒顿斩首。再接下来的某一天，冒顿做出了更不可思议的事情，他竟然把响箭射向自己的妻子，有些部下还是犹豫了，结果也都无一例外地遭到了处决。从此，部下们心中有了这样一个信念：无论冒顿做出多么不合理、不可思议的事情，都应该随着响箭齐射。

在一次出猎中，冒顿有意测试部下，就用响箭向他父亲的爱马射去，部下们全部毫不犹豫地随之齐射。冒顿知道时

金怪兽
战国。陕西神木县高兔村出土。鹰嘴兽身，大耳环眼，双角分四叉，为匈奴遗物。陕西历史博物馆藏。

候到了，于是带着部下随头曼出猎，并在出猎中用响箭射向头曼，顿时万箭齐发，头曼死于乱箭。射杀了头曼的部属再也没有回头之路，只有忠心跟着冒顿又杀死了他的后母和幼弟。冒顿便自立为匈奴的单于。

秦末，中原天下大乱，楚汉相争，冒顿趁机在北方征服了东胡、月氏，向南击败了黄河河套以南的楼烦，尽数收复了当初被蒙恬所夺之地，从此崛起而成为蒙古草原上升起的骄阳。

战国虎纹金牌饰
新疆阿拉沟出土。

>>>寻踪觅迹
鄂尔多斯青铜器博物馆 位于内蒙古鄂尔多斯市东胜区，是世界上收藏鄂尔多斯青铜器数量最多（一万多件/组）、品种最全、研究价值最高的博物馆。
内蒙古博物院 收藏众多中国古代北方游牧民族文物。

85. 秦统一岭南

秦在西北站稳脚跟后，开始挥师东征南伐。当时在长江中下游以南及东南沿海、岭南地区，广泛分布的是越族，因内部"各有种姓"，支系众多，又被称为百越，其中以瓯越、闽越、南越、西瓯比较大。瓯越在今浙江温州一带，闽越在今福建一带，南越在今广东、广西及以南地区，西瓯在今广东西部、广西南部及以南地区。越人有一些共同的特点，如住干栏式房屋、凿齿（拔掉中间或两侧上牙门齿或犬齿）、断发文身、善于水上活动等。

公元前 223 年，秦大将王翦灭楚，夺得越人一部分土地，在今江苏苏州设置了会稽郡。公元前 222 年，秦始皇命令大将屠睢（suī）率领 50 万大军分五路南下，一路打到镡（tán）城，即今湖南靖州西南；一路打到湖南的九嶷山；一路打到番禺，即今广州；一路打到南野，即今江西南康南；一路打到余干水，即今江西余干南信江。越人反抗，退守到深山老林之中，竟使秦军滞留各地达三年之久。越人经常夜间偷袭秦军，还刺杀了屠睢。瓯越和闽越被占领后，秦废两越之王，在今福建福州市设置闽中郡。

公元前 219 年，秦再次对岭南百越发动大规模的军事征服活动。岭南是指中国南方的越城岭、都庞岭、萌渚岭、

灵渠水系示意图

骑田岭、大庾岭五座山脉以南的地区，即今广东、广西、海南全境和湖南、江西等省的部分地区。秦军在各个战场上节节胜利，唯独在两广地区苦战三年，仍毫无建树，原因是这里的地形地貌导致运输补给供应不上，所以改善和保证交通补给成了战争成败的关键。于是，秦始皇运筹帷幄，命令监御史禄劈山开凿灵渠。

史禄通过精确计算，终于在今广西兴安县境内开凿了全长34千米的灵渠。灵渠由铧嘴、大小天平、南渠、北渠、泄水天平和陡门组成。铧嘴将湘江水三七分流，三分水向南流入漓江，七分水向北汇入湘江，奇迹般地把长江水系和珠江水系连接了起来。这样，秦的援兵和补给源源不断地通过灵渠运往两广前线，最终把岭南的广大地区正式纳入了中原王朝的版图。

正是无心插柳柳成行，短命的秦王朝为征服岭南修建的灵渠，却成为世界上现存最完整的古代水利工程，至今仍在造福岭南人民。著名历史学家郭沫若曾说：灵渠"与长城南北相呼应，同为世界之奇观"。

秦统一岭南后，在那里设置了南海郡、桂林郡和象郡，接着迁徙大批内地居民、官吏和罪犯屯戍岭南，与越民杂居。这样，很多原始森林被开垦出来，进行中原式的农业耕作，当地人渐渐学会了农事生产。越族人民也与中原各族人民进一步融合，成为华夏族的重要组成部分。

人首柱形器
战国。广东四会市鸟旦山出土。类似物目前仅在广东和广西发现，是当地古越族特有的随葬器物和葬式。广东省博物馆藏。

杏形金叶
广州西汉南越王墓出土，共八片。这种盖在墓主脸上"瞑目"的饰物在北方的匈奴墓中多有发现，应为秦兵平南越时带去的。

>>>阅读指南
彭兆荣、李春霞：《岭南走廊——帝国边缘的地理和政治》。云南教育出版社，2008年12月。
李权时、李明华、韩强：《岭南文化》。广东人民出版社，2010年1月。

>>>寻踪觅迹
灵渠 位于广西兴安县，与陕西郑国渠、四川都江堰并称为秦代三大水利工程。景区附近还有四贤祠、三将军墓、水街等相关人文景观。
广东、广西各地博物馆均收藏众多古代岭南百越民族的遗物。

86. 镇川之宝都江堰

成都平原乃至整个四川都被称为"天府之国"，除了气候和地理因素外，还得益于著名的古代水利工程——都江堰。后人给予这个古代工程无数的赞誉，甚至将它比喻为"独奇千古"的"镇川之宝"。

都江堰初建于古蜀国开明王朝时期。都江堰所在的地方属于岷江中游，岷江上游水流湍急，进入这里之后，地势突然低平，水势减缓，挟带的大量沙石沉积下来，淤塞河道，时常泛滥成灾，古蜀国人民曾建造水利工程抗灾。秦昭王时，李冰为蜀郡守。当时的都江堰水利工程因年久且过于简陋，未能充分发挥抗涝防旱的作用，岷江每年的洪涝给人民造成了很大的损失，李冰决心解决这个困扰蜀郡的大问题。

公元前256年，李冰父子经过勘察，在原来的基础上，历时五年，采取"引水灌田，分洪减灾"的办法，先后凿开

>>>阅读指南

谭徐明：《都江堰史》。水利水电出版社，2009年2月。

姚汉源：《中国水利发展史》。上海人民出版社，2006年6月。

李冰石像

东汉灵帝建宁元年（168）石刻，出土于都江堰鱼嘴附近外江河床。

了与虎头山相连的离堆，在离堆上游修筑了分水堤和泄水坝，将岷江水分为内外两股，修成了具有防洪、灌溉、航运多种效益的综合水利工程。这个工程保证了大约300万亩良田的灌溉，使成都平原成为"水旱从人，不知饥馑"的地方，是古代水利工程至今仍在造福人类的罕见范例。

都江堰是秦开发西南的重要举措，参与这个工程的杰出工匠和工人，都是来自当地的巴蛮少数民族，以及迁居此地的汉族人民。2000年，都江堰被列入世界文化遗产名录。

执铲俑、执锄俑、执锸俑、执箕俑
东汉。此类俑四川出土较多。有专家认为正是他们修建了都江堰。

>>>寻踪觅迹
都江堰 位于四川都江堰市城西，主体工程包括鱼嘴、飞沙堰和宝瓶口等，附近有博物馆、伏龙观、二王庙、安澜桥、玉垒关、离堆等相关文物古迹，每年清明节有"放水节"民俗活动，举办隆重的二王庙庙会等。

汉代女俑

87. 楚汉相争建汉朝

秦始皇统一了中国，开创了史无前例的伟业，但他实行的暴政却导致民不聊生。秦末，农民起义风起云涌，秦帝国很快就土崩瓦解了。农民起义军经过不断整合，最后形成刘邦和项羽对峙的局面。

项羽是战国时期楚国贵族的后代，秦末，项羽跟随叔父项梁响应陈胜、吴广起义，并拥立前楚怀王之孙熊心为王，挟"楚怀王"之号反秦。后来项梁战死，项羽领兵在巨鹿（今河北平乡县境内）打败秦军主力，被各路起义军拥戴为上将军。

刘邦原是一个农民，曾在家乡沛（今江苏沛县）乡间担任亭长（乡官）。他也聚众响应陈胜、吴广起义，并占领沛县，被推为沛公。之后，刘邦率手下3000人众投奔项梁，成为其中一支主要的反秦力量。

秦亡后，项羽自立为西楚霸王，并分封了 18 个诸侯王，刘邦被封为汉中王，后人以楚、汉简称项羽和刘邦两大阵营。此后，双方进行了四年多的楚汉战争。

战争初期，楚强汉弱，项羽有 40 万大军，刘邦只有 10 万。为了牵制刘邦，

汉殿论功图

明朝刘俊作。取材于"汉殿论功"典故。汉高祖刘邦称帝后，功臣们在宫廷大殿上争功邀赏，以致拔剑砍殿柱。谋臣叔孙通建议高祖召集儒生制定朝仪，以维护皇帝的尊严。美国大都会博物馆藏。

>>>小贴士
与秦末及楚汉战争有关的成语
韩信将兵，多多益善/人为刀俎，我为鱼肉/成也萧何，败也萧何/明修栈道，暗度陈仓/约法三章/一决雌雄/一败涂地/背水一战/汗马功劳/捷足先登/锦衣夜行/沐猴而冠/披坚执锐/秋毫无犯/取而代之/孺子可教/四面楚歌/先发制人/养虎遗患/十面埋伏/大逆不道

鸿门宴图

西汉壁画。公元前206年，刘邦和项羽进入关中，秦朝灭亡。刘邦到项羽驻地鸿门拜见，项羽设宴招待。项羽的谋士范增暗示麾下武将项庄刺杀刘邦，未能成功，从而留下著名成语：项庄舞剑，意在沛公。图中右为刘邦的谋士张良，《史记》称其"貌如妇人女子"；中为范增；左为跃跃欲刺的项庄。洛阳古墓博物馆藏。

项羽还将今陕西的关中和陕北一分为三，分封给秦朝的三个降将，后世因此将这些地方以至整个陕西称为"三秦"。刘邦自料力不能敌，采纳了谋士萧何的建议，屈就汉中王，招贤纳士以图天下。

公元前206年五月，原齐国贵族田荣因不满项羽分封，在齐地（今山东）起兵反楚，项羽发兵讨伐。刘邦乘项羽无暇西顾，拜韩信为大将、萧何为丞相，明修栈道，暗度陈仓，迅速夺得三秦之地，袭占关中大部地区，随后向楚地进军，并一举攻占楚都彭城（今江苏徐州）。刘邦进入彭城，尽收宝货美人，置酒高会，陶醉于胜利也松懈了戒备。项羽率精兵三万绕至彭城西，于清晨时发动突然袭击，大破汉军，并一路紧追不舍，杀汉军十余万人，刘邦险些被俘，仅率数十骑突出重围，逃回荥阳。刘邦的父亲和妻子也被楚军虏获，做了人质。此后，双方在荥阳一带互相攻伐长达两年之久。期间，刘邦向项羽求和被拒绝，楚军乘胜追击，刘邦被打得四处逃亡，狼狈不堪。

刘邦势单兵弱，却善于用人。他接受谋士陈平的建议，对楚军施反间计，离间项羽和他的重要谋士范增的关系。项羽果然中计，驱逐了范增。同时，刘邦接受以往的教训，改变策略，采用深沟高垒和项羽作持久战，以消耗楚军兵力，又派兵袭楚烧其粮草。在萧何、韩信等人的帮助下，刘邦的势力又壮大起来。双方在广武山（今河南荥阳东北）形成长期对峙，相持不下。

为了迫使刘邦投降，项羽威胁要把刘邦的父亲下锅煮死。刘邦故作镇静，说："当初咱们共同反秦，在楚怀王面前发誓结为弟兄，我的父亲也就是你的父亲。如果你要煮咱们的父亲，别忘了给我一碗肉汤。"项羽更加恼怒，却无可奈何。项羽又提出与刘邦单挑独斗，决一雌雄，刘邦拒绝说："吾宁斗智，不能斗力。"

>>>阅读指南

孔德秀、杜桥：《图说楚汉战争》。吉林人民出版社，2010年5月。

王立群：《大风歌——王立群讲高祖刘邦》。陕西师范大学出版社，2011年3月。

皇后之玺

陕西咸阳市韩家湾乡狼家沟出土。由于它出土于汉高祖刘邦与皇后吕雉合葬墓长陵附近，学术界认为它可能是吕后之印，对研究汉代帝后用玺制度具有重要参考价值。陕西历史博物馆藏。

不久，刘邦派大将韩信抄了楚军后路，项羽补给困难，危机四伏，而汉军则有巩固的后方，兵员、粮饷源源不断。楚汉相争的形势发生了逆转，楚军渐弱，汉军日盛。

趁项羽正在为难的时候，刘邦派人跟项羽讲和，并且要求把他的父亲、妻子放了。公元前203年八月，双方约定以今河南荥阳北面的鸿沟为界，东属楚，西归汉。后来，中国象棋棋盘中间就用"楚河汉界"来划分对弈双方的领地，这个"楚河汉界"指的就是鸿沟。今天，在传说中的鸿沟两边，还有当年两军对垒的古城遗址，东边是霸王城，西边是汉王城。

其实，刘邦这次讲和只是一个缓兵之计。不出两个月，刘邦就背约，向楚军突然发起战略追击，楚、汉双方展开了最后决战。

公元前202年十二月，刘邦调集各路大军60万人，以韩信为最高统帅，将10万楚军包围于垓下（今安徽灵璧境内，一说今河南淮阳、鹿邑间）。刘邦使用谋士张良的计策，让汉军夜夜高唱楚歌，以瓦解楚兵斗志。项羽夜闻四面皆楚歌，以为楚国根据地已经尽失，大势已去，便乘夜率领八百精锐骑兵突围。突围前，他慷慨悲歌："力拔山兮气盖世，时不利兮骓不逝。骓不逝兮可奈何，虞兮虞兮奈若何！"刘邦派数千骑兵追击项羽，项羽一路拼杀，最后手下仅剩28骑。当他到达乌江（今安徽和县东北）边时，自觉无颜见江东父老，自刎而死。楚汉战争以刘邦胜利而告终。

公元前202年二月，汉高祖刘邦在今山东定陶正式称帝，建立西汉王朝，开创了中华民族发展的新时代。

>>>寻踪觅迹

江苏沛县、丰县 分别是汉高祖刘邦故里和出生地，也是汉代众多名臣名将如萧何、樊哙、周勃、周昌、曹参等的故乡，是汉文化的发祥地，有众多相关古迹和人文景观。

长陵 位于陕西咸阳市窑店乡三义村，是汉高祖刘邦和皇后吕雉的合葬陵墓。陵区规模宏大，还有萧何、曹参、张耳、田蚡、周勃父子等功臣贵戚陪葬墓。

88. 跨"国"婚姻——和亲

在中华民族形成和发展的过程中，跨"国"和亲往往起到了化解战争的重要作用。

秦末汉初，不断强大的匈奴成为新生的西汉政权的外患强敌。汉高祖刘邦刚以武力夺得天下，因此意气风发，仍采用武力对付匈奴，岂料接二连三吃了败仗。当时，韩王韩信（汉初有两个韩信，一个是韩王韩信，另一个是人们比较熟悉的齐王、楚王、淮阴侯韩信）被刘邦派到代（今河北蔚县东北）去，建都在马邑城（今山西朔州市），改称代王。匈奴大规模地攻击马邑，韩王信有点吃不消了，被迫几次派使者向匈奴求和。刘邦本来就是猜忌韩王信才把他发配到边疆的，听说了这件事，就更生气了。他写信给韩王信说：你要是守不住马邑，我拿你是问！韩王信既怨又怒，索性投向匈奴，与匈奴联手转过来攻打汉军，一直打到太原晋阳城下。

刘邦亲自率军迎战。匈奴以老弱病残之兵引诱汉军追击，刘邦果真上当，出动了主力。汉军有32万之众，多是步兵，跟着匈奴的骑兵跑，累得东倒西歪。结果刘邦和前锋部队到了平城（今山西大同东北），进驻白登高地（今山西阳高东南，一说在大同市东北），后续主力还没到，匈奴就突然杀了一个回马枪，把平城团团包围。一连七天，白登城内外的汉军相互可以看得到，但就是没办法救援，只能干耗着。当时天气酷寒，许多从中原来的汉兵不适应，手指都被冻掉了。刘邦的谋士陈平献策，用礼物贿赂匈奴单于冒顿宠爱的阏氏（yānzhī，匈奴皇后或妃子），让她给说说情。阏氏得了好处，就劝单于放人。单于松开了包围圈的一角，刘邦叫士兵们把箭搭在

"单于天降"、"单于和亲"瓦当
内蒙古包头市召湾汉墓出土。

山羊形带钩

西汉。山西朔州市开发路出土。具有浓郁的草原风情，是汉代中国北方各民族交流、融合的见证。

满弓上，一起冲出去和大军会合，单于也率军离开了。这次战役不了了之，随后刘邦就派大臣娄敬去与匈奴订立和亲盟约。

娄敬对刘邦说，冒顿杀了自己的父亲自立为王，把父亲的女人据为己有，这种人是不可能用仁义去打动的，只能且待今后，寄希望于他的子孙能够臣服于汉朝。所以，我们只能把公主嫁给冒顿，多给嫁妆，他就会立公主为阏氏，公主生了儿子的话就是太子了，匈奴和汉两家就是姻亲，外甥总不会攻打外公吧。但是皇后吕雉舍不得自己的女儿，于是就派人找了个民间女子代嫁，匈奴总算开始和汉友好相处。

刘邦去世后，匈奴态度又开始骄横起来。冒顿派人送信给吕后，信中尽是污辱之词。吕后气得不得了，想对匈奴用兵。大臣季布劝阻说，就连高祖在世时也遭受白登之围，拿匈奴没办法，现在用兵还不是时候。于是吕后打消了攻打匈奴的念头，继续与匈奴和亲。此后，汉文帝、汉景帝和汉武帝都继续推行与匈奴和亲的政策。

汉朝这时候的和亲政策有迫不得已的意味，因此常对匈奴忍气吞声。每一次和亲要赠给单于千金，每年还要送一定数量的絮、缯（zēng）、帛、酒、米等，同时开放关市，准许汉人与匈奴交易，约定以长城为界，北供匈奴放牧，南为汉人耕种。

客观地说，和亲政策有效地缓解了匈奴对中原的骚扰和战争带来的破坏，同时汉匈开始互通有无，边境贸易也大大丰富了双方的文化与生活，增进了彼此的了解与交流。

>>>阅读指南

胡刃：《匈奴传奇》丛书——《金戈枭雄》、《和亲大道》、《塞上烽烟》。民族出版社，2006年1月。

杨献平：《匈奴帝国》。甘肃人民美术出版社，2010年4月。

>>>寻踪觅迹

昭君博物院　位于内蒙古呼和浩特市郊，内有始建于西汉的昭君墓（又称为"青冢"）和匈奴文化博物馆等相关人文景观。王昭君是西汉元帝时的宫女，被封为公主与匈奴呼韩邪单于和亲。

89. 西汉与匈奴的战争

失我祁连山，使我六畜不蕃息。
失我焉支山，使我妇女无颜色。

这是匈奴人在与西汉的战争中唱出的一首悲歌，它在匈奴消失上千年后一直保持着魅力。匈奴没有文字，他们的心性和才情都是汉人单方面转述的。没有文字的匈奴肯定不会想到有一天会在人类的血液里被稀释得无影无踪，而随口唱的一首歌反而活灵活现地在汉语里继续塑造他们的灵魂。

公元前140年至前87年是汉武帝刘彻统治时期，此时，西汉崛起于世界东方，成为世界强国，一改过去对匈奴忍气吞声的做法，开始了大规模的反击战。

公元前133年，

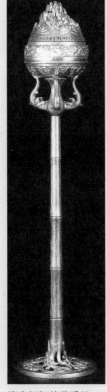

鎏金银铜竹节熏炉
西汉中期。陕西兴平市茂陵出土。是汉武帝给他姐姐阳信长公主及其丈夫大将军卫青的赏赐。陕西历史博物馆藏。

汉武帝下诏反击匈奴，战鼓声打破了边境的沉寂，拉开了汉与匈奴之间长达数十年战争的序幕。马邑人聂壹通过大行（接待宾客的官员）王恢向武帝献策，用马邑做诱饵，待匈奴主力来后，出兵围攻，必可获胜，武帝许之。不料计划泄漏，单于率兵撤退，汉军无功而返，王恢因得不到武帝的宽恕被迫自杀。

马邑之谋，虽然没有发生战斗，但从此汉匈关系完全破裂。元光六年（前129），汉武帝任命卫青为车骑将军，迎击匈奴。卫青首建战功，率兵直捣匈奴龙城（匈奴祭祀天地祖先之地），斩虏700名，被赐封为关内侯。这是汉武帝反击匈奴的首次胜利，更大的战役紧接着就开始了。

元朔二年（前127），匈奴袭掠西汉东部诸郡，西汉采取胡骑东进、汉骑西击的作战方针，由卫青率兵由云中郡（今内蒙古托克托县东北）出击，沿黄河

>>>阅读指南
王立群：《王立群读〈史记〉之汉武帝》。长江文艺出版社，2007年4月。
王文：《两汉顶级名将》。花山文艺出版社，2007年5月。

北岸西进，到达高阙（今内蒙古杭锦后旗东北）后，又沿黄河南下，对匈奴白羊王和楼烦王部实施远程迂回奔袭，一举收复河套地区的"河南地"，当时这个地方被匈奴占领已有80余年。西汉对匈奴战争的不利形势随之改变，此后五年间，战争在边界上全线展开，出现了拉锯战的形势。

元朔三年（前126）冬天，匈奴军臣单于战死，其弟伊稚斜争得单于之位，加强了对汉朝的侵扰。匈奴右贤王也不甘心丧失河南地，一次次发动进攻试图夺回，但都被汉军挡了回去。元朔六年（前123），汉武帝再次派卫青率十余万骑兵两次由定襄（今内蒙古和林格尔）向匈奴发起进攻。在这一战中，18岁的霍去病表现出惊人的勇敢和出众的统帅才能，他以800轻骑深入敌阵，俘虏单于祖父、叔父及多名重要将领，因此受封为"冠军侯"。之后，卫青和霍去病

马踏匈奴石雕

陕西兴平市汉朝骠骑将军霍去病墓石刻。霍去病墓形似祁连山，象征他生前取得的河西大捷。墓上石刻是中国迄今发现时代最早、保存最完整、最具有艺术价值的大型石刻群。

多次协同作战，屡建奇功。

元狩二年（前121），霍去病出兵陇西，过焉支山（在今甘肃山丹县境内），一路高歌挺进。同年夏，向北进攻，对匈奴右部诸王进行打击。一系列的战斗沉重地打击了匈奴，汉朝控制了整个河西走廊，西方边郡稍微平静，生产得以恢复。同时，汉扫清通往西域道路上的匈奴势力，又切断匈奴同西羌的联系，严重削弱了匈奴，为西域各国同汉朝紧密联系在一起创造了条件。

然而，匈奴势力并未遭到彻底摧毁。元狩四年（前119），双方进行决战。卫青和霍去病率领十万骑兵，加上步兵和辎重部队共数十万人，深入漠北，追击匈奴。卫青在大漠中与伊稚斜单于的主力遭遇，大战一天，追击单于余部100多千米，竟到达赵信城（今蒙古国乌兰巴托西），把匈奴粮库烧了才回来。霍去

上林苑斗兽图（局部）

河南洛阳八里台西汉墓壁画。上林苑是汉武帝在秦代旧苑上扩建而成的，规模宏大，有多种功能，汉武帝曾在此谋划政治蓝图，并训练亲兵羽林军。

当户灯

西汉中期。河北满城县中山靖王刘胜墓出土。当户是匈奴官名。铸匈奴官吏的形象来跪擎铜灯，反映了当时西汉和匈奴之间的民族矛盾。河北省博物馆藏。

病则行军 1000 多千米，在瀚海沙漠大败匈奴左贤王，并在狼居胥山（一说为今蒙古国肯特山，一说即今河套西北狼山）和姑衍山（今内蒙古苏尼特旗北）封禅，以此表示这些地方已经属于汉朝。这是汉武帝时期匈奴遭受打击最沉重的一次，从此匈奴向北远逃，一时间大漠再也找不到匈奴的王庭了。

经过十几年的战争，汉、匈双方消耗了大量的人力、物力，经济都遭受了严重破坏，都需要暂时的休养生息。公元前 116 年至前 101 年，汉与匈奴之间基本上停止了大规模的战争，出现了暂时的平静。汉朝趁此期间大力开发河西，匈奴则有意回避汉军，不断做和亲试探，由于汉朝要匈奴当"外臣"，双方始终不能达成协议。

太初年间（前 104~前 101），双方再次开战，但汉军不断失利，已不能保持前一时期的优势。天汉元年（前 100），汉征大宛大胜，便想挟胜进攻匈奴。匈奴假意示好，武帝派苏武为使节前往匈奴，不料反被扣押。次年，汉武帝派将军李陵和李广利出兵匈奴，结果被匈奴包围，几乎全军覆灭，李陵投降。两年后汉武帝再次派李广利出兵雁门（在今山西代县），李广利也兵败投降。两员大将相继投降，汉朝遭受巨大挫折。

对匈奴的长期战争消耗了西汉的国力，加重了人民的赋税徭役负担，激化了社会矛盾，到汉武帝统治末期，国库空虚，各地农民起义风起云涌。汉武帝也后悔远征讨伐匈奴，就在轮台（今新疆轮台县东南）下了"罪己"的诏书。不久，汉武帝就去世了。

汉武帝一生对匈奴的战争，是汉对匈奴从屈辱、妥协转为征服的过程，这一过程虽然以战争这一消极的方式出现，却客观上不自觉地推动了农业文明与草原文明的交流和沟通。

>>>寻踪觅迹

　　茂陵博物馆　位于陕西兴平市，是一座以汉武帝茂陵和卫青、霍去病等 20 多座陪葬墓为主体，融文物、古建筑、园林为一体的西汉断代史博物馆。陵区出土了众多珍贵文物，历代政要文人在此留下无数诗文墨迹、楹联匾额，衍生了光彩夺目的茂陵文化。

90. "亲家"间的争斗与往来

亲家变冤家、冤家成亲家在生活中是常见的，汉朝与匈奴的关系也是这样微妙。

汉武帝时期，匈奴连遭重创，尤其是失去阴山之后，匈奴失去了经济重心，内部也开始分裂。呼韩邪单于首先带领5000多部众向西汉投诚，并被安置在并州（今山西、内蒙古、河北的一部分）北界，成为西汉的藩属，这是匈奴第一批大规模的移民。但匈奴大部仍与西汉为敌，相互之间征战不休。西汉末年到王莽新政期间，匈奴趁汉朝力量衰弱、中原局势动荡之机重新前来滋扰，原先归附的西域各国也纷纷脱离汉朝的控制，有的率部转投匈奴。

东汉初年，匈奴分裂为南、北二部，南匈奴附汉称臣，被光武帝刘秀安置在河套地区，留居漠北的北匈奴则成为东汉政权的头号外患。东汉针对南、北匈奴采取了不同的策略。对态度强硬的北匈奴，东汉予以军事打击。从汉明帝永平十五年（72）开始，东汉派窦固、耿秉屡次率兵攻打匈奴。公元73年二月，东汉以窦固为主帅，统兵4万余人，从凉州（今甘肃武威）出发，分四路出击北匈奴。北匈奴采取了躲避退让策略：一路汉军深入沙漠300多千米，未见敌军踪影；一路汉军到达匈奴河畔，北匈奴早已人走地空；另一路汉军出塞后走了450多千米，也没找到目标。三路大军无功而返，只有窦固、耿秉这一军战绩颇佳。他们进入天山地区，袭击、追击匈奴呼衍王部一直到今新疆巴里坤湖畔，并攻占了伊吾卢城（今新疆哈密拉甫却克古城），设置了宜禾都尉，留官吏士兵在这里屯田戍守。同时，窦固派班超出使西域，联合西域各国共同抵御匈奴。第

>>>阅读指南

盖山林、盖志浩：《远去的匈奴》。内蒙古人民出版社，2008年1月。

陈序经：《匈奴史稿》。中国人民大学出版社，2007年8月。

立鹿铜镜

东汉。新疆伊吾县苇子峡出土。有着浓郁的草原民族风格，应属匈奴文化遗物。新疆维吾尔自治区博物馆藏。

双羊铜饰
东汉。河北张家口出土，南匈奴遗物。中国国家博物馆藏。

牛形铜饰
西汉。内蒙古包头市郊出土。牛是匈奴的主要牧畜，也是其装饰艺术中常见的形象之一。中国国家博物馆藏。

二年，窦固与耿秉再次兵伐天山，击破盘踞在这一带的北匈奴军，迫使叛附北匈奴的车师国投降，汉与西域中断了60多年的交通重新恢复。

然而没过两年，北匈奴卷土重来，当时东汉社会动荡不安，只好再一次放弃西域。永元元年（89），北匈奴内部大乱，东汉趁机命令车骑将军窦宪和耿秉率5万余骑，分三路进击北匈奴，北匈奴溃败，北单于遁走。汉军猛烈追杀，北匈奴81部20多万人归降。窦宪、耿秉等登上燕然山（今蒙古国杭爱山），刻石作铭，记述汉军的威德和丰功。窦宪派人携带金帛去招降北单于，北单于表示愿意仿效呼韩邪单于，做汉的藩属。

由于北单于未能亲自入朝，东汉认为他不是真心臣服，于是令窦宪再次征讨北匈奴。公元91年，在北匈奴遭南匈奴沉重打击后，窦宪一举击溃北匈奴，东汉统一了中国北方地区。后来虽有反复，但在屡次遭到汉朝的反击之后，北匈奴主力逐渐西去，远迁欧洲，留在漠北的一部分，后来有的融入了鲜卑族。

对归附的南匈奴，东汉袭用西汉旧制，赐予大量财物进行安抚。从东汉末年开始，南匈奴和其他一些匈奴散部纷纷向中原大规模迁徙，并参与了中原混战。公元185年，南匈奴单于羌渠派儿子于扶罗带兵帮助东汉平定黄巾起义，期间羌渠因匈奴内乱被杀，于扶罗与其部将便滞留中原。三国时期，曹操把归附的南匈奴分成五部进行管理，匈奴单于王朝逐渐终结。

南下内迁的还有被称为屠各胡、卢水胡、羯胡和稽胡的匈奴人，到了汉末，匈奴人已遍及并州、雍州、凉州、幽州等地，与中原人民杂居在一起，逐渐与汉族及其他少数民族混血，成为中华民族的组成部分。

>>>寻踪觅迹

汉河西四郡故地 即今甘肃武威、酒泉、张掖、敦煌，汉匈战争的必经之地，古丝绸之路上的重镇。有大量相关文物古迹。

91. 谁是西域的原住民

    "西域"一词始见于《汉书》，其范围大约在今新疆天山以南、昆仑山以北，西包帕米尔高原，东接甘肃省，也俗称为南疆。

    西域自古就是多民族的地区，也是白种人与黄种人的结合部或交错地带，既有游牧狩猎的民族，也存在农耕田作的民族。汉代，西域各族大多已进入阶级社会，建立了国家。汉武帝时，西域号称有36国，后来又分成50余国，其中只有几百人的8国、千人以上万人以下的29国，万人至8万多人的9国，只有乌孙12万多人、大宛30多万人。可见西域各国非常分散，绝大部分是弱小国家。

    西域各国的经济形态大致可分为三

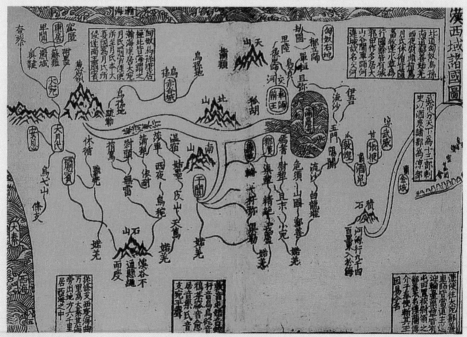

汉西域诸国图

南宋景定年间（1260~1264）雕版墨印。反映汉代西域诸国分布以及交通路线，形象地表示了天山、葱岭、北山、南山、石山和积石山等，清晰地绘出了中原通往西域的两条路线，全图还标注了70多处地名。中国国家图书馆藏。

战国武士俑

新疆新源县出土。专家考证认为是古代塞人之作。塞种人原是住在伊犁河流域的游牧民族，西汉时期先后成为月氏和乌孙的臣属，今天中亚和新疆许多民族的血液中包含着塞人的成分。新疆维吾尔自治区博物馆藏。

陶塑妇人像

汉代。新疆和田市约特干遗址出土，英国国家博物馆藏。

种类型：一种以农耕为主，过着定居生活，有且末、小宛、精绝、戎卢、于阗（tián）、龟（qiū）兹、大宛、莎车、焉耆等，就是所谓的城邦之国；一种"随畜逐水草"，即所谓的"行国"，有婼（ruò）羌、鄯善、西夜、蒲犁、依耐、无雷、休循、乌孙等；还有一种是以畜牧为主同时也耕田的，有车师前、车师后、蒲类等。

西域各国的民族成分复杂，据现有的研究，一般认为主要可以分为以下几支。

属于古氐羌族系的有鄯善、于阗、婼羌、西夜、依耐、无雷、蒲犁等，大多居住在昆仑山谷和山麓，与今天众多氐羌支系分布的地区是毗邻的。鄯善，汉昭帝以前称为楼兰，根据《后汉书·西域传》的记载，应与婼羌同族。但据鄯善所居楼兰地区今出土的男性头骨鉴别

显示，应属欧洲人种的地中海类型，这与古氐羌族属黄种人有很大分歧，为何如此，仍然是未解之谜。

属于今白种阿拉伯族系的包括从大宛以西到莎车各国，如危须、焉耆、尉犁、龟兹、姑墨、温宿、莎车、疏勒等，其人高鼻深目，多须髯（rán）。焉耆、龟兹、莎车都是西域较大的国家。焉耆靠近博斯腾湖，农业和渔业发达，信仰原始宗教和佛教，实行火葬。龟兹和莎车已能冶铸铁器，城郭发达。莎车曾是西域霸主，在西域与汉朝的关系中起过重要作用。

属于突厥族系的有休循、乌孙、大月氏等。有学者根据语言学证据提出，

>>>阅读指南

余太山：《西域通史》。中州古籍出版社，2003年1月。

奥里尔·斯坦因著，向达译：《斯坦因西域考古记》。新疆人民出版社，2010年4月。

西域原住民留下的草原石人

放射纹镜
青铜时代。新疆哈密天山北路墓地出土。

从疏勒向东经温宿、姑墨、龟兹至天山以北，即今新疆乌鲁木齐、吉木萨尔、奇台一带，都是突厥语系的民族。突厥是黄种人和白种人之间的一种过渡人种，具有这两种人的综合特征。

介于氐羌与匈奴之间的民族，与汉时的丁零属同一族系，有车师、蒲类、蒲类后、乌贪訾（zī）离、狐胡、东且弥、西且弥等。他们与匈奴有很多共同点，却又不是同一民族。他们居住在今新疆哈密、吐鲁番和天山北麓巴里坤湖至乌鲁木齐地区，主要靠畜牧业为生，并居"庐帐"（类似蒙古包）。他们使用高轮大车作为运输工具，"车师"一名就是由此得来的。在匈奴失败后，车师与蒙古高原突厥语系的铁勒融合，被称为高车，后来发展成为回鹘。

特别要说的是匈奴。据《史记·匈奴列传》记载，匈奴始祖是夏朝的遗民，叫淳维。在秦汉之前，西域一带和北疆是戎狄活跃的地带，匈奴来源与他们有密切关系。秦汉之后，戎狄之名已很少见，原来众多的部落也没有了，代之而起的是匈奴。由此推测，匈奴应是诸戎狄的后代，来源复杂，内部有众多不同的部落，到单于冒顿取代其父头曼时，才建立起统一的奴隶制国家。

西域，这个自古以来多民族、多族群居住的地区，是中华民族多元起源的一个重要地区。

>>>寻踪觅迹

新疆维吾尔自治区博物馆 收藏众多古代西域文物。

尼雅遗址 位于新疆民丰县，是《汉书·西域传》中记载的古精绝国故址，出土了大量珍贵文物。

92. 细君、解忧出塞

吾家嫁我兮天一方，
远托异国兮乌孙王。
穹庐为室兮毡为墙，
以肉为食兮酪为浆。
居常土思兮心内伤，
愿为黄鹄兮归故乡。

这首《黄鹄歌》又名《悲愁歌》，是我国史书记载的最早出塞的女性细君公主所作。汉代常对西域大国采用和亲政策，从汉文帝到汉宣帝，细君公主、解忧公主接连嫁给乌孙王昆莫，她们的和亲故事记载了乌孙与汉之间的历史传奇。

乌孙是西域大国，其王称"昆莫"。汉武帝元封年间，朝廷以江都王刘建之女细君作为公主嫁给乌孙昆莫猎骄靡。细君从长安一路西行，眼前景物逐渐变化，不再像家乡那样绿野葱茏，时见大漠黄沙，一望无垠，她的心中既充满了思乡的情绪，又怀着对前途不可卜知的担忧。猎骄靡到底是怎样一个人？传说猎骄靡父亲被匈奴所杀，他刚出生便被丢弃在野外，令人惊奇的是有鸟叼来肉给他吃。匈奴冒顿单于听说后，认为有神灵庇佑猎骄靡，于是收养了他。猎骄靡长大后骁勇善战，立下不少战功，冒顿将猎骄靡父亲的旧部归他带领，令他长守西域。冒顿死后，猎骄靡率部脱离匈奴，匈奴派遣精锐部队追击，被猎骄靡打败。后来猎骄靡建国，称乌孙王，击败大月氏，占据伊犁河，成为强大的

明妃出塞图

明朝仇英作。明妃即王昭君，汉元帝时期官女，主动出塞与匈奴呼韩邪单于和亲，受到后世的高度评价。有趣的是，图中王昭君和汉使都穿着唐装。故宫博物院藏。

>>>阅读指南

童马：《西汉才女细君公主》。新疆青少年出版社，2006年5月。

童马：《千古公主解忧》。新疆青少年出版社，2006年5月。

国家。

现实很快给了细君公主答案。这时的猎骄靡年岁已老，娶有匈奴女为左夫人（第二夫人），并有十几个儿子，连孙子都已成人。两年后，猎骄靡去世，其孙子军须靡继承王位。乌孙人的婚俗与中原很不一样，他们盛行转房制，儿子不仅可以娶其后母，也可以纳兄弟之妻，这样，细君就要再嫁给军须靡。细君从小接受一女不事二夫的儒家妇道教育，觉得难以接受，于是上书汉武帝请求归国，但汉武帝命细君顾全大局，入乡随俗，帮助汉朝完成结盟乌孙消灭匈奴的大计。细君只得从命，但心中的郁结终不能解，她无法适应异乡的生活，经常唱着思乡的歌曲，最后竟郁郁而终。

细君公主去世后，汉朝又将第三代楚王刘戊的孙女解忧作为公主嫁给了军须靡。不久军须靡死了，解忧公主按照乌孙风俗改嫁继位的肥王翁归靡，生了三男两女，她真正把乌孙当成了自己的家。然而肥王没多久也死了，解忧又一次嫁给了乌孙王狂王，婚后还生了一个儿子。

解忧公主在乌孙生活了半个世纪，一直活跃在西域的政治舞台上。她和几个多才多艺的子女为乌孙国的兴旺发达以及西域各国联汉抗匈做出了积极的贡献。70岁时，解忧上书汉宣帝陈述思乡之苦，请求自己的遗骨能埋葬在故国。天子怜悯她的境遇，准许她回国，还亲自出城迎接，按正宗公主的礼仪待遇奉养，使她得以善终。

>>>寻踪觅迹

新疆昭苏县　古代乌孙国故地，乌孙文化的发源地之一，有草原石人、汉细君公主墓、夏塔乌孙古墓群等相关古迹。

汉家公主纪念馆　位于新疆伊宁市，以纪念细君、解忧两位公主为主，并反映西汉在西域的政治、经济和文化活动及当时西域各国的情况。

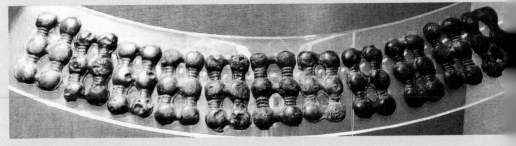

沙井文化连珠纹铜带饰
甘肃永昌县蛤蟆墩出土。沙井文化距今约3000年至2500年，最初发现于甘肃民勤县沙井，有学者认为它是月氏或乌孙族的文化遗存。甘肃省博物馆藏。

93. 龟兹非驴非马"如汉家仪"

龟兹国王、王后及大臣画像

新疆拜城县克孜尔石窟（又叫千佛洞）第 205 窟唐朝壁画。克孜尔千佛洞是中国四大佛教石窟群之一，也是龟兹石窟艺术的发祥地之一，约开凿于公元三四世纪的东汉末期，持续建设 500 年左右，是中国开凿最早、规模最大的石窟寺群，以绚丽多彩的壁画闻名于世。德国柏林印度艺术博物馆藏。

中国历史上最早的翻译官诞生于西汉。在与汉朝的交往中，几乎每个西域国家都设立了"译长"，从事官方语言翻译工作。不仅汉族语言文化在西域使用和传播，西域有些国家的政治制度也仿效汉朝，有的国家从译长至侯王都配有

>>>阅读指南

李刚：《龟兹古国》。重庆出版社，2008 年 7 月。

张平：《龟兹文明》。中国人民大学出版社，2010 年 10 月。

汉朝印绶，朝中有大量汉朝官称或汉赐官称，有的国家连礼乐衣饰都采用汉制。

汉宣帝时，解忧公主将长女弟史送回娘家京师学习汉乐鼓琴。乌孙公主马上就被汉都繁华的景象深深吸引住了，中原文化的魅力使她倾倒。在学成回国途经龟兹时，龟兹王绛宾迷恋乌孙公主的气质风度，竟将她留在龟兹国，并派人向解忧公主提亲，得到了乌孙王和解忧公主的同意。

龟兹是西域大国之一，以库车绿洲为中心，最盛时辖境相当于今新疆库车、

听法者

克孜尔千佛洞壁画。龟兹石窟壁画内容丰富，不仅有佛教故事，还有大量世俗生活情景，可以看出龟兹古国多民族、多人种的生产生活状况，被称为古龟兹文化的百科全书。

殿，在宫城外设置马道，出入以人传呼或撞钟鼓，就像汉朝王室制度一样。王宫守备也采用汉制，衣食住行都模仿中原的风格。周边的西域国家纷纷称奇。有人说："驴非驴，马非马，就像龟兹王那样，不就是骡子吗？"虽然有讽刺的成分，客观上却反映了龟兹王对汉文化的喜爱和接纳程度，也反映了汉文化在西域的高度融合。

绛宾死后，他的儿子继位，自称是汉家外甥，与汉成帝、哀帝两朝来往频繁，汉朝和龟兹的关系更加亲密。

沙雅、拜城、阿克苏、温宿、新和六个县市。全国信仰佛教，石窟和壁画艺术发达，居民擅长音乐，是著名的龟兹乐舞的发源地。

龟兹王与乌孙公主感情极好，乌孙公主对在汉朝留学的经历念念不忘，绛宾就向汉朝递交国书，请求以外甥女婿的身份入朝省亲，汉宣帝欣然许可。元康元年（前65），绛宾夫妻带着礼物高高兴兴来到汉朝京师走亲访友，游历山川，住了一年多。汉宣帝赐予他俩印绶，赐予弟史汉家公主的称号，见弟史喜欢中原鼓乐，又加赐了一支数十人的管弦乐队，以及绫罗绸缎、奇珍异宝等。

在龟兹王夫妻不得不离开汉朝的时候，他们的生活习惯已经改变了，汉朝的风土人情深深地烙在他们的心里。回到龟兹后，他们仿照汉宫建造和装修宫

像龟兹国一样，当时西域其他国家的王公贵族羁留在汉朝京师的人也不少，他们都是仰慕汉文化而在中原流连忘返的。在与汉人杂居的过程中，他们逐渐适应了汉人的生活方式，他们原来的生活方式也被融进了汉人的生活中。

>>>**寻踪觅迹**

新疆库车县 龟兹文化发祥地，是古代西域重要的政治中心和佛教传播中心，有"西域乐都"和"歌舞之乡"的美称。古龟兹六大石窟库车就有四个：库木吐拉石窟、森木塞姆石窟、克孜尔尕哈石窟、玛扎伯哈石窟。还有汉代克孜尔尕哈烽火台、龟兹古城、苏巴什古城等古迹，建有龟兹博物馆。

94. 宝马引起的战争

汉武帝时，在通西域的过程中发生了一个重大事件，即太初年间征大宛。据《史记·大宛列传》记载，汉朝使者出使西域回来，向武帝报告说大宛有一种宝马，藏在贰师城（今吉尔吉斯斯坦境内），不肯献给汉朝。汉武帝听说后心中不悦，就让壮士车令等人带上千金和一匹纯黄金制作的金马出使大宛，想以重礼换回几匹宝马。

车令见到大宛国王，说明来意，大宛国王没有马上拒绝，而是与大臣们商讨对策。他们觉得，汉朝每次出使大宛，途中人马都死亡过半，可见汉朝离大宛很远，估计不会发兵来攻打。养在贰师城的马是国宝，不能随便送人。车令听了大宛国王的决定很不高兴，当场口出恶言，将金马用长枪扎破后扬长而去。车令的行为激怒了大宛国君臣，他们派出军队把车令一行杀死，并取走了使团的财物。

这件事让汉武帝极为愤怒，就委任李广利为贰师将军，配给训练有素的六千骑兵和几万临时征召的无赖小子，攻打大宛。然而沿途的小国都守城不出，

照夜白图

唐朝韩干作。"照夜白"是唐玄宗李隆基的坐骑，是宁远国王献给玄宗的。唐玄宗时，大宛与唐关系密切。天宝三年（744），唐改大宛为宁远，将义和公主嫁宁远国王为妻。这种原产于大宛国的马又被称为"汗血马"或"天马"。美国纽约大都会博物馆藏。

鎏金马

陕西茂陵西汉平阳公主墓附近出土，是以西汉时大宛国的汗血马为原型制作的。茂陵博物馆藏。

也不给汉军提供军粮，李广利只好命令军队一路攻城，伤亡十分惨重，到达大宛郁成城（今乌兹别克斯坦境）的时候，只剩下几千人马。攻打郁成，汉军又大败，死伤甚多，李广利只好引兵而还，退回到敦煌的时候，所剩兵力已不到出发时的十之一二。李广利送信给汉武帝，说大宛路途太远，缺少粮草，士兵不怕打仗却怕饥饿，人少不足以拔去大宛，希望暂且罢兵。汉武帝大怒，派使者到玉门关对李广利说，他的军队如果敢入关，一律杀无赦！李广利只好停留在敦煌，第一次征伐大宛以失败告终。

汉朝大臣们也议论，希望能暂时放下远征大宛的计划，全力攻打匈奴。汉武帝认为如果连大宛这样的小国都攻不下，其他国家就会轻视汉朝。不久，汉武帝给李广利增兵，让他再次发兵西进讨伐大宛。由于兵力强大了，沿途小国不敢不欢迎，并提供军粮。三万汉军兵临大宛城下，出城迎战的大宛兵被迅速击溃，退回城中死守。李广利下令断了城里的水源，一连围城40多天。大宛贵族们商议杀了国王，献出宝马，换取汉军退兵。他们派人与李广利谈判，说只要汉军放弃攻打大宛城，就允许汉军随意挑选贰师城的宝马，否则将杀掉所有的宝马，而且康居国（在今巴尔喀什湖和咸海之间）的救兵就快到了，到时将形成夹击之势。李广利知道形势随时有可能对汉军不利，于是停止攻城，逼迫大宛接受城下之盟。汉军挑选了几十匹上等的大宛宝马和中马3000余匹，胜利班师，李广利有功被封为西海侯。

在古代中国，农业民族与草原民族之间的交流，马也是一个特殊的中介！

>>>阅读指南

《史记·大宛列传》。

侯丕勋：《汗血宝马研究》。甘肃文化出版社，2006年1月。

>>>寻踪觅迹

轮台古城遗址 位于新疆轮台县大道南乡，是汉代西域仑头国都城遗址，被李广利征大宛时焚毁。附近还有西汉建立的校尉城卓尔库特古城遗址。

悬泉置遗址 位于甘肃敦煌郊区。置，相当于后世的驿站，是李广利征大宛胜利后西汉设立的专事传递公文、邮件并接待过往官差、使节、军队的重要机构，历经西汉、东汉至魏晋，延续近400年之久。附近的贰师泉传说因贰师将军李广利用剑刺成流而得名。

95. 张骞出使西域

西汉初期，匈奴控制了西域许多国家，其中大月氏被匈奴人从水草丰美的祁连山下驱逐西去，国王被杀，头盖骨被匈奴单于做成酒杯喝酒。

汉武帝听说之后，认为这是联合大月氏对抗匈奴的好机会，就在全国招募勇士去遥远的西域寻找大月氏。建元二年（前139），张骞应征带着一百多人踏上了前途未卜的路程。他们刚出陇西（今甘肃临洮）不久，就被匈奴人抓住了，被扣留在匈奴十年之久，张骞还在那里娶妻生了孩子。张骞没有忘记自己的使命，始终不失汉节，终于找到机会带着妻子

逃跑了。他们向西奔走了数十天，越过葱岭到了大宛国。大宛国王早就听说了汉朝的富庶，见汉使来了，非常高兴，热情地款待了他们，还派人护送他们到康居，又由康居王遣人转送至大月氏。

张骞没有想到的是，经过几十年的休养，大月氏已经在远离汉廷的伊犁河流域定居下来，不想再打仗了。张骞在大月氏逗留了一段时间，无论怎么劝都没有办法打动大月氏女王，只得班师回朝。吸取了来时的教训，张骞特意选了另一条路，沿今塔里木盆地南边和柴达木盆地，想从羌人地区绕道回朝，以避开匈奴。谁知这一带也是匈奴的势力范围，张骞等人再次被捉。

一年后的元朔三年（前126），匈奴内乱，张骞才得以逃回长安，此时距他离开已经13年过去了，出发时100多人，回来时仅剩下两个人！

汉武帝惊讶不已，听说张骞的经历

敦煌莫高窟第323窟张骞出使西域壁画（初唐）

>>>阅读指南

周国汉：《张骞大传》。宁夏人民出版社，2007年4月。

北京大陆桥文化传媒：《丝绸之路》。中国青年出版社，2008年6月。

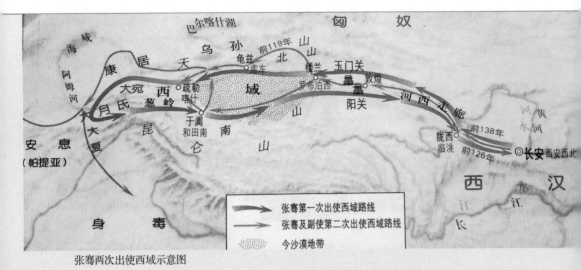

张骞两次出使西域示意图

后又敬佩不已，封他为太中大夫。根据张骞的报告，汉武帝了解到西域各国物产丰富，以及渴望与汉朝建交的心情，也了解到可从西南经蜀地到达西域，于是制定了通西域和开发西南夷的策略，并命张骞去犍为郡（今四川宜宾）主持其事。

张骞曾直接参加了对匈奴的战争，在通往西域道路上的匈奴势力被清除之后，西汉开始经略西域。公元前119年，张骞第二次出使西域。这次他带了300多人，还有大量的牛羊和金银丝帛，直接目的是联络乌孙，断匈奴的"右臂"。在乌孙期间，张骞还派人访问大月氏、大宛、康居、安息、身毒、于阗等国。由于乌孙内部分裂，意见不统一，加上离汉朝较远，臣服匈奴较久，多数大臣不愿意与匈奴开战，尽管汉朝提出和亲，却没有得到应允。

张骞两次出使西域虽然都没有达到预期目的，却也让西域各国见识并了解到了汉朝的富足，许多国家派使节沿着他走过的路线来到长安，开始与汉朝正式往来。这条沟通欧亚两大洲的陆上通道后来被称为"丝绸之路"，通过它，中国精美的丝绸和古代先进的科学技术传往西方，西域的土产如苜蓿、葡萄、核桃、石榴、芝麻、蚕豆、黄瓜、大蒜、胡萝卜等传入中国，有力地促进了东西方的经济文化交流，张骞的贡献也被载入史册。

>>>寻踪觅迹
张骞纪念馆 位于陕西城固县博望镇张骞故里，有张骞墓等相关人文景观。新疆疏勒县也建有张骞纪念馆。

丝绸之路博物馆 以新疆乌鲁木齐和甘肃酒泉两馆规模较大，收藏了来自世界各地有关古代丝路不同历史时期的文物，展现了丝绸之路的演变和丝路文化发展的脉络。

96. 西域都护府

西域能否与中原王朝保持紧密、稳定的政治认同关系，西域都护府起到了重要的作用。西域都护府的设置是在汉宣帝时期，以骑都尉、谏大夫为首，管理西域36国。都护府监察乌孙等国的动静，并决定如何应对，如果有变，能安抚的就安抚，否则就用武力解决。从设置西域都护府直至西汉末年，匈奴一直向西汉称臣，成为汉的藩邦。

西汉对西域进行了六七十年比较稳定的统治，鼎盛时期是汉哀帝和汉平帝时（公元前6~公元5），这时的西域都护府管辖着50个国家，被授予汉朝印章和绶带的大小官员达376人。汉朝对西域的统治与中原的郡县制有很大区别，郡县是由朝廷直接管辖，而西域都护府是通过西域各国原有的政权机构进行间接统治。汉朝保留臣服的西域各国的统治制度，对其统治者进行委任和封爵，实际上是一种羁縻与直接统治相结合的方式。

在这段相对和平的时期，西汉与西域之间发生了几个重要事件。一是莎车国因王位继承问题背叛汉朝，汉朝联合西域其他国家平叛。二是汉朝接连把细君和解忧两位公主嫁给乌孙王，后来乌孙由于继承人问题发生动乱，汉朝用

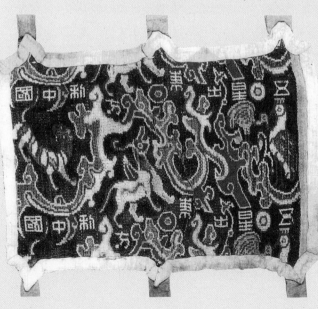

"五星出东方利中国"织锦护膊
新疆民丰县尼雅遗址出土。这是一块记载占卜结果的织锦，是研究中原王朝与西域古国关系的珍贵资料，有专家推测可能是戍边屯田的汉军留下的。"五星"指的是金、木、水、火、土五大行星。新疆维吾尔自治区博物馆藏。

5000兵马护送解忧公主之子元贵靡继位为大乌孙王。三是匈奴内部纷争，五个单于争夺王位，分裂为南、北两部分，北匈奴郅支单于在康居自立为王，迫使大宛等国纳贡，汉朝认为郅支单于是西域的威胁，让西域都护府发兵四万灭了郅支。这件事对西域的影响很大，各国纷纷表示臣服，南匈奴呼韩邪单于率众归附汉朝，还娶了汉朝宫女王嫱（昭君）为妻，此后，汉与匈奴40余年无战事。西汉西域都护府治所在乌垒城（今新疆轮台县），历任都护18人，其中立传可考的有10人。都护由皇帝亲自任命，一般三年一替，从未间断。

东汉时期，西域都护府曾几度废置。先是西汉末年，中原陷入混乱，匈奴乘虚而入，西域都护府废置。西域各国曾多次要求东汉王朝恢复都护管辖，莎车、鄯善、车师、焉耆等18国还派人到洛阳请求复置都护，但东汉光武帝刘秀因

>>>阅读指南
宋超：《汉文化丛书之四·昭宣时代》。陕西人民出版社，2008年7月。
李大龙：《都护制度研究》。黑龙江教育出版社，2003年11月。

"天下初定"、"匈奴未服"而没有允诺。永平十六年（73），汉明帝命窦固北征匈奴，与内地断绝了50年的西域一度复通，但仅两年即罢，班超出使西域的故事就发生在这一时期。

班超是东汉著名的军事家和外交家。他随窦固出征攻打匈奴，受到赏识，派遣他出使西域各国。班超到了鄯善，国王先是非常恭敬周到，不久却变得疏忽怠慢起来。班超猜测一定是匈奴使者来了，国王正左右为难。班超问服侍他的鄯善人："匈奴使者来好些天了，住在哪里？"侍者只好道出实情。晚上，班超带领随从袭击了匈奴使者的住地，斩杀了

"延年益寿大宜子孙"锦鸡鸣枕
新疆民丰县尼雅遗址出土。极尽奢华的丝绸锦绣，说明它是东汉朝廷给尼雅王族的赏赐品。新疆维吾尔自治区博物馆藏。

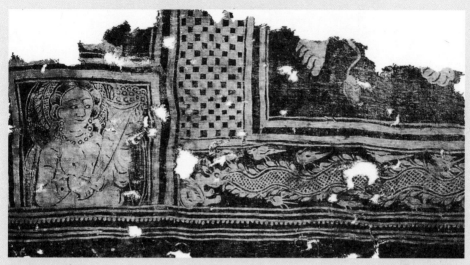

蜡染蓝白印花棉布

东汉。新疆民丰县尼雅遗址出土，是我国迄今所见的最早棉织物。新疆维吾尔自治区博物馆藏。

匈奴使者及其随从。第二天，班超对鄯善王晓之以理并进行安抚，鄯善国降服。窦固十分高兴，上书朝廷为班超请功，汉明帝派班超再次出使西域，使于阗、疏勒恢复了与汉朝的友好关系。

不久，西域再次陷入动乱，朝廷下诏命班超回国，疏勒举国忧恐，于阗国王和百姓都放声大哭，不少人抱住班超的马腿苦苦挽留。班超毅然决定留下，率疏勒等国士兵一万多人保境安民。他还娶了疏勒王室之女为妻，他们的儿子班勇后来也是一位出色的将领。

建初五年（80），班超上书给汉章帝，提出平定西域的主张，得到了朝廷的授命和援兵。经过十多年的艰苦奋战，西域 50 多国归附东汉。

东汉完全恢复了对西域的管辖，重置西域都护府，治所迁至龟兹乾城（今新疆新和县）。班超被任命为都护，任职长达 11 年，当他告老还乡的时候，已在西域待了整整 31 年。

东汉永初元年（107），西域都护府彻底罢置，此后以长史行都护之职。

汉西域都护府加强了西域与内地的政治、经济和文化联系，对统一多民族国家的形成和巩固，有着深远的影响。

>>>寻踪觅迹

新疆轮台县 西汉西域都护府故地，有西域都护府故城及烽燧遗址、西域都护府历史博物馆和仿建的西域都护府建筑等相关古迹。

盘橐（tuó）城 位于新疆喀什市东南，是西域 36 国之一疏勒国的宫城遗址，也是东汉名将班超驻守 17 年之久的城堡遗址。

97. 质子与从征

有翼天使
新疆若羌县米兰遗址佛寺壁画，1906年被英国探险家斯坦因盗去。米兰故城即汉代楼兰国伊循城，汉兵曾在这里屯垦戍边。

与西汉对西域各国实施的属国政策联系在一起的，是质子、从征等一系列必要条件和附属政策。

质子，就是把王室的继承人作为人质，送到宗主国，以表示诚意并寻求庇护的做法。这种做法春秋战国时期屡见

不鲜，西汉"炒冷饭"的用意无非也是如此。西域各国情况复杂，不仅与匈奴有各种形式的往来，各民族间还时常发生矛盾、攻伐、仇杀等，无论是西汉还是西域各国，要想得到对方的信任与合作，一些"抵押"是必不可少的。不同的是，西汉这边往往是嫁女，西域各国则多以子为质，最早使用质子政策的是楼兰国。

汉武帝派张骞出使大月氏缔结攻守同盟失败后，派遣大军讨伐远方的大宛国，又多次遣使出使西域诸国。楼兰地处汉朝与西域诸国交通要冲，成了汉军与汉使的必经之地和补给站，由于不堪

人头马身武士纹缂毛壁挂

汉代。新疆洛浦县古于阗国墓葬出土，新疆维吾尔自治区博物馆藏。

重负，楼兰便杀害汉使，并且在汉朝与匈奴间玩弄两面派政策。汉武帝派兵讨伐楼兰，元封三年（前108），楼兰降汉，楼兰王子被送至汉朝当人质。匈奴知道后非常恼怒，也发兵攻打楼兰，楼兰只好也给匈奴送去一个王子，表示在匈、汉间严守中立。

此后，在汉军攻打匈奴的一个属国时，楼兰王通匈奴，在国内屯驻匈奴伏兵，激怒了西汉朝廷。汉武帝再次派兵讨伐楼兰，直逼楼兰首府扜（qiān）泥城（今新疆楼兰遗址）。楼兰王大恐，立即打开城门谢罪，西汉就让楼兰监视匈奴的动静。

公元前92年，楼兰王死去，招在汉朝做人质的王子回去继位。王子非常悲痛，不愿轻易回国，他的弟弟就继承了王位。新国王不久也死了，匈奴趁机让在自己国家做人质的前王子继承了楼兰王位。汉武帝得到消息大吃一惊，迅速派使者去劝诱楼兰新国王来西汉朝廷，想把他扣为人质，但没能成功。此后两三年，汉朝与匈奴没有发生重大事件，表面上非常安定。

楼兰国境接近玉门关，汉使前往西域各国，要经过楼兰境内名为白龙堆的沙漠。沙漠中经常有风将流沙卷向空中，形状如龙，致使行人迷失方向。汉朝不断命令楼兰提供向导和饮用水，因汉使屡次虐待向导，导致楼兰拒绝服从命令，双方关系恶化。汉武帝最终派刺客暗杀了楼兰新国王，并为在汉廷做人质的楼兰王子婚配一位美姬，然后送他回国继承王位。汉武帝以保护国王的名义，派军队驻屯楼兰，为讨伐匈奴和西域各国取得主动权。从这时候开始，大宛、危须、于阗、尉犁等国都先后送质子入汉廷。

>>>阅读指南

林梅村：《寻找楼兰王国》。北京大学出版社，2009年6月。

文裁缝：《绝版古国——神秘消失的古王国》。九州出版社，2009年5月。

鹰嘴龙身怪兽搏虎金牌饰
西汉。新疆吐鲁番交河故城
车师国贵族墓葬出土，新疆
维吾尔自治区博物馆藏。

从征，就是出兵助战。天汉二年（前99）、征和四年（前89），西汉两次出击车师国，西域各国发兵助战，援兵达数万人。

和楼兰一样，西域各国也是西汉使者和军队的补给站。征和四年，汉军四万骑兵进击匈奴，途经车师北，令军中楼兰、尉犁、危须等西域六国士兵进攻车师，以扫除大军前进的障碍。六国士兵将车师团团包围，车师投降，臣服西汉。

对于属国的管理，西汉制定了相关的政策：确定臣属关系，由汉朝发给其国王印绶作为证明；西汉有权在属国设置官吏，官职或由属国人担任，或派遣汉官担任；对于属国的"背叛"行为，汉朝有权讨伐；西汉对于属国有保护责任，当他们遭受侵略或有其他困难时，西汉应予救援。

质子与从征政策使西汉的羁縻制度更加完善和规范，也加强了少数民族对中原王朝的政治认同感。

毡帽
新疆若羌县古楼兰国小河墓地出土，新疆维吾尔自治区博物馆藏。

>>>寻踪觅迹
　　新疆若羌县　楼兰国故地，中国县域面积第一大县，有楼兰故城、米兰古城、小河墓地、瓦石峡古城、太阳墓等相关重要古迹。

98. 羌笛百音

夏、商的西戎牧羊人——羌人，历经西周及春秋战国，到秦汉时发展成结构复杂、勇猛好战的族群集团，重要的有白马、参狼、烧当等 25 个名字极具个性的族群，号称"羌笛百音"。

羌人的祖先名叫无弋爰（yuán）剑，秦厉公时被秦抓了沦为奴隶，后来逃出，被秦人追捕时藏在山洞中。秦人放火烧山时好像看见有一只老虎为无弋爰剑遮挡烟火，使他得以不死。羌人各族群见无弋爰剑被焚而不死，以为他有神助，就推他为酋领。无弋爰剑教羌人种田放牧，过定居的生活，归附他的人越来越多。

>>>阅读指南

耿少将：《羌族通史》。上海人民出版社，2010 年 4 月。

王文光、龙晓燕、陈斌：《中国西南民族关系史》。中国社会科学出版社，2005 年 3 月。

羌人集团不立君长，强则为"酋豪"，不仅是族群的管理者，可以世袭，还是族群内的富有者，也是有血缘关系的家长和家族长。羌人的社会结构很不稳定，往往以父母之姓作为族群的称呼，兄弟之间自立门户，并不统一在一个族群内。传说无弋爰剑的曾孙忍和舞娶有多个妻子，子嗣也多。忍有 9 个儿子，后来就分为 9 个族群；舞有 17 个儿子，后来就分为 17 个族群。

除了以强健的父母或祖先之姓为名号外，羌人还喜欢以生活中的事物命名，比如牦牛、白马等。不同的羌族族群占据不同的领地，相互之间为争夺土地、财产、

四面铜人

青海湟源县大华中庄卡约文化墓葬群出土。为铜铸杖首，一人伸腿而坐，左右臂至胯部各铸一面，双脚铸一面。人像留发而无冠，隆鼻大眼，神态或威而不露，或远眺沉思，或含笑说教。联系古籍中所说"黄帝四面"，中华民族的祖先给我们更多的遐想。青海省博物馆藏。

羌笛

羌族古老的单簧双管竖吹乐器，其制作和演奏
技艺被列入国家级非物质文化遗产名录。

卡约文化彩陶器

卡约文化主要分布在青海境内的黄河上
游及其支流湟水流域，是古羌人的文化
遗存，上限距今 3000 年左右，因首先
发现于青海湟中县卡约村而得名。

部众或为血亲复仇经常发生械斗，并形
成"以战死为吉利，病死为不祥"的勇
猛性格。由于耻于病死，每当生病时，
他们就用刀自刺给自己放血。

在对外关系中，如果遇到强敌或异
族压迫，不同的羌人族群会放下仇恨，
结成暂时的军事联盟。结盟通常以联姻
为媒介，结盟的各族群没有相互隶属
关系，各自独立，以自己的利益为行
动指南。

从先秦到汉，羌人虽汉化很深，但
仍保留自己的文化特点。比如在婚姻中
存在转房婚，实行姑表舅优先婚，婚前
恋爱自由，婚后女子则必须忠贞于丈
夫。在丧葬方面，羌人既有土葬，更喜
火葬，这在少数民族中是比较特殊的，
考古学家多以火葬作为古代羌族文化的
一个重要标志。

彩陶鹿羊纹壶

卡约文化。青海湟中县出土。

>>>寻踪觅迹

　　青海湟中县　古代西戎羌地，有众多
卡约文化、西羌文化遗址，县博物馆收藏
有该县卡约村出土的彩陶。青海省博物馆
也收藏众多卡约文化遗物。

　　四川汶川县　羌族聚居区之一，有丰
富的禹、羌文化等人文景观，还是羌绣之
乡。2008 年汶川大地震造成羌族文化遗产
损失惨重，重振雄风值得期待。

99. 先零羌与西汉军屯

先零羌是古代羌人部落之一，西汉时成为羌族中最强大的部落联盟。汉武帝打败匈奴，取得河西之地，也占领了羌族居住的部分地区，导致与羌关系紧张。

元鼎五年（前112），先零羌与其他族群结成联盟，并与匈奴联手，合兵十万，进攻今甘肃一带。西汉也发兵十万讨平了羌人，并设置护羌校尉，作为统辖青海、甘肃地区羌人事务、民政和军务的最高军政机构。这样，羌人被迫离开了原住地（今青海湟中），来到西海（今青海湖）和盐池（今茶卡盐湖）一带。西汉很快就从中原迁徙汉民到羌人空出来的肥沃之地"填空"。湟中之地自然条件优越，很适于农牧，而西海和盐池由于地势较高，比较寒冷，不适于农耕，只能畜牧，羌民很不甘心。

元康三年（前63），汉宣帝派光禄大夫义渠安国巡视羌族部落。先零羌首领请求朝廷允许他们渡过湟水（黄河上游支流）游牧，遭到拒绝。先零羌联合本族各部落，强渡湟水，占据了汉朝边郡地区。200多位羌族部落酋长会盟，订立攻守同盟，还派使者向匈奴借兵，企图切断汉朝通往西域的交通线。

听到这一消息，汉宣帝召见营平侯

彩陶三角纹双耳罐

齐家文化。青海大通县上孙家寨出土。齐家文化距今约4000年，首先发现于甘肃广河县齐家坪，分布地域跨甘、青、宁、陕、内蒙古五省区，是古羌戎的文化遗存，双耳罐是羌族文化的代表性器物之一。

赵充国商量对策。赵充国认为羌人与匈奴勾结在一起，秋天马肥时必会发动进攻，建议立即派人检阅边防军队，做好战备工作，同时派人去离间羌族各部落，于是汉宣帝派义渠安国出使羌区。

义渠安国到达后，召集了40多位羌族酋长，谴责他们图谋不轨，把他们全部处斩，还纵兵掠杀羌族1000多人，导致诸羌怨怒。先零羌首领会同各部羌兵围攻义渠安国，并进攻西汉边城，诛杀官吏。

神爵元年（前61）春，汉宣帝派赵充国率领一万多骑兵渡过黄河平叛。大军进驻西部都尉府（今青海海晏县），并未立即出战，而是每天设宴摆酒犒劳将士，无论羌兵怎样挑战，都不理睬。赵充国按兵不动是有长远战略意图的。他知道，在羌族各部落中，先零羌最为顽固，一些弱小的部落都是在先零羌胁迫下才与汉朝为敌的。先零部谋反之初，罕、开部首领曾派人来见西部都尉，陈述其本不愿反的立场，遭到扣留。赵充国下令释放使者并告诫说："我们只杀有罪的人。我放你回去，希望转告各部，速与叛乱者断绝关系，以免自取灭亡。现在天子有诏，对于参与反叛而能自首的人，或者协助官军逮捕、斩杀叛匪的人，都一律免罪。"使者当即表示唯命是从。赵充国的策略是以攻心为上，通过安抚的办法分化瓦解敌人，打破其部落间的联盟，等到只剩少数顽固分子时再出兵歼灭。

但是，汉宣帝和大多数朝廷官员都反对赵充国的做法。他们认为先零部之所以兵势强盛，是由于得到了罕、开等

彩陶三立犬带盖方鼎
四坝文化。距今约4000年，是古羌人的文化遗存，因最早发现于甘肃山丹县四坝滩而得名。甘肃省博物馆藏。

部的帮助，不先攻击罕、开部，就无法对付先零部。汉宣帝听了大臣们的吵闹之后，下诏遣责赵充国，同时任命其他破羌将军率兵征讨罕、开羌人，而且要求速战速决。赵充国认为将在外君命有所不受，根据实际情况坚持自己的正确主张是对皇帝、对国家尽忠，于是上书陈述得失利弊，他实事求是、辞恳意切，终于说服了汉宣帝。

不久，赵充国引兵突然来到先零羌占据的地区，先零羌猝不及防，丢下辎重物资，争先抢渡湟水。由于路窄人多，乱作一团。按理说这正是歼敌的大好时机，众将也建议给羌军一个秋风扫落叶般的打击。赵充国却说："此乃穷寇，不宜追击。"结果，先零羌除淹死、被杀和投降的几百人外，七八千人的主力都安全地渡过了湟水。赵充国又带兵来到罕、

>>>阅读指南
赵云田：《中国治边机构史》。中国藏学出版社，2002年1月。
蒲坚：《中国历代土地资源法制研究》。北京大学出版社，2006年1月。

彩陶双耳罐

辛店文化。距今约 3000 年，也是古羌人的文化遗存，最早发现于甘肃临洮县辛店遗址。

开地区，严令士兵不准侵扰，羌人部落首领觉得汉兵果然笃守信义，表示愿意听从约束。

先零羌主力屯集在湟水以西，时刻有卷土重来的可能。为了确保边防安全，赵充国向皇帝上奏"屯田之策"，即撤退骑兵，留一万步兵在边郡屯驻，从事农垦，以农养兵，以兵护农，兵农一体，安边自给。

这一建议又遭到多数朝臣的反对。汉宣帝派来破羌将军辛武贤，命令他俩合兵一处进攻先零羌。赵充国的儿子中郎将赵昂劝父亲放弃自己的主张，执行皇帝的旨意。赵充国再次向皇帝呈上了关于屯田守边的奏章，具体陈述了屯田的 12 条好处，归纳起来，有三个方面：政治上，"万人留兵屯田以为武备"，可以产生震慑敌人的重大影响，同时可减轻劳役，使百姓获得喘息的机会；经济上，屯田士兵生产的粮食可以自给自足，节省国家巨大的开支，不仅不用朝廷"千里馈粮"，还可以有剩余粮食输入国库；军事上，以往由于供给不足，北部边陲 5000 多千米的防线上只有几千将士，现留一万步兵屯田，有效地增强了边防力量，"势及并力，以逸待劳"，可以随时抵御外族袭扰。总之，留兵屯田，既可以不花钱，又可以防备敌人，是个不必作战就能取胜的计策。

为坚持屯田之策，赵充国三次上书皇帝。每次他的奏章送到朝廷，皇帝都要召集群臣讨论，表示赞同的人第一次不足十分之三，第二次达到一半，第三次则有十分之八，这样汉宣帝终于批准了赵充国的屯田之策。

对于大臣们进击羌人的主张，汉宣帝也予以批准，两策并用。当年秋天，五万多羌军被打败，先零羌首领杨玉被部下杀死，其部属四千多人全部归降汉军。

以先零羌为首的羌族和汉朝打打杀杀的结果是羌族成为西汉治下的一个民族，屯田政策加快了河湟地区的开发和繁荣，也加快了民族的融合。

>>>寻踪觅迹

赵充国陵园 位于赵充国故里甘肃清水县，始建于汉代，有祭田、祭殿、勒石刻碑等文物。清水是古代中原与西北的要冲，有"关中屏障"之称，有众多秦汉时代遗址和景观。

青海海晏县 湟水源头，古为羌地。西汉末年在此设置西海郡，古城遗址犹存，俗称"三角城"。

100. "人面鱼身"的氐族

古书《山海经》中的氐国人形象

在《山海经·海内南经》中，氐族被描绘成"人面鱼身、无足"，说明氐人应该是以鱼为图腾的民族。

氐族最早居住在中国西北一带，部落众多。由于与羌族相邻又杂居共处，先秦人统称之为氐羌或单称为氐。氐族的自称是"盍（hé）稚"。

关于氐族的起源，有氐羌同源、氐羌同源异流、氐羌不同说等多种观点。还有人附会神话人物刑天为传说中的氐族首领。相传刑天为炎帝近臣，炎帝在阪泉败于黄帝，刑天不甘心，一个人手执利斧和盾牌找黄帝挑战，双方杀得天昏地暗。刑天终于不敌，被黄帝砍下头颅埋在常羊山里。刑天断了头，却仍不泯志，突然再次站起，把胸前的两个乳头当作一双眼睛，把肚脐当作嘴巴，握盾持斧战斗不止。由于没了头颅，他只能向着天空猛劈狠砍，永远与看不见的敌人厮杀。

从春秋战国至秦汉，氐人主要分布在今甘肃东南、陕西西南和四川西北交界处，汉代在氐族聚居区设有武都郡、陇西郡、阴平郡等，并置十三氐道。这时氐族处于汉、羌之间，或分别与两族杂居。这一居住和分布特点，决定了氐族与羌族既有联系又逐步扩大区别，成为独立的一支，与汉族的关系反而较羌

>>>阅读指南

马长寿：《氐与羌》。广西师范大学出版社，2006 年 5 月。

蒋志华：《中国世界部落文化》。时事出版社，2007 年 3 月。

鲵鱼纹彩陶瓶

仰韶文化。甘肃甘谷县出土。纹样的头部是人面，颌（hé）部有须，身上披鳞。在氐族故地出土的这一"人面鱼身"形象给我们多少遐想！甘肃省博物馆藏。

马鞍口双耳红陶罐

寺洼文化的代表器型。甘肃平凉市出土。寺洼文化因最初发现于甘肃临洮县寺洼山而得名，其年代大致从商朝末年延续到春秋时期，有专家认为它是氐羌人的文化遗存。甘肃省博物馆藏。

族密切，接受汉族文化较早、较深。

氐人有固定的姓氏，这点与汉族相似。他们的婚姻要备齐"六礼"，即纳采、问名、纳吉、纳征、请期、亲迎。他们大多通晓汉语，也学习汉族文化，懂得书、经之类。氐族各部落有头人，称侯或王，接受汉朝的封赏。

中原汉人常称氐族为青氐或白氐，这是因为氐人喜欢穿蓝紫色的衣服。古代的青色实际上是指今天的蓝偏紫色。氐人多数种麻，出产生漆、胡椒、蜂蜜、蜡和铜、铁等。他们以农耕为主，兼养牛、马、猪、羊等家畜，织染技巧纯熟。

汉末军阀混战，氐人也形成较大的政治势力，出现了氐王。他们有的依附军阀，成为影响局势的力量之一。王莽

篡汉时，氐人参与反叛汉朝。黄巾起义发生时，氐人也参加了凉州各族人民大起义。凉州各族起义的领导人韩遂后来堕落成军阀，在关陇地区从事军事活动达30多年，也是依赖氐族始终不渝的支持。氐族以"参与"的方式，逐渐壮大了自己的力量。

>>>寻踪觅迹

马家窑文化彩陶　马家窑文化是黄河上游地区新石器时代晚期文化，距今年代四五千年，因最先发现于甘肃临洮县马家窑村而得名，主要分布在甘肃和青海东北部、宁夏南部一带。它是由古代戎、羌、氐族系祖先创造的，彩陶成就尤为突出。甘肃省博物馆、兰州市博物馆、青海省博物馆、青海柳湾彩陶博物馆等均有收藏。

101. 朝鲜因水得名

麦秀渐渐兮，

禾黍油油。

彼狡僮兮，

不与我好兮！

这首《麦秀之诗》为古朝鲜王箕子所作。箕子是商纣王的叔父，传说商朝灭亡后，他率领5000商朝遗民东迁来到今辽东半岛东部和朝鲜半岛的北部，被

那里的人民推举为国君，并得到周武王的分封，史称"箕子朝鲜"。箕子曾经回到周朝国都朝见过周武王。当经过殷商故地，看到过去华丽的宫殿成为废墟、禾黍丛生时，箕子十分伤心，写了上面这首诗，诗中的"狡僮"指的就是不听忠告的商纣王。商朝遗民听到这首诗后，都感伤不已，痛哭流涕。

箕子带去了殷商先进的文化，以礼义教化人民，并教以耕织技术，还制定了八条法律，将朝鲜治理成路不拾遗、夜不闭户、妇女贞节的国邦。

箕子朝鲜传世41代，维持了约900年的统治。从战国到秦末，燕、赵、齐等国的百姓为了躲避战乱，大批逃往朝鲜地区，有数万之多。这时的朝鲜王是箕子第40代后裔箕准，他将流民们安置在朝鲜半岛西部地区。

西汉初年，燕人卫满率领1000多部属来到朝鲜半岛，得到箕准的礼遇，封给西部方圆百里的地方。卫满利用封地为依托，不断积聚力量。公元前194年，卫满率军攻占了朝鲜王都王险城（今朝鲜平壤），灭亡了已经衰落的箕氏王朝，自立为王，史称"卫满朝鲜"。

此时正值西汉惠帝时期，天下初定，

西汉时期辽东半岛东部和朝鲜半岛北部郡治示意图（截自谭其骧主编《中国历史地图集》，中国地图出版社出版）

东汉彩箧漆画（局部）
彩箧为蜀都（今四川）制作，朝鲜乐浪郡故地出土。

经汉廷批准，辽东太守与卫满约定：卫满为汉朝藩属外臣，为汉朝保卫塞外，汉朝给卫满以兵力和物资上的支援。有了西汉的军事和经济支持，卫氏政权的势力迅速膨胀，领地扩大到方圆几千里。当卫满的孙子成为朝鲜王时，不但自己不再向汉朝通商朝贡，还阻碍邻近小国与汉朝通商朝贡，汉武帝派出使节前往劝谕也无效。汉武帝一气之下，发兵五万，于元封三年（前108）灭亡存在近90年的卫满朝鲜。

汉武帝灭了卫满朝鲜后，在其地先后设置了乐浪、临屯、玄菟和真番四郡，史称"汉四郡"。四郡之下设有很多县，郡县长官由汉朝派遣汉人担任，这样就将朝鲜半岛北部地区纳入了汉帝国的直接统治范围。汉昭帝始元五年（前82），将临屯、真番二郡并入乐浪、玄菟二郡，乐浪郡治所仍在今朝鲜平壤，玄菟郡治所初在今朝鲜咸兴，后迁往今辽宁新宾。之后的东汉和魏晋时期均保留乐浪郡和玄菟郡，只是区域和郡治有所变化，东汉末年在乐浪南部设立带方郡。

汉朝将朝鲜北部地区纳入郡县制管辖，大大促进了这一地区经济文化的发展。当时不仅有汉人官吏到朝鲜四郡去任职，更有很多富商大贾与农民前往经商、垦荒，朝鲜四郡已是一派汉文化景象。近年来在朝鲜半岛北部地区的考古中，发现包括城址、墓葬在内的汉四郡时期的大量遗迹，出土了大量汉朝的官印、器皿等文物，很多有铭文，考古学家称之为"乐浪文化"，其实就是汉文化。

必须强调的是，我们这里所说的古朝鲜国与当代国家朝鲜是不同的，古朝鲜地区包括今辽东半岛的东部和朝鲜半岛的北部，是历史上中国领土的一部分。当时朝鲜境内有湿水、洌水、汕水，三水合流于洌水。在古韵部上，"朝"与"潮"同音，"鲜"与"汕"同音，"朝鲜"的意思就是指三水潮涌，滔滔不绝，是因水而得名。

>>>阅读指南

　　杨军、王秋彬：《中国与朝鲜半岛关系史论》。社会科学文献出版社，2006年8月。

　　张碧波：《中国东北疆域研究》。黑龙江人民出版社，2006年1月。

>>>寻踪觅迹
　　乐浪郡遗址　位于朝鲜首都平壤市郊，发现有乐浪郡城遗址和2000余座汉墓，出土了大量文物，许多来自中国本土。
　　朝鲜平壤博物馆　收藏有汉四郡遗址出土文物等众多古代朝鲜文物。

102. 夫余在神话中登场

中国东北自古就是一个多民族的地区。秦汉时期，活跃在东北的民族得到了不同程度的发展，大体上可分为三个族群集团：东南部有濊貊、夫余、沃沮、高句丽等，西部有乌桓、鲜卑等，东北部有挹（yì）娄等。

关于夫余建国，有一个神奇的传说。据说在今天松嫩平原一带生活的濊族中有一个小小的索离国，有一次索离王出巡了一段时间，回宫后却发现一个侍女居然在这期间怀孕了，索离王一怒之下就想杀她。侍女向索离王求饶，说是有一个像鸡蛋那么大的气团从天而坠

"夫余率善佰长"铜印

晋代。内蒙古巴林左旗哈达英格乡石房子村出土。"率善"称谓始于汉晋，"佰长"属地方基层官职。此印是晋王朝颁发给夫余的印绶。巴林左旗博物馆藏。

使她有孕的。索离王将信将疑，就把侍女暂时关了起来。后来侍女生了一个男孩，索离王命人把他丢弃在猪圈里，结果猪哈气来给他保暖。索离王觉得奇怪，又把孩子丢弃在马厩里，马也哈气来救他。索离王以为真的是神灵降生，于是叫那个侍女好好抚养孩子，并给他起名叫东明。

东明长大之后勇猛善射，索离王害怕他有一天会威胁到自己，就派人去杀他。东明向南逃走，跑到一条河边，眼看没有路了。绝望中，东明用弓击打水面，一下子有很多鱼鳖浮了上来，组成了一座浮桥。当东明踩着这座"桥"安全到达对岸后，鱼鳖又散开了，索离王的追兵只能望河兴叹，再也追不上了。

错金银"丙午神钩"铜带钩
东汉。吉林榆树市刘家乡出土。是汉朝赐予夫余贵族的遗物。吉林省博物院藏。

公元前 2 世纪末，东明在今吉林省农安、扶余、长春为中心的广大地区，建立了夫余国，史称北夫余。汉时记载，夫余领土方圆 1000 千米，有 8 万余人，是汉魏之世东北地区盛极一时的大族和强国。

夫余土地肥沃，五谷皆宜，出产名马、赤玉、貂皮和珠宝。夫余人性格粗犷，爱好唱歌，无论生产还是生活，经常日夜歌声不断；喜欢白色，平时穿白布袍、裤，以金银器作为帽饰，以兽皮为鞋；重视丧葬，贵族葬礼常使用大量人殉，国王使用玉匣作为葬具。夫余国使用殷历，刑法残酷，一人死罪，往往祸及全家为奴。夫余村落中多有圆形护城栅，早期居半地穴式的木结构房屋，公元 1 世纪后（东汉时期）开始有宫室建筑。

汉四郡设立后，夫余归玄菟郡管辖，连夫余王用的印章也由汉廷发给。汉廷还送给每世夫余王死后殓葬用的玉匣，事先存放在玄菟郡，用时就来拿。

汉末，夫余由辽东郡管辖，三国时改臣曹魏，仍由玄菟郡节制。西晋建立后，夫余频频遣使向晋武帝朝贡。西晋太康六年（285），鲜卑慕容部进攻夫余，掠走夫余万余人，夫余王城破自杀。从此，元气大伤的夫余先后改属前秦和后燕，又被勿吉等族不断驱逐，终于在公元 5 世纪末被高句丽灭亡，其地为勿吉所据。

夫余在历史上存在了 600 多年。除了北夫余，史书中还记载有东夫余和南夫余。在汉昭帝始元元年（前 86）前后，夫余王解慕漱之子解夫娄率领一部分族人离开（北）夫余国，往东南方向迁徙到今吉林珲春至朝鲜半岛西北部之间，建立了一个新的政权，史称东夫余。南夫余为百济国的别称，为高句丽始祖朱蒙之子南迁至今朝鲜半岛汉江以南的西部地区所建，以扶余为姓，以示不忘本。

>>>阅读指南

黄斌、刘厚生：《夫余国史话》。远方出版社，2005 年 3 月。

李东：《夫余国研究》。吉林人民出版社，2006 年 1 月。

>>>寻踪觅迹

吉林市博物馆 收藏有当地古夫余国遗址（如帽儿山古墓群）出土的夫余文物。中国东北原夫余故地的各级博物馆均有相关文物。

103. 朱蒙神话

相传夫余国的国王解夫娄老而无子，便向山川祈祷，希望老天爷能赐给他一个儿子。有一天国王打猎归来，发现一个长得像金蛙似的孩子被压在石头底下，就把他抱回家，立为太子，名字就叫金蛙。

有一天，天帝的儿子解慕漱乘五龙车下凡到鸭绿江边打猎，看到龙王河伯神的三个女儿在那里洗澡玩耍，心生爱慕，就用鞭子在沙滩上"沙沙沙"勾勒几下，立刻建造了一幢富丽堂皇的铜质宫殿。解慕漱在内厅里摆满美味佳肴、玉液琼浆，勾引三个女孩入宫。当她们酒足饭饱玩得正高兴时，解慕漱飞也似的跑过去，拦住老大柳花。从此，他俩就经常会面，感情渐深，如胶似漆。

龙王河伯神知道后十分震怒，要与解慕漱比武，想以此来拆散两个年轻人。河伯神"扑通"一声跳进水里，变成一条鲤鱼游来游去；解慕漱也紧跟着跳进水里，变成一只水獭，紧追不舍。鲤鱼眼看就要被捉住了，赶紧浮出水面，变成一只鹿，往山坡上跑去；解慕漱摇身一变，成了一只豺狼，风一样追过去，张口就咬小鹿的尾巴。河伯神慌忙变成两只野鸡，"扑棱"一下飞上天空；解慕漱眉头一皱，一抖身变成一只老鹰，扑

狩猎人物图

元朝赵雍作。以高句丽国诞生神话为画题，描绘朱蒙随金蛙王狩猎，乘马遁去，水族助其渡河的情景。美国圣路易斯美术馆藏。

扇着翅膀飞过去，把野鸡捉住了。

龙王河伯神觉得解慕漱的确才智不凡，便答应了亲事，但又放心不下，怕解慕漱变心。河伯神把解慕漱灌醉，然后将柳花和他一起装进皮囊里，放在五龙车上，让他俩一起飞上天。可是还没等五龙车钻出水面，解慕漱便醒了，他拔出柳花的金簪往皮囊上打了个眼钻出去，扔下柳花自己飞上天去了。

柳花升不了天，只好哭丧着脸返回水宫。龙王河伯神责怪女儿败坏门风，将她的嘴唇拉长三尺，扔进长白山南侧的优渤水里，永远不让她回家。

后来，柳花被东夫余王金蛙搭救，养在后宫里。一天，一缕强烈的白光照在柳花身上，她神奇地怀孕了，但生下的竟是一个足有五升大的肉蛋。

金蛙王以为是不吉之兆，就让人把肉蛋扔给猪狗，可是猪狗都不吃；又把肉蛋丢弃在路上，牛马也都躲避它；再把肉蛋扔进深山沟里，一会儿飞禽走兽就围拢上来，守护着它。金蛙王叫人剖开肉蛋看个究竟，可就是剖不开，只好把这个神奇之物还给了柳花。柳花将肉蛋裹好，放在热炕头上。几天后，一个英俊的小男孩破壳而出，哭声特别响亮。孩子刚满月，竟能说话、走路，7岁便能制作弓矢，百发百中。当时夫余话称神弓手为"朱蒙"，于是就叫这孩子朱蒙。

金蛙王有七个儿子，没有一个比朱蒙有本事。有一天，金蛙王带着七个王子和朱蒙上山打猎，王子们及其随从只打了一只鹿，而朱蒙一个人就打了十多只鹿和狍子。王子们心生忌妒，把朱蒙绑在一棵大树上。朱蒙用尽全力，将大树连根拔起，拖着大树回了家。王子们千方百计想除掉朱蒙，但金蛙王知道他是老天爷赐给人间的，不能杀，就派朱蒙和奴隶们一起去放马。

善于骑射的夫余人
吉林集安高句丽墓壁画。

朱蒙到了马场，挑选一匹最好的骏马，往它的舌头底下扎进一根细针，使它一天天瘦下去，而把其他马喂得体壮膘肥、滚瓜溜圆。金蛙王不知道其中的秘密，就选了一匹肥马，而把最瘦的那匹马赏给了朱蒙。朱蒙立即把马舌下的细针拔出来，加草添料精心饲养，没过多久，这匹马很快就膘肥体健、活蹦乱跳了。金蛙王又领着王子和朱蒙进山打猎，突然有乱箭从四面八方向朱蒙射来，朱蒙知道王子们要加害他，便策马扬鞭，绕道回家禀告母亲。

>>>阅读指南
《后汉书·东夷传》。
《魏书·高句丽传》。
姜承哲：《中韩太阳神话比较研究》。
黑龙江人民出版社，2006 年 12 月。

柳花劝朱蒙赶快逃跑，到遥远的地方去施展宏图大略。朱蒙告别母亲，跨上骏马，带上乌伊等三个朋友，直奔南疆而去。朱蒙一行跑了很远，突然一条大江拦住了去路。朱蒙对着苍天喊道："我是天帝的孙子、河伯神的外孙，祈求苍天大江救我一命！"说完，朱蒙用鞭子猛击江水，霎时就有数不尽的龟鳖虾蟹浮出水面，架起了一座浮"桥"让他渡过。金蛙王的追兵上气不接下气地赶上"桥"，刚走了一半，鱼鳖虾蟹们一散，"桥"上的兵马统统摔到大江里淹死了。

朱蒙平安过江后，来到卒本川畔的纥升骨城，建立了高句丽国，做了第一代国王，后世称之为东明王。

>>>寻踪觅迹
五女山城 位于辽宁桓仁县，是史料中记载的高句丽第一座王城纥升骨城的部分遗址。公元前 37 年，夫余国王子朱蒙在此建国立都。
东明王陵 位于朝鲜平壤力浦区龙山里，是高句丽建国始祖东明王朱蒙的陵墓。东明王陵本来位于中国吉林集安市的国内城。公元 5 世纪初高句丽迁都平壤，东明王陵也迁至平壤，现陵为 1993年改建。

104. 同出一家的沃沮、濊貊与高句丽

高句（gōu）丽（lí），史书中也写作高句骊，简称句丽、句骊等，现在也叫高氏高丽。

公元前37年，夫余王子朱蒙因兄弟不和，在今辽宁新宾县境内另立国家，这就是高句丽，高句丽王族以"高"作为姓氏。高句丽初期都城为纥升骨城，即今辽宁桓仁县五女山城。公元3年，高句丽第二代王琉璃明王迁都于今吉林集安市境内的国内城，并在周围的山上建筑了尉那王城，后改称丸都山城，此后425年间，国内城一直是高句丽的政治、经济和文化中心。

高句丽人在建国前就已是汉朝版图内的居民，当时属玄菟郡高句丽县管辖。建国后，高句丽与汉廷建立了藩属关系，由汉朝颁发给印绶，对汉朝负有从征义务。西汉末年，王莽伐匈奴，曾调高句丽兵随征，激起高句丽人反叛，攻打并

高句丽莲花纹瓦当
吉林集安市出土，中国国家博物馆藏。

占领乐浪郡。东汉建立后，东北各族纷纷归附，高句丽也于建武八年（32）遣使朝贡。由于高句丽历世王都奉行扩展领地与掠夺人口、财物的方针，对东汉总是时叛时服，一旦有机可乘，即"寇钞"辽东郡、乐浪郡或出兵玄菟郡，遭到汉军打击后，又一次次"乞属玄菟郡"。由于东汉采取了较为温和的怀柔政策，双方大的冲突比较少。东汉对高句

鎏金鞍桥和鎏金马镫
高句丽时期。吉林集安市出土，中国国家博物馆藏。

>>>阅读指南

顾奎相主编：《东北古代民族研究论纲》。中国社会科学出版社，2007年7月。

孙玉良、孙文范：《简明高句丽史》。吉林人民出版社，2008年9月。

进食图
吉林集安市高句丽墓壁画。

丽最大的一次用兵是在汉末，辽东太守公孙氏为培植自己的势力，不仅攻破了高句丽的都城，还一举烧了它的邑落。

高句丽人骁勇善战，能歌善舞，喜欢依山而居，死后厚葬，以农业为主，兼营渔猎；深受汉文化影响，用汉字记事，儒、佛、道文化盛行，壁画艺术相当发达。高句丽创造的灿烂文化对东北亚地区古代文明的发展产生了重要影响。

高句丽与同时的夫余、沃沮（jǔ）和濊貊都属于同一个族系，风俗大致相同。沃沮既是族名，又是地名，分布在今中国吉林东部和朝鲜东北部，分为东沃沮（南沃沮）和北沃沮。西汉时沃沮先是归属玄菟郡，后来改属乐浪东部都尉，东汉光武帝时封沃沮侯。但是沃沮实在太小了，夹在大国之间，处处受朝鲜和高句丽控制。高句丽每每派人到沃沮，名为使者，实际是监督沃沮有没有按时缴纳貂皮、棉布、鱼、盐等各种产品，还广泛搜罗美女，给高句丽贵族当奴婢。

濊貊原属朝鲜的一部分，位于沃沮的南边，在今天朝鲜北部东边沿日本海的地区。汉武帝时，濊貊首领背叛朝鲜王右渠，率领全族28万人口投奔西汉，后被划属乐浪郡。

在同一个族系不同成员的角逐竞争中，高句丽脱颖而出，并对邻近同族系诸部采取兼并扩张政策，沃沮、濊貊和夫余等都被武力征服。在公元前1世纪至公元7世纪的700多年时间里，高句丽成为中国东北和朝鲜半岛地区一个强大的少数民族地方政权。

>>>寻踪觅迹

吉林集安市 作为高句丽都城长达425年，是中国高句丽文化遗产分布最集中的地区。集安高句丽王城、王陵及贵族墓葬已被列入世界文化遗产名录，有关高句丽的考古文物大多收藏在集安博物馆。

105. 挹娄的简朴亮相

陶钵
汉魏时期挹娄遗物。黑龙江宝清县炮台山古城出土。

从汉朝到三国，在东北亮相的还有一个叫挹（yì）娄的民族。挹娄在夫余东北部，活动范围在松花江下游、黑龙江和乌苏里江流域，东至日本海，北至今俄罗斯境内。

挹娄是由肃慎发展而来的。肃慎是古代居住在中国东北的民族。传说周武王时肃慎曾入贡自制的弓箭，周都洛邑（今河南洛阳）建成时，肃慎也前来庆贺，贡献了一种类似鹿的动物——大麈（zhǔ）。据说孔子周游列国的时候，有一只带箭的隼（sǔn）飞到陈侯的宫廷里死了，陈侯派人去请教孔子。孔子说：鹰来自远方，箭是肃慎氏的。陈侯让人到旧档案库里果然找到了肃慎的贡矢，与隼身上带的箭一模一样。这说明肃慎很早就已与中原有联系，是个善于制作弓箭并狩猎的民族。

战国之后，史书记载就只见挹娄而不见肃慎了，但到了三国和两晋时，肃慎之名又重新出现。史学家们对此虽然有不同看法，但挹娄与肃慎有密切的渊源关系是确定的。

挹娄所处的地方土地多，山势险，出产五谷、麻布，赤玉和貂皮驰名中原。他们通常住在土洞里，洞越深表明主人的身份越尊贵，首领的居处有九层梯子那么深。挹娄人喜欢养猪，爱吃猪肉，

>>>阅读指南
　　刘德诚、杨立伟：《崛起的原点——从肃慎、靺鞨到女真》。黑龙江人民出版社，2008 年 6 月。
　　张铁军：《北方草原游牧民族与中国历史》。华文出版社，2009 年 1 月。

石骨朵

又称权杖头，汉魏时期挹娄遗物。黑
龙江宝清县出土。

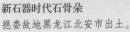

新石器时代石骨朵

挹娄故地黑龙江北安市出土。

用猪皮做衣服，冬天用猪油涂满全身御寒。挹娄民风骁勇强悍，善于制作箭和弩，灵活善射，由于近海，水上功夫也很了得。

挹娄与鼎盛时期的夫余为邻，后来又有高句丽兴起，这影响了挹娄与中原及邻近各族的关系。一方面，挹娄臣属于夫余和高句丽，被迫向它们缴纳繁重的赋税，双方经常发生冲突和战争；同时，凭着"便乘船"、"善射"的优势，挹娄对人少势弱的北沃沮进行肆无忌惮的"寇钞"，北沃沮人为了防备袭击，常常躲到深山岩穴中，冬天冰封河道后才敢返回村中居住。

为了与夫余以及正在兴起的高句丽抗衡，挹娄于魏明帝青龙四年（236）遣使与曹魏建立直接臣属关系，曹魏将其划归辽东郡管辖。从此，挹娄与中原的经济交往日益频繁，挹娄貂在三国时驰名中原，是御寒的珍品。

满族祖先在两汉之时就这样简朴亮相了。

>>>寻踪觅迹

黑龙江宝清县、友谊县、双鸭山市三地所在七星河流域是挹娄的活动中心，发现了众多挹娄文化遗址，其中友谊县凤林古城和宝清炮台山分别为汉魏时挹娄王城遗址和七星祭坛。三地博物馆均收藏有相关文物，双鸭山市每年9月19日为挹娄文化节。

106. 铁骑乌桓

乌桓是由东胡繁衍而来的。

东胡是春秋战国时期北方一个强大的部落联盟，主要活动在今北京的北部和东北部一带。秦末汉初匈奴冒顿单于登位时，东胡恃强敌诈匈奴。东胡向匈奴要千里马，冒顿给了。东胡以为冒顿惧怕，不久又提出要单于的一个阏氏（妃子），冒顿也给了。东胡愈发骄横起来，就向匈奴要土地。忍无可忍的冒顿趁东胡麻痹轻敌之际，发兵袭击，大败东胡。东胡大部成为匈奴的奴隶，部分退居乌桓山和鲜卑山，分别形成鲜卑和乌桓。

乌桓基本继承了东胡的生活特征，以游牧为主，善骑射，穿皮毛衣服，住在门朝东开的帐篷里。开始时乌桓势孤力单，每年都要向匈奴进贡牛马羊皮等各种贡品。如果逾时不交，匈奴便没收其妻子为奴婢。

汉武帝时，西汉击败匈奴，乌桓转而附汉。西汉把乌桓往南迁到上谷、渔阳、右北平、辽东、辽西五郡边塞居住，即今内蒙古锡林郭勒盟中东部、赤峰北部、河北和辽宁北部地区，汉朝设置了护乌桓校尉，监视乌桓和匈奴的动向。

有了西汉的庇护，乌桓的生活安定

东汉宁城图（局部）

内蒙古和林格尔县东汉墓壁画。这是一幅东汉时期边疆地区的城市地图，图中有城垣、城门、街巷、市场和护乌桓校尉幕府等，也有许多乌桓、鲜卑族人物形象。

了，畜牧业和农业也发展了，逐渐变得强大起来，开始寇掠西汉边城，反叛西汉。为报匈奴灭族（东胡）之仇，乌桓人挖了匈奴人的祖坟。匈奴单于大怒，遣兵两万骑进击乌桓，同时入侵汉塞，掳掠汉朝边民。西汉派中郎将范明友率两万骑兵追击匈奴，匈奴闻讯而退。遵照"兵不空出"的训令，汉兵转而攻击乌桓。乌

许季姜簋
内蒙古宁城县小黑石沟出土。根据器底铭文，它是中原许国铸造的礼器，出土在漠北东胡人的领地，说明东胡与中原很早就有交往了。赤峰市博物馆藏。

桓受到匈奴和汉兵的双重重挫，再也无力与汉朝为敌。此后，乌桓时而附汉，时而又与匈奴联合反汉，屡被击退，总体上双方相安无事的时候多些。

王莽执政时期，强迫乌桓参加攻打匈奴的战争，还扣押乌桓人的妻子、儿女为质，引起乌桓人反叛，沿途"寇钞"汉地郡县，王莽下令杀光所有乌桓人质，双方结下仇怨。匈奴乘机拉拢乌桓，联合起来不断进攻中原边境。乌桓还与居住在东部的鲜卑人联合，侵扰东汉边地，致使汉地边城郡县损坏，百姓流亡，萧

条不堪。东汉朝廷多次派兵交战，终不能克。

东汉建武二十四年（48），匈奴分裂为南、北二部，南匈奴附汉。汉光武帝刘秀乘机以币、帛贿赂乌桓，使其归附。乌桓部族各郡首领九百余人来到洛阳朝贡，献奴婢、牛马、弓箭、虎、豹、貂皮等。光武帝诏封81位乌桓首领为侯、王、君长等，让他们率部众入居塞内广阳、上谷、雁门、太原、朔方等十郡，即今辽河下游、山西与河北北部以及内蒙古河套一带。这样，乌桓又成为汉廷的侦察兵，帮助汉朝打击匈奴和鲜卑。东汉复置护乌桓校尉管理乌桓事务，由此维持了50年的和平。

乌桓南迁后，原居地为鲜卑所占，

留居者也归降鲜卑。此后，乌桓在鲜卑、南匈奴和东汉之间不断摇摆，成为各方利用的对象。由入居塞内的十郡乌桓人组成的乌桓骑兵，由州、郡直接统领，经常作为东汉的先锋部队，冲锋陷阵，英勇无比，有"乌桓突骑"的美誉。

东汉中后期，由于战争、迁徙和民族融合，乌桓的成分越来越复杂，乌桓各部逐渐分道扬镳，各自为政，互不统属。汉灵帝初年（168年前后），乌桓形成比较大的四部，上谷难楼部有9000人，辽西丘力居部有5000人，辽东苏扑延部也有几千人，右北平乌延部有800余人。东汉末年，王室衰微，黄巾大起义爆发，地方群雄乘势并起，天下大乱，乌桓各部不同程度地参与到战争中，成为军阀争夺政权不可小觑的力量。

青铜马面饰
东胡遗物。内蒙古宁城县小黑石沟出土。

从屡次战争可以看出，在匈奴和汉朝夹缝中生存的乌桓人很会审时度势，能战时则战，不能战就降，屡次归附之后又趁机再反。就在这反反复复中，势力不断扩大，使中原王朝不得不改变武力征服策略，使用羁縻政策来笼络它。这个顽强的草原民族在影响中国文化的同时，自身也不断被强大的中原文明所改造。

>>>阅读指南
　　司马牧牛：《千年争锋——中国历史上的牧耕大战》。中国友谊出版公司，2008年8月。
　　林幹：《东胡史》。内蒙古人民出版社，2007年7月。

>>>寻踪觅迹
　　内蒙古博物院、赤峰博物馆、宁城县博物馆等东胡和乌桓活动区域的博物馆均收藏有相关文物。

卧马形金牌饰
春秋东胡遗物。内蒙古宁城县出土，宁城县博物馆藏。

107. 从嘎仙洞走出来的鲜卑

在内蒙古的鄂伦春人中有一个嘎仙洞的传说。说是很早以前，有一片原始森林，夏季浓荫蔽日，遍地野花盛开，冬季皑皑白雪覆盖山林，林海雪原中自由奔跑着各种动物，猎人们世世代代在这里过着和平、幸福的生活。

有一天，山巅的一个山洞里忽然住进了一个躯体庞大、面目狰狞的吃人恶魔，进入森林的猎人被害的不计其数。青年猎手们多次组织起来上山去和恶魔格斗，都失败了。这样一直斗争了许多年，猎人们始终不渝的精神终于感动了上天的嘎仙。

嘎仙与恶魔比试。他先让恶魔将洞口的一块大石头搬走，结果恶魔输了。他们又比试箭法，嘎仙将石头的正中

金瑞兽
东汉。内蒙古科左中旗出土，具有浓郁的鲜卑族特色。

射穿了一个车轮大的圆孔，恶魔一看，只好逃之夭夭了。人们怕恶魔再次返回森林，就在它住过的洞口塑了一尊手持弓箭的嘎仙石像。恶魔曾三次在远处观望，看见嘎仙屹立的雄姿就不敢回来了。

为了纪念嘎仙，人们把恶魔住过的山洞改名为嘎仙洞，把大石头上有窟窿的那座山取名为窟窿山。

这个嘎仙洞相传就是鲜卑族发祥地，位于内蒙古鄂伦春旗境内大兴安岭北段顶峰东端的山崖上。据《魏书》记载，北魏太平真君四年（443），有乌洛侯国人来朝，说在他们国家的西北面有北魏人祖先的旧墟，是一个石洞，大小约南北90步、东西40步，高约70尺。北魏是鲜卑族建立的政权，在北魏人的

髡发发式样例

传说中，他们的祖先曾经居住在幽都，在乌洛侯国西北开凿石室作为祖宗之庙。这和乌洛侯国人的说法正好一致。于是，北魏太武帝拓跋焘派中书侍郎李敞找到了这个传说中鲜卑祖先居住过的石洞，祭祀后把祭文刻在洞的石壁上。祭文以北魏皇帝的口吻对他的祖先歌功颂德，并祈求祖先保佑。1980年，考古工作者找到了嘎仙洞，洞内壁果然有北魏太平真君四年的摩崖铭刻，内容与史籍记载的基本相符。史书记载与乌桓并起的鲜卑是东胡的一支，以所住的鲜卑山为族名。嘎仙洞的发现证实鲜卑族最早应居住在大兴安岭的北段和中段，并且很早就与中原有密切联系。有专家认为鲜卑山就是大兴安岭。

"鲜卑"的蒙古语和满语含义都是祥瑞、吉兆、美好的意思。鲜卑人最突出的特点是髡（kūn）发。髡发是中国古代某些地区少数民族常用的发式，就是将头顶部分的头发剃光，只在两鬓或前额留少量余发作为装饰，有的在额前蓄留一排短发，有的在耳边披散鬓发，也有

人面纹金饰牌
东汉。内蒙古科左中旗出土。有专家认为它具有原始宗教中的祖先崇拜色彩。通辽市博物馆藏。

的将左右两绺头发修剪整理成各种形状，然后下垂至肩。

鲜卑作为一个部落集团的名称是在东汉初年才出现的，在这之前，它只是屈服于匈奴的一个小部族，受匈奴的奴役，名不见经传。东汉建武年间（25～56），匈奴势力衰弱，鲜卑趁机逐渐壮大，日益南迁，今内蒙古西拉木伦河一带成为他们的活动中心，有些部落甚至接近东汉的边界。东汉最初用重金引诱鲜卑"大人"（首领），以图安定，并以悬赏红包促使鲜卑攻击北匈奴，鲜卑由此得到了东汉大量的财物赏赐。

东汉和帝年间（89～105），北匈奴被东汉击败，被迫西迁，鲜卑趁势大规模南进西徙，占领匈奴故地，留在漠北的十余万匈奴人也自号鲜卑，鲜卑自此强

>>>阅读指南
　　黄雪寅：《追梦中原——从嘎仙洞到龙门石窟的鲜卑人》。内蒙古人学出版社，2008年1月。
　　杨军：《鲜卑帝国传奇》。中国国际广播出版社，2008年1月。

神兽纹铜带饰

东汉。内蒙古满洲里市扎赉 (lài) 诺尔区拓跋鲜卑墓出土。拓跋鲜卑部落从大兴安岭原始森林中来到水草丰美的扎赉诺尔地区生活了100多年，文献记载，是飞马形神兽引领他们南迁进入中原的。内蒙古博物院藏。

盛起来。崛起的鲜卑开始不安于既得利益，经常派骑兵滋扰东汉边境。从和帝永元九年 (97) 至冲帝永熹 (xī) 元年 (145)，长达半个世纪，鲜卑几乎每年都要寇掠东汉边境，给东汉北边人民的生产和生活带来很大的破坏。

东汉桓帝时 (147~167)，鲜卑出现了一个强势的首领檀石槐，他任用汉人，制定法律，发展生产。檀石槐一度统一鲜卑各部，建立起一个强大的军事部落大联盟，东西南北四面出击，势力曾"东西万四千余里，南北七千余里"。檀石槐将辖地分为东、中、西三部约60邑，各置"大人"管理，归其统辖。东汉想封檀石槐为王，并跟他和亲，他非但不接受，反而加紧对东汉边塞的侵犯和劫掠。这样一直持续到檀石槐死，鲜卑联盟瓦解，各部又陷入分散状态，对中原的侵犯也减弱了。东汉末年，曹操大破乌桓，鲜卑在旁观望，见曹军所向披靡，就请求臣服。

鲜卑在与汉朝交往的过程中，吸收了很多汉文化的成果。鲜卑经常以牛马与汉魏进行交易。汉末，许多汉人跑到鲜卑地区躲避战乱，带去了制作兵器、铠甲等技术，还带去了中原文字，不仅加速了鲜卑社会的发展，也加强了鲜卑与汉族的联系。

魏晋南北朝时期，鲜卑各部曾建立多个政权，在中国历史上留下了浓墨重彩的篇章。

>>>寻踪觅迹

嘎仙洞 位于内蒙古鄂伦春旗阿里河镇嘎珊山半山腰，是传说中的鲜卑族发祥地。

盛乐博物馆 中国首座鲜卑历史文化主题博物馆，位于内蒙古和林格尔县盛乐古城遗址东侧。历史上鲜卑族拓跋部曾两次南迁定居盛乐 (今和林格尔)，在此建国 (北魏) 并三筑都城。

108. 东瓯闽越迁江淮

秦汉时期，百越地区正式纳入多民族国家的统一体系中，这时有东瓯（东海或瓯越）、闽越（东越）、南越、西瓯等几个比较大的政治中心或属国，其中东瓯在今浙江温州一带，闽越在今福建一带，闽越之君无诸与东瓯王摇都是越王句践的后代。

战国中期，越国为楚国所灭，不愿臣服于楚的越国贵族和百姓向今浙江东南部和福建一带迁移。入闽的越国人后来逐渐与当地的七闽部落融合，形成了闽越族。无诸统一闽越各部后，自立为闽越王。东瓯之地原本就是越王后裔的封地，其人由越国王族与当地瓯人融合而成，史称瓯越族，首领为东瓯王。

秦统一六国后，东瓯国被废，无诸被削去王号，降为"君长"，但秦在瓯、闽地区设置了闽中郡，由无诸统领。秦末，无诸和东瓯首领摇都率军反秦，接着又为刘邦建立汉朝立了功。公元前202年和公元前192年，无诸和摇分别被汉朝封为闽越王和东海王（东瓯王）。当时闽越的都城在今天的福州市。

无诸复国后，注意休养生息，发展经济，国势日渐强盛，成为东南地区势力最强的国家。他的子孙们更是频频挑起战争，北征东瓯，南击南越，百越诸民臣服，周边的刘姓国均以财物珍宝讨好闽越国。

鸟形铜杖
春秋。浙江绍兴市中庄村出土。从杖镦末端跪坐人可以看出百越人断发文身的特征。浙江省博物馆藏。

>>>阅读指南
徐晓望主编：《福建通史》（第一卷）。福建人民出版社，2006年3月。
王文光、李晓斌：《百越民族发展演变史——从越、僚到壮侗语族各民族》。民族出版社，2007年7月。

汉景帝三年（前154），吴王刘濞串通楚、赵、胶西、胶东、菑（zī）川、济南六国的同姓诸侯王，发动叛乱，史称"七国之乱"。东瓯也跟从刘濞反汉。不久，叛乱被镇压，六王畏罪自杀，刘濞逃到东瓯，东瓯害怕受到株连，就接受了汉朝的贿赂，杀了刘濞，七国都被废除。

刘濞的儿子驹逃到闽越，恨东瓯杀他的父亲，就游说闽越王攻打东瓯。汉武帝建元三年（前138），闽越发兵围困东瓯，东瓯向汉廷告急，汉武帝派出大军，闽越连忙自动撤兵。东瓯王害怕还会遭到闽越攻打，请求举国内迁，汉武帝将他们安置在江淮之间，即今浙江临海、海宁一带。东瓯存续仅54年即消亡，其地随即被闽越占据。

三年后，闽越又袭击南越。南越派使者上书汉廷请求救援，汉武帝再次调遣两路大军讨伐闽越。闽越王郢的弟弟余善趁机发动政变杀了哥哥，向汉军投诚。汉武帝于是封余善为东越王，掌握闽越实权，闽越由此也被称为东越。

瓠壶和陶鼎
西汉初期。浙江温岭东瓯国贵族墓出土。

余善治理闽越20余年间，闽越国力进一步强盛，余善的野心膨胀起来，企图扩张领土，称霸一方。汉武帝元鼎五年（前112），南越反汉，余善主动请求去攻打南越，暗中却派人联络南越，脚踩两只船。南越被灭之后，余善想先下手为强，自立为帝，发兵反汉。汉武帝发四路大军入闽征伐，余善因内讧被杀，余人投降。存在了93年的闽越国就此灭亡。为了彻底消除后患，汉武帝诏令将闽越举国迁往江淮内地，并焚毁了闽越国的城池宫殿，闽越属地"为之一空"。

东瓯与闽越同气连枝，虽然融入汉族的过程和方式不一样，最终结果却都一样，都由藩外属国变成了汉朝领土和子民。

"万岁"瓦当
西汉。福建武夷山闽越王城遗址出土，福建博物院藏。

>>>寻踪觅迹

闽越王城博物馆 位于福建武夷山市城村闽越王城保护区内，展示了闽越国从汉封立国到叛汉灭国的百年历史。城村闽越王城是公元前202年无诸受封闽越王后营建的，公元前110年闽越亡国时被汉武帝派遣的大军焚毁。

福建博物院、浙江省博物馆 闽越和东瓯文物的主要收藏地。

109. 赵佗"和辑百越"

河北真定（今河北正定）人赵佗成为南越王颇富戏剧性。

秦统一天下后，秦始皇在岭南设置了桂林、南海、象三郡，管理今广东、广西和越南中北部的广大区域，参与平定岭南的50万大军和主将任嚣、副将赵佗都被留在了当地，任嚣被委任为南海郡尉，赵佗在其下的龙川县当了县令。

在做县令的六年里，赵佗办了不少好事、实事：掘井筑城，设衙修路，改善越人居住条件；传播先进的中原文化和文明；推广中原的优良作物品种和先进的农耕技术；培养和起用越人做官；鼓励汉人与越人互相通婚……赵佗还上书秦二世胡亥，让朝廷派来1.5万名年轻女人为士卒"补衣"，这些女子后来都与戍守将士或越人成婚建家，不再回北方去。

秦末，秦二世的暴政激起了陈胜、吴广等人的起义，接着就是刘邦和项羽之间的楚汉相争，中原陷入了一片混乱状态。这时，南海郡尉任嚣病重，临死前把赵佗召来，希望他在南海郡建立国家，利用傍山靠海、有险可据的有利地形抵抗中原各路起义军队的侵犯，闭关自守，保境安民，静观事态的发展。任嚣当即向赵佗颁发任命文书，让他代行南海郡尉职务。

就这样，公元前203年，赵佗乘秦末之乱，起兵兼并了桂林郡和象郡，自立为南越王，建立了南越国，国都番禺（今广州市）。

七星纹银带钩
广州南越王墓出土。钩首呈龙头形状，钩身装饰着北斗七星纹。

错金铜虎节
广州南越王墓出土。是南越王赵眜生前调兵遣将的令符。

立国之后，赵佗沿袭了秦朝的郡县制，南海郡和桂林郡仍然保留，象郡被拆分为交趾郡和九真郡。

除了来自中原的几十万汉族士卒，南越国境内大部分是属于古越族的土著居民，有南越、西瓯、骆越等支系。南越主要聚居在今广东北部、中部和广西东部，西瓯主要聚居于今广西西江中游、桂江流域和越南北部的一些区域，骆越聚居于今广西左江、右江流域和越南红河三角洲以及贵州西南部。为了巩固政权并缓和民族矛盾，赵佗采取了"和辑百

人操蛇屏风铜托座
广州南越王墓出土。造型取自"越人操蛇"的传说。力士口咬一条两头蛇，双手操蛇，双足跪坐夹蛇，五条蛇相互绞缠，是2000多年前越人抓蛇、吃蛇形象的再现。

越"的民族政策。除了吸收越人在军队和政权中担任官职外，为了表示与越人亲善，遵从越人习俗，赵佗摒弃了秦朝冠带，改穿越服，连说话也夹杂着纯正的越音，衙中官吏也都穿起越服、讲越语，赢得了越人的信任。

为了实行汉越同化，赵佗自己首先纳越女杨氏为妃，并动员杨妃将其胞妹许配给右丞相苏锦为妻，还宣布：往后凡是汉越联姻，官府要派官员送去贺礼。从此，汉人与土著越人通婚便蔚然成风。

赵佗的士兵大多是中原来的，其中很多人还是秦朝发遣的刑徒和身份低下的谪人。为了安定人心和繁衍后代，赵佗派人到长江中下游地区招募那些因天灾战乱而无家无夫的女人，带回来给士兵、刑徒和谪人们做家室。这些人对赵佗更忠心了，对开发岭南也起了积极作用。

公元前196年，汉高祖刘邦派陆贾出使南越，携来了汉皇御赐品和刻着"南越王之玺"的金印和绶带，劝赵佗归汉。赵佗率领文武百官向北行三跪九叩礼后，臣服汉朝，南越成为汉朝的藩属国。

第二年，刘邦去世。汉廷宣布禁止

>>>阅读指南
张荣芳、黄淼章：《南越国史》。广东人民出版社，2008年11月。
吴凌云：《赵佗》。广东人民出版社，2010年10月。

向南越国出售铁器等物品，赵佗担心南越国被吞并，就宣布脱离汉朝，自立为帝，并出兵攻打周边附汉的诸侯国，南越领地范围扩张至顶峰，包括今广东、广西大部和福建、湖南、贵州、云南部分地区以及越南的北部。

公元前 179 年，汉文帝刘恒即位，派人重修了赵佗先人的墓地，设置守墓人，每年按时祭祀，并给赵佗的堂兄弟们赏赐了官职和财物，然后任命陆贾再次出使南越。赵佗再次被说服，决定去除帝号复归汉朝，仍称南越王。一直到汉景帝时代，赵佗都向汉朝称臣，每年春秋两季派人到长安朝觐，但在南越国内，他仍然继续用皇帝的名号。

据说赵佗活到百岁仍眼不花、耳不聋，每月两次健步登朝汉台向北朝拜。他在城外的四个方向各相中一块风水坟地，派两万役工分头开凿了四个宽敞的墓穴。墓穴竣工，赵佗也寿终正寝了。出殡那天，四辆灵车分别从四个城门出去，至今人们仍无法探知赵佗的真正葬处。

相对于赵佗，他的子孙们都比较平庸，对汉朝的依附越来越深。公元前112 年，南越国发生内乱，汉武帝调遣10 万大军，兵分五路进攻南越。一年后的公元前 111 年，立国 92 年、历 5 世的南越国被汉朝消灭。汉武帝在南越国属地设置了九个郡，直接归属汉朝管理。汉朝经常把罪犯迁徙到岭南，和越民杂

"文帝行玺"金印
广州西汉南越王墓出土。赵佗之子、第二代南越王赵眜玺印。

居，赵佗开拓的南越随之也成了历史的沉淀物。

南越国是岭南第一个郡县制国家，它保证了岭南社会秩序在秦末乱世中的稳定。来自中原的统治者把中原先进的政治制度、生产技术和汉文化（包括汉字）传入岭南，改变了岭南的落后状况。"和辑百越"政策促进了汉族和南越各族的融合，汉文化与越文化相互结合，形成了独具特色的岭南文化，成为中华文化的一枝奇葩。

>>>寻踪觅迹

广州南越王墓博物馆　建立在第二代南越王、赵佗儿子赵眜之墓遗址上，陈列墓中出土的各类珍贵文物千余件（套）。

赵佗遗迹　赵佗故里河北石家庄有赵佗公园和赵佗纪念馆，广东龙川县有南越王庙，广州市区有南越王宫博物馆，展示南越国王宫御苑遗迹和遗物。

110. 崇尚白虎的巴蛮

虎钮錞于
錞于是古代的打击乐器,始于春秋时期,盛行于战国至西汉前期,在长江流域及华南、西南地区都有发现,以巴人故地发现最为集中,是巴文化最具特征性的青铜乐器,也是巴人虎崇拜的重要例证。重庆中国三峡博物馆藏。

巴人盔形物
战国。重庆中国三峡博物馆藏。

提鞋执镜俑
东汉。四川成都新都区马家山崖墓出土,重庆中国三峡博物馆藏。巴人的形象是否就是这样的呢?

蛮是先秦时期对中国南方民族的统称,史书上有百蛮、群蛮、南蛮、荆蛮等多种称呼。

秦汉时期,在今湖南、湖北、重庆、四川和贵州一带,势力较大的有廪(lǐn)君蛮、盘瓠蛮和板楯(dùn)蛮等,根据祖先传说,它们各自形成相对独立的系统。

廪君蛮是由巴人发展而来的。先秦时期巴人活动在今四川东部、陕西南部、湖北和湖南西部一带,夏商时被称为巴方。巴人以今重庆为中心建立巴国,都城江州(今重庆渝中区),春秋战国时期达到鼎盛,立国八百余年。巴人向秦国朝贡,与邻居楚、蜀时战时和。公元前316年,巴、蜀相互攻击,巴向秦求援,秦惠文王乘机派军队灭了他们,在巴地建立巴郡,并将当地居民统称为巴蛮。到了汉代,源于廪君的巴蛮因居地不同,又

>>>阅读指南

白九江:《巴人寻根——巴人·巴国·巴文化》。重庆出版集团,2007年4月。

朱世学:《三峡考古与巴文化研究》。科学出版社,2009年12月。

汉代抚琴俑
重庆中国三峡博物馆藏。

被称为巴郡南郡蛮、廪山蛮或江夏蛮等。

廪君是巴人（巴蛮）传说中的祖先。据说远古时有巴氏五姓，其他四姓头人的儿子都出生在山上的黑洞中，只有廪君出生在红色洞穴中，比较特别。当时民主选君长，以鬼神为判：第一关是向山上的洞穴中掷剑，能掷中的就当君长，结果只有廪君掷中了；第二关是乘坐泥做的船入水，船能浮起来的为君，结果又是廪君胜出。廪君当了君长，四姓臣服，并以廪君为族名。

为了开拓疆土，廪君带领族人沿盐水而下。盐水女神爱慕廪君，对他说："此地广大，鱼盐所出，愿留共居。"廪君不答应。盐水女神不管廪君意愿，到了夜晚就来和廪君一起住，天一亮就化为飞虫逃之夭夭，而后引来诸虫群飞，掩蔽日光，让廪君没法分辨天地和方向。廪君送给盐水女神一条丝带作为礼物，却借着丝带认出并射杀了盐水女神，于是日月重光。廪君继续前行，找到种族繁衍之地建立国家。廪君死后，魂魄变成白虎，继续守护着巴族。白虎嗜吸人血，于是族人就有了以人祭虎和崇拜白虎的习俗。

巴蛮天性勇敢刚强，而且能歌善舞。他们种植谷物，也狩猎、纺织，住干栏式房屋，实行船棺葬、悬棺葬，巴国的青铜文化发达。

巴蛮祖先很早就与中原有联系，商末，巴人曾参加武王伐纣的战争。在与楚、蜀为邻时，文化上也互相融合。秦对巴人颇为优待，不仅"以巴氏为蛮夷君长"，还让他们娶秦女为妻，轻徭薄役，重加厚赐。汉承秦制，还曾利用蛮人平定三秦（指今陕南、陕北、关中一带）和其他民族的反抗。东汉时，由于官府收税不均，巴蛮曾多次起兵反抗。由于战争或迁徙，巴蛮分化很快，从汉代开始，有的与汉族融合，有的与濮人融合，魏晋时构成僚的一部分，之后，蛮族各部往往混合而难以分辨了。

>>>寻踪觅迹

湖北长阳土家族自治县 巴人故里和土家族的发祥地，有廪君诞生与称王的武落钟离山、渔峡口香炉石文化遗址、白虎垄廪君陵等相关景观。

重庆中国三峡博物馆 收藏众多巴人和巴国文物。

111. 追寻桃花源人

秦汉时期，蛮的另外两支和板楯蛮虽然与廪君蛮居住在一起，族源却不同。

盘瓠蛮因以神犬盘瓠为图腾而得名。在多处史料中都有这样一个著名的故事，大意是说上古高辛国遭到入侵，国王张榜招贤，说是谁能平敌，就把公主许配给他。盘瓠是一条神犬，它揭榜出征，咬下敌酋首级回来献给国王，然后娶了高辛氏公主为妻，繁衍的子嗣即后来的盘瓠蛮。

秦汉时，盘瓠蛮以居住在武陵郡和长沙郡为代表，又被称为武陵蛮或长沙蛮，因其地有五条溪流，故又有"五溪蛮"之称，大约分布在今湖南、重庆、贵州、广西以及湖南与广东毗邻的地带。这一带早在先秦时期民族情况就比较复杂，既有百濮、百越，被楚国占领后又迁来大批楚人，到了汉初则一半为汉人。很多学者认为武陵蛮与春秋时期及之前

西汉"武陵尉印"铜印

的百濮有直接的族源关系。百濮因部落众多、分布广泛而得名，秦汉三国时，濮人遍及今西南各省区。从称百濮到称武陵蛮、长沙蛮，期间没有发生任何较大的民族迁徙和变化，只有夏族或汉族的大量移入，所以族称的变化并没有改变其民族本质。

板楯蛮广泛分布在川东地区，沿嘉陵江和渠江居住，中心在今四川渠县一带，因善用一种木质楯为武器而得名，又因善织賨（cóng）布（一种土布）被称为賨人。对板楯蛮的族源有不同看法，有巴人说，也有百濮说。

在与中原政权的关系上，武陵蛮、板楯蛮的态度是随朝廷统治的态度而变的。秦和西汉时期，赋税较轻，武陵蛮、板楯蛮也较为顺服。传说秦昭襄王时，白虎为害，板楯人应募射杀白虎有功，双方刻石为盟，秦免除板楯蛮田

>>>阅读指南

罗贤佑：《中国民族史纲要》。中国社会科学出版社，2009年3月。

段渝：《酋邦与国家起源——长江流域文明起源比较研究》。中华书局，2007年3月。

虎纹铜钲
战国。湖南平江县出土。古代巴人和蜀人的典型器物。湖南省博物馆藏。

租。汉初，由于帮汉高祖平定三秦有功，板楯蛮七姓头领得以免除租赋，其他一般蛮户则实行轻赋，并可以赍布代赋。对部落分散的武陵蛮首领，汉朝授予邑君、邑长称号，颁赐印绶，按丁（人）计税，大人每年征布一匹，小孩半匹。

东汉不仅沿袭了西汉的赋税制度，还在蛮族地区广征徭役，地方郡县在实际执行中往往又加重赋役。徭役失平给当时生产力水平还很落后的蛮人造成了沉重的负担，导致蛮人反抗斗争时常发生。在东汉近两百年时间内，蛮人起义接连不断，此起彼伏，参与人数少则几千人，多则十几万人，队伍中还有大量汉族移民。汉人与蛮人友好相处，在反抗官府的剥削、压迫和维持自身利益的过程中，互相呼应，彼此支持，也促进了相互了解，加速了民族融合的进程。到了南北朝时期，由于迁移和长期战乱的影响，蛮人在更大范围内与其他民族融合，现今南方许多少数民族如苗、瑶、畲和土家族等都与蛮人有渊源关系。

瑶族有一个关于世外桃源——千家峒的传说。千家峒是瑶族先祖聚居的地方，四周环山，怪石耸立，森林茂密，瀑布高悬，只有一个山洞通到外面，是汉人眼中的世外桃源。峒内田地宽阔，土质肥沃，千户瑶人先祖同生活、共耕种，丰衣足食，快乐无穷。后来，千家峒被官府发现了，先是派粮官进峒收租，后又派来兵马。峒内12姓瑶人先祖被迫逃离。离开之前，他们将盘王铜像和金银财宝埋在平石岩下的石洞内，以一座石童子作为记号；又把一个牛角锯成12节，每姓收藏一节。他们发誓：五百年后，子孙们不管漂泊到天涯海角，都要回到千家峒团聚……

世事沧桑，传说中的桃花源、千家峒到底在哪里？蛮人的后世瑶族一直在寻找着。

>>>寻踪觅迹

湖南泸溪县 号称盘瓠文化的发祥地，"盘瓠传说"入选国家非物质文化遗产名录，遗存众多盘瓠文化遗迹与事象。盘瓠文化广泛分布于中国南方各地。

湖南江永县 瑶族聚居地，境内的千家峒传说就是瑶族的发祥地，有古文献记载的峒口、四块大田、九股水源、枫木凹、白石岭以及鸟山、马山、石狗山、石童子等特征的地形地貌。

112. 竹王神话与夜郎民族

鎏金铜鍪（móu）

西汉。可乐遗址出土。鍪是一种金属炊具，是釜的一种变体，圜底釜的口部缩小并加长成脖颈，便成了鍪。贵州省博物馆藏。

铜孔雀

贵州赫章县可乐遗址出土。可乐遗址是战国至西汉时期夜郎民族的公共墓葬群，出土了众多具有浓郁民族特色的器物，对研究夜郎民族的政治、经济和文化具有重要价值。贵州省博物馆藏。

相传西汉时，为了寻找通往身毒（今印度）的通道，汉朝使者到达今天中国西南的边陲地带，当时这里有两个分别叫作滇和夜郎的小国家。在滇国逗留期间，滇王问汉使："汉与我国相比，哪个大？"返程时，汉使经过夜郎，夜郎国君也提出了同样的问题。这段故事后来演变成家喻户晓的成语"夜郎自大"，用来比喻见识短浅、狂妄自大或孤陋寡闻又妄自尊大。其实，夜郎国君此问情有可原：夜郎地处偏僻，与汉朝山隔水阻，来了远客，急于打听外面的世界，实为人之常情。

夜郎是秦汉时期由少数民族建立的一个国家或部族联盟，其地大约在今贵州西部、北部、云南东北及四川南部一带。

关于夜郎的起源，流传较广的是竹王神话传说。传说古时候有个女子在遯（dùn）水（今贵州北盘江）边浣衣，有三节大竹从上游漂下来，一直漂到她的脚边。她推开大竹，可不久那大竹又向她漂了过来。她听见竹筒内有婴儿的哭声，十分惊讶，就把大竹抱上岸，剖开一看，里面有一个男婴。她想这肯定是神的赐予，于是把男婴抱回家抚养。男孩长大后，力大无穷，精通文武，后来便以"竹"为姓，自立为竹王。

今天彝、苗、仡佬、布依等民族中都流传着竹王神话。布依族奉竹王为始祖，说他出生三个月后，被母亲藏在竹节中，躲过了巨大的灾难，长大后率领族人抵御外族侵略。布依族由此崇拜竹，将竹作为本民族的图腾。

仡佬族的竹王传说中，不但拾婴儿的女子有了名字，叫倡乳，竹王也有名字，叫笃简，而且后来还杀虎救母。

彝族文献中竹王出世的记载最为详尽。竹王有父母，还交代了其父弃儿的原因和经过。竹王名叫夔雅蒙，夜郎国兴起

>>>小贴士

历史上不同时期的夜郎

真正的夜郎在西汉时期即已灭国，其后不少朝代仍有以"夜郎"命名的地方行政区划，但其历史含义已完全不同。由于历史原貌与都邑所在史籍少有记载，夜郎古国的属地问题一直存在争议。

秦汉时期的夜郎县。为真正的古夜郎国，范围在今贵州、四川、云南一带不断变动，西汉末灭国。

晋代夜郎县。在今贵州安顺一带，此时距夜郎灭国已300多年。

唐代夜郎县（郡）。唐初在今贵州石阡一带曾设置夜郎县；不久在今湖南新晃一带又设置夜郎县；唐玄宗天宝年间在今贵州桐梓一带设夜郎郡，此时距夜郎灭国已700多年。

宋代夜郎县。在今湖南新晃，这是历史上最后一个叫夜郎的县名。

铜牛灯
可乐遗址出土，贵州省博物馆藏。

可乐遗址出土的双耳铜釜上的立虎
虎是夜郎民族崇拜的图腾和权力的
象征。贵州省博物馆藏。

庖厨俑
古夜郎居民形
象。东汉。贵州
兴仁县交乐汉墓
群出土。

在竹王第三代传人夜郎朵时代。从第一代竹王至汉武帝时的多同弭（mǐ），共24代，到夜郎国灭亡时有27代。

这些传说生动地反映了夜郎的建国经过。按照彝族文献对竹王的世系排列和夷人父子连名的习惯，以每代20年计算，推测竹王兴起时，约相当于春秋中叶。对于夜郎的族属，有夷人说、濮人说和越人说。可以肯定的是，夜郎最为显著的特征是竹崇拜，"竹王"是夜郎族对本族君长的称呼。

战国时期，夜郎已是雄踞西南的一个少数民族君长国，与巴、蜀、楚、南越均有贸易关系。汉初，夜郎有十万多户，数十万人，是当地的强国。夜郎所毗邻的牂（zāng）牁江（今珠江上游北盘江），江面宽百余步，可以行船，这使它成为邻近各国商品交换的大市场。

>>>阅读指南
　　安之忠、林锋：《走出夜郎国》。世界知识出版社，2010年11月。
　　王鸿儒：《夜郎王国传奇》。中国国际广播出版社，2010年4月。

>>>寻踪觅迹
　　贵州省博物馆　收藏较多古夜郎国文物。
　　贵州镇宁县　境内聚居着一支蒙正苗族，自称是夜郎王的后裔。他们有非常独特的礼仪风俗、服饰、口头文学、古歌、乐曲和舞蹈；他们不信神，只敬奉祖宗竹王，其竹王崇拜被列为省级非物质文化遗产。每年正月初二望山节和农历二月十二日竹王节是蒙正苗族的传统祭祖节日。有竹王城、苗王洞、"活人坟"等夜郎文化遗迹。

113. 神秘的滇国

滇王之印

云南晋宁县战国至汉代滇王及其家族臣仆墓地出土。它不但确证了古滇国的存在，也证实了《史记》的记载，出土文物与历史文献罕见地一致。中国国家博物馆藏。

当中原历经春秋浴血和战国烽烟，经过昙花一现的秦王朝，又翻开历史新一页的时候，地处西南的少数民族"夷"却生活在物产丰饶、气候湿润、四季如春的高原盆地中，过着相对宁静的生活。

在战国之前，滇地的民族不见史书记载，滇国的建立一直是一个历史之谜。司马迁在《史记》中记载了滇国建立的历史——

战国时期，楚威王派将军庄蹻率领军队向长江上游挺进，占领了巴郡、蜀郡、黔中以西一带地方。当他领兵来到滇池边的时候，被这个地方富庶丰饶的美景吸引住了。滇池只有大约300平方千米，但周围肥沃的平原伸展开来足有几千平方千米。庄蹻的军队征服了当地，当他准备班师回国报喜时，楚国的巴郡和黔中郡已被秦军占领，归国的必经之路被阻断了。不得已，庄蹻只好又回到滇池边，干脆自立为王。庄蹻怕自己孤军驻守难以长久，就想出了不分夷楚的统治策略。他改变军队的服饰，让士兵换上当地人的衣着打扮，学习夷人的风俗，鼓励他们和夷族共同生活。没多久，

>>>阅读指南

黄懿陆：《滇国史》。云南人民出版社，2004年5月。

云南省博物馆编著：《滇国寻踪——青铜铸成的史诗》。云南民族出版社，2008年7月。

楚军就得到了夷人的认同，双方互相通婚，形成了新的夷族族群。楚人将原野开垦成大片良田，改进了夷人的耕作技术，还设立了城邦，滇地逐渐繁盛起来。

楚威王当政时期（前339~前329）已是战国后期。当庄蹻定居滇池地区的时候，当地已有土著居民世代繁衍，他们有着与楚民族不同的风俗习惯和生活方式。这些土著民族又是谁呢？学者们历来众说纷纭。从出土的青铜器看，滇池地区战国时期是青铜器的发展期，进入极盛并转向铁器时代，青铜器数量大、

持伞铜男女俑

西汉。云南江川县李家山出土。铜俑直观地展示了古滇人的衣着、发型、服饰等。

诅盟场面铜贮贝器

云南晋宁县石寨山出土。贮贝器是滇国特有的青铜器，它是滇人的储钱罐，出土时往往装着大量的海贝（当时滇国的货币），并因此得名。器盖上装饰有动物、人物等立体雕塑，是滇国历史和滇人社会生活的缩影。中国国家博物馆藏。

种类多，冶铸技术成熟，器形和纹饰相当精美，可以看出深受中原文化和楚文化的影响。有的学者不赞成滇民族主体和滇文化源于楚国的说法。综合来看，战国至秦汉交替之时，滇地的居民成分复杂，其来源应该是多元的，既有百越民族，又有百濮族系，也有氐羌血统，还有楚人的蛮夷血统。

滇国出现的时间应该最迟不晚于战国中晚期，它是由古代中国西南边疆少数民族建立的政权。滇国的疆域不大，范围主要在以滇池为中心的今云南中部和东部地区，人口不到十万，周围是夜郎、邛（qióng）都、昆明等小国。滇国土地肥沃，物产丰富，以农业为主，畜牧、渔猎、矿产和贸易也较发达。

西汉建立后，汉武帝派使者深入西

滇国房屋模型

云南晋宁石寨山出土。滇人房屋有干栏式和井干式两种。干栏式房屋一般有两层，人居上，畜处下。

南，其中一批到达了滇池地区，受到滇王尝羌的热情挽留。滇池地区长期与中原隔绝，滇王以为自己是一方主宰，已经很了不起了，于是便问汉朝和滇哪个大。听了汉使的回答和描述，滇王对汉朝的风物人情心驰神往，慨叹不已。为此，滇王很重视与汉朝搞好关系，特意派了十几拨人为汉使寻找西去身毒（今印度）的道路。汉使回朝后向汉武帝报告滇国的情况，建议招其归附，引起武帝的重视。

当汉武帝派人去劝滇王归附时，滇王却犹豫不决。西汉元封二年（前109），汉武帝征调巴、蜀地方的军队灭了与滇同族并互相支持的劳浸和靡莫部落，把军队开到了滇国。滇王只好和周围的邻国断绝关系，举国归汉。汉朝在滇地设置了益州郡，治所在今云南晋宁。汉武帝赐予滇王金印一枚，仍然让他管理滇国。1958年，"滇王之印"在云南晋宁县出土，证实了滇人与中原民族认同与互动的历史。

西汉委任滇王治滇，但滇地并不平静。西汉昭帝始元元年（前86），"益州夷24邑3万人皆反"，西汉花了五年时间才平定叛乱。周围的国家乘机来攻，滇国在动荡中受到削弱。

西汉末年，随着郡县制的推广和巩固，滇王的权力逐渐被郡守取代。同时，汉族移民大量迁入，滇人被逐渐分解、同化，融合进了中华民族大家庭中。到东汉中叶，滇王之名不再见诸史册，滇国经历四五百年的发展，终于湮没于历史的长河中。

有学者考证，西汉末年，有一支滇人南移至云南元江和西双版纳地区，成为傣族和壮族的先民。今云南新平、元江两县的花腰傣自称是古滇国贵族的后裔。

>>>寻踪觅迹

　　云南省博物馆、云南江川县李家山青铜器博物馆均收藏众多古滇国文物。

114. 编发的嶲人和昆明人

纳贡贮贝器

西汉。云南晋宁县石寨山出土。器上雕铸有17个立体人物，按发型和服饰可分为七组，他们有的盛装佩剑，有的束巾、穿宽袖深衣，有的披发左衽，也有的椎髻披毡。有专家认为高鼻深目、扎华丽大包头、穿长袍的就是嶲人。云南省博物馆藏。

中华民族的多元，在发式上也有充分的表现，华夏及汉人束发，乌桓和鲜卑髡发，西南的嶲（xī）人和昆明人则编发。

昆明早期并非城市名称，而是我国西南地区的古老民族，在古代文献中也写作昆、昆弥或昆淋。

关于嶲、昆明的记载，最早见于《史记·西南夷列传》。书里说，西自桐师（今云南保山）以东，北至叶榆（今云南洱海地区），大约有数千里之地，是嶲、昆明人所住的地方。他们习惯编发，随着放牧牲畜迁徙，没有最高的君长。这说明嶲和昆明是游牧民族，还处于分散的原始部落状态。有学者认为《史记》对昆明的记载并不准确，根据出土文物和其他文献记载分析，秦汉时期，昆明已是一个分布广、人口众多、有组织、有君长的强大农业民族。

对于昆明的族属，有氐羌说、夷说、南亚语系民族说等，各有各的道理。考古显示，昆明人原本活动在怒江和澜沧江河谷，春秋战国时期进入洱海地区后，以此为中心向四周扩张，到秦汉时期，他们已北达金沙江，南到西双版纳，东至滇池。在东扩过程中，昆明人遇到了强大的滇人，两族进行了长时间的战争，昆明人的脚步最终停在了滇池以西。

令人意想不到的是，小小的昆明居然成为汉王朝开拓大西南的强大阻力。

吊人铜矛
西汉。云南晋宁县石寨山出土。有专家认为被吊的两个全身赤裸的男子就是昆明人。云南省博物馆藏。

元狩元年（前122），西汉派出四路使团，分头寻找通向身毒（今印度）的道路，结果都碰了一鼻子灰回来，特别是在巂、昆明地区，使团遭到伏击，成员被杀，物品也被抢走了。

此后的十六七年间，汉朝每年都派出使团试图打通西南交通线，但每次都无法通过巂、昆明人的地盘。

汉武帝刘彻忍无可忍，决定用武力征服昆明人。元封二年（前109），汉发兵数万人进攻昆明，杀死、掠走数万昆明人，但并没有大伤昆明人的元气，"昆明复为寇"。汉将军郭昌为此被免职。

元封六年（前105），西汉又一次派郭昌率兵征讨昆明人。昆明部落众多，虽然悍勇，但各自为战，武器与汉军差距也过于悬殊，在郭昌各个击破的战术下，受到了毁灭性打击。西汉在其地设益州郡进行管辖，此后洱海区域相对稳定了一个多世纪。但是，那些向西、向南逃窜的许多昆明部落，凭借熟悉的环境和地形，仍然不断地袭击汉朝的使团，汉武帝开通西南交通线的宏伟计划，最终还是不得不搁浅了。

>>>阅读指南

田继周：《中国历代民族史·秦汉民族史》。社会科学文献出版社，2007年5月。

胡绍华：《中国南方民族发展史》。民族出版社，2004年10月。

鎏金献俘铜扣饰
云南晋宁县石寨山出土。表现的是滇人与昆明人之间的冲突。得胜的滇国士兵提着昆明人的人头，踩着昆明人的尸体，用绳子系着俘虏的昆明妇女和儿童，带着缴获的战利品，高兴而归。云南省博物馆藏。

东汉及蜀汉时期，昆明与中原王朝依然战斗不止，但势力受到极大削弱，逐渐退出洱海区域，向古永昌地区（今云南保山、临沧）迁移，并与当地其他民族融合，之后史书就很少提到它了。

昆明在相当长的时间内都是洱海区域的大民族，在长期的历史发展过程中，与其他多种民族分分合合，形成了众多支系。考证表明，现今的彝、哈尼、阿昌、拉祜、布朗、佤、德昂以及缅甸境内的克伦族与昆明人都有渊源关系。

有意思的是，西汉末年，由于昆明人、僰人东迁和僰人南下，竟迫使滇人南移，远迁今云南元江和西双版纳。中华民族在西南边疆演奏了一曲别样的乐章。

立牛铜葫芦笙
战国。云南江川县李家山出土。今天，葫芦笙仍然是云南许多少数民族的传统乐器。云南省博物馆藏。

>>>寻踪觅迹
云南省博物馆和古代僰人、昆明人分布地区的博物馆。

115. 盛产竹杖的邛都

邛都的"邛"在古书上指的是一种可以用来做手杖的竹子。中国西南边地盛产竹子，邛都人善于用竹子制作工具或工艺品，邛都竹杖甚至远销西域。正因为邛都的竹杖太有名，人们索性就以其特产来称呼这个民族了。

古邛人主要生活在北至今成都，南至金沙江流域，以今四川凉山彝族自治州为中心方圆500千米左右的范围内。战国至两汉，邛人之事屡为史书所记载。《史记·西南夷列传》说："滇以北，君长以什数，邛都最大。"说明滇国以北还有数十个小国，其中邛都是最大的。邛都和夜郎、滇一样，都是椎髻发式，农耕邑聚，还喜欢唱歌。

《史记·大宛列传》记载，张骞出使西域时在大夏国（今伊朗一带）见到邛杖和蜀布，就问这些东西是从哪里来的，大夏人说

四川西昌安宁河流域考古出土的古邛人陶俑像

是从身毒（今印度）来的。张骞想，邛杖和蜀布经过身毒到了大夏，说明南面有一条路可以通往西域。回到汉朝，张骞向汉武帝报告了这一情况，汉武帝这才有了开发西南夷的想法。

当邛都及其邻国笮（zuó）都、冉駹（máng）等听说夜郎与汉朝通好，得到不少好处，很是羡慕，也想与汉朝往来。汉武帝听说后，找来曾出使过西南夷的司马相如征求意见。司马相如认为，邛都、笮都和冉駹国这三个国家，与巴、蜀两郡毗邻，交通比较方便，秦代曾在那儿设立郡县，把它们重新并入中原版图，是件好事。于是，汉武帝任命司马相如为中郎将，率领使团出使邛都等国。使团先抵达蜀郡，在那里小住几天，然后带上蜀郡的物产，前往邛都、笮都、冉駹等国。邛都等国首领得到汉朝赏赐的巴蜀物产及金银帛物，非常开心，纷纷表示愿意内附。西汉便在其地重设郡

>>>阅读指南

月明日：《神秘消失的古国》（贰）。中原农民出版社，2008年4月。

四川省文物考古研究院等编：《安宁河流域大石墓》。文物出版社，2006年1月。

县，隶属蜀郡管辖。这是西汉建元六年（前135）前后的事。

西汉元鼎六年（前111），汉朝发动对南越的战争，征夜郎、巴、蜀、邛都、筰都等国军队南下协同作战，且兰（今贵州都匀一带）等小国不愿意，便反叛汉朝，邛都、筰都也起来响应。西汉镇压了叛乱，邛都、筰都被灭国。西汉在邛都地建立越嶲郡，治所在今四川西昌。从此，一批又一批汉朝百姓迁徙到邛地与邛人杂居，邛人逐渐被融入中华民族大家庭。

东汉建武十六年（40），威武将军刘尚奉诏讨伐益州夷，途经邛地。邛人首

四川西昌大石墓出土的邛都人遗物

殷商甲骨文中就有邛人的记载
前："贞，邛出。"
后："贞，邛弗灾。"

领长贵设计加害刘尚，不料被识破，长贵被诛杀，邛人遭受了灭顶之灾，从此不见于史籍记载。

关于邛都的族源，众说纷纭。很多学者认为它属于氐羌族系，是当代彝族的先民。有学者根据古邛地的考古发现，认为邛都是另一个民族，它被彝族人称为"濮苏乌乌"。在彝族祖先进入今凉山彝族聚居区之前，濮苏乌乌早居于此。彝族养牛羊，濮苏乌乌种庄稼，他们发生战争，彝族战胜了，占据了此地。也有学者认为，濮苏乌乌即濮族，是百濮的一支。其实，族源有无定论并不重要，只要我们知道邛都是历史上中华民族的成员之一就足够了。

大石墓

在以四川西昌为中心的安宁河流域约700平方千米的范围内，矗立着数百座巨石垒成的古墓，被称为大石墓。墓葬建造年代延续了四五百年，从春秋中期一直到东汉初期。这一时间及出土文物所反映的文化面貌，与古文献记载的邛都人基本吻合，考古界多数学者认为邛都人是大石墓的主人。

>>>寻踪觅迹

四川凉山彝族自治州　邛都故地，我国最大的彝族聚居区，具有浓郁的民族风情。州府西昌市为汉越嶲郡治所在地。安宁河流域大石墓出土的文物大多收藏于州博物馆及相关县市博物馆。

116. 神秘的僰人

在四川南部风景如画的崇山峻岭之中，人们常常可以看到千仞绝壁上浮空悬置着许多棺木。这些棺木离地面达几十米甚至百米，有的是凿岩为穴横放着，有的是几具并放或叠放着，还有的是凿岩孔嵌入木桩，桩上平置棺木。一些悬崖上布满了桩孔、岩龛，显然是棺木和木桩朽烂掉落后留下的痕迹。在一些地区，悬棺四周的岩壁上还有岩画，画面古朴，显得十分神秘。盛行这种悬棺葬的人，据说是秦汉时期西南的一个重要族群——僰人。

僰人悬棺被称为世界之最、巴蜀一绝

僰最早见于战国时期成书的《吕氏春秋》，秦和西汉时，僰之称多了起来。在《史记》、《汉书》、《后汉书》、《华阳国志》、《水经注》等书中，但凡涉及西南地区山川地理、民俗风物的内容，都会提及僰人。

僰人立国很早，殷商时期他们就定居在四川的东南部，据说因随周武王伐纣有功，首领被封为僰侯，建僰侯国，中心在今四川宜宾一带。僰人主要生活在今川、滇、黔三省的交汇地带，当时今云南滇池地区和邛都（今四川西昌）也有大量僰人居住，史称滇僰和邛僰。僰人是西南少数民族中接受中原文化较早的民族之一。公元前316年，秦灭蜀，设蜀郡，后来逐步推行郡县制和道制，僰侯国随之灭亡，秦在其地设立僰道。秦统一中国后，以僰道为基地，修筑由僰道通往今云南的驿道，因路宽仅五尺，

>>>阅读指南

黄华良、李诗文：《悬崖上的民族——僰人及其悬棺》。巴蜀书社，2006年12月。

周绍利：《僰族》。中国图书出版社，2007年8月。

僰人岩画上的图案
古代僰人的另一个杰作，一般都画在悬棺周围的岩壁上，有的至今色泽犹新。岩画题材广泛，内容丰富，有舞蹈、体育、狩猎、征战和动物、兵器、车轮、太阳等图案，还有一些不知名的怪兽和不规则的几何图形，生动地记录了僰人的生活状态和精神世界。

故称"五尺道"。随着道路的开通，中原力量深入到僰人势力范围，一部分僰人甚至成为买卖的对象。巴蜀商人与中原交换的商品不仅有物，如筰马、牦牛等，还有人——僰僮。先秦时期的达官贵人和显富以拥有僰奴为一时风气。

僰人是椎髻的农业民族，以种植水稻、姜、豆等农作物著称，并栽植经济林木，盛产荔枝，还善于制作竹工艺品。传说张骞在西域见到的竹制品和枸酱等，很多就出自僰人之手。

汉朝建立后，在僰人地区设僰道县，属犍为郡管辖。汉使出使西南夷，僰道是必经之路。汉武帝时重修了秦五尺道，并将其延长，史称"南夷道"。由于僰道为交通要衢，大量汉人迁徙来此，来来往往的人也特别多，僰人生存空间渐渐被挤压，只好一批批离开了。

王莽时期（9~23），僰道县改称僰治县。公元14年，滇池地区的僰人起义反抗王莽暴政，王莽调动大军前去镇压，并将僰人较多的胜休县（今云南通海）改为胜僰县。东汉起，原僰道县恢复，仍属犍为郡。汉末之后，僰之称不见于记载，僰人从历史的长河中消失了。

对秦汉时期僰人的族属，有几种观点。有人认为僰人属于氐羌族系，与后来的白族有联系；有人说僰人属百越族系，与后来的摆夷（今傣族）有联系；还有人认为僰属于百濮族系，"僰"即"濮"，是同音异写，与后来的僚有联系。各种说法似乎都有道理，但如果把视线集中在秦汉时期，根据僰人的分布与邛都、筰都毗邻及其密切关系，根据"邛僰"连写和"滇僰"之称，僰人属于氐羌族系的可能性更大一些。

>>>寻踪觅迹
四川宜宾 僰人故地，留有众多僰人遗迹。珙县麻塘坝和苏麻湾、兴文县九丝城是僰人悬棺最为典型和集中的地方。珙县还有僰文化展览馆、麻塘坝悬棺博物馆，举办过僰文化艺术节。兴文县每年农历九月初九有僰人祭祖习俗。宜宾市博物馆汉代岩墓出土文物最富特色。美丽的蜀南竹海也许可以探寻僰人竹工艺品的源头。

117. "龙的传人" 哀牢

中华民族自称是龙的传人，生活在西南边疆地区的哀牢夷更是直接把龙奉为祖先。

关于哀牢夷的来历，《华阳国志》和《后汉书》中记载了一个美丽的传说——

在哀牢山上住着一个勤快能干的女子，名叫沙壹。有一天，她站在水中捕鱼，碰到了一根不知从哪里漂来的大木头，当时就觉得有一种奇妙的感觉。没多久，她就发现自己怀孕了。怀胎十月，沙壹生下了十个儿子。

孩子们渐渐长大，每每追问自己的父亲在哪里，沙壹都只能以叹气作答。有一天，她带着孩子们到水边玩，不知不觉走到当初自己遇到沉木的地方。那根大木头原本还在水上漂着，等沙壹他们走近的时候，突然变成了一条龙腾跃出水，鳞甲闪闪发光。龙开口问沙壹："当初你怀了我的孩子，他们现在都在哪里？"孩子们反应过来，纷纷惊逃，只有

云南昌宁县出土的哀牢编钟

哀牢人面纹铜刀
战国。云南保山市达丙乡出土，保山博物馆藏。

>>>阅读指南

耿德铭：《哀牢国与哀牢文化》。云南人民出版社，2004年2月。

杨晓东、白利斌：《哀牢文化》。云南美术出版社，2002年12月。

最小的孩子还不会跑，背对着龙坐着，龙于是亲昵地舔了舔他。沙壹后来就给这个孩子起名叫九隆，因为在当地方言中，"九"是背对之意，"隆"指坐。

九隆长大后特别聪明，兄弟们认为他被龙舔过，应推举他为首领。后来，

哀牢山下一对夫妇生了十个女儿，九隆兄弟就分别娶来做妻子，他们的后代就是哀牢人。

这个著名的"九隆神话"今天仍在我国西南地区多个少数民族中流传。

哀牢人世世代代住在哀牢山深处，一直到汉朝，都没有与中原接触，在东汉之前，史书中没有任何关于哀牢人的记载。哀牢人不可能突然间从天而降，有学者根据九隆神话推测，哀牢人在战国中期前就已经立国，到东汉前期其名为中原王朝所知时，至少已有400余年的历史了。其实，在哀牢之名见诸史籍之前，与中原王朝已经有联系了，西汉年间，在哀牢国的统治中心今云南保山一带，就设置了不韦县等县治，并有汉族移民迁入，带去了先进的汉文化。

哀牢地区物产丰富，五谷农桑皆宜。哀牢人懂得织布染色，技术高超，著名的苎麻纺织品"帛叠"、"蓝干细布"可以和绫罗锦绣媲美。当地出产一种桐华木（即木棉），其纤维经过处理，织成的布洁白不易沾垢，幅宽五尺，故名"五尺布"。哀牢的矿产有铜、铁、铅、锡、金、银等有色金属，盛产翡翠珠宝，还有各种珍奇野兽如犀牛、大象、孔雀等。连这里长的竹子也很特别，竹节之间间隔长达一丈，叫做"濮竹"。

东汉时期，哀牢夷正式登上中国历史的政治舞台。汉光武帝建武二十三年（47），哀牢与其所属的鹿茤（duō）族群发生战争，哀牢王率部乘船攻打归附东汉的鹿茤人，得胜归途中遇上暴风雨，士兵溺死数千人。接着，哀牢王又派遣部将六王率万人再次攻打鹿茤，结果六王被杀。哀牢人掩埋了六王的尸体，可半夜来了老虎，将尸体挖出来吃掉了，哀牢人惊恐而逃。哀牢王以为是天神显灵责怪他用兵，加上内部附汉的呼声高涨，于是就向东汉请求内属。

哀牢山字足铜案
春秋战国。云南腾冲县麻栗山出土。

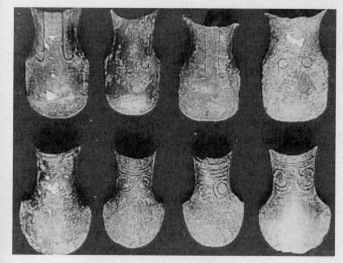

哀牢先民的石器
云南昌宁县大田坝乡德斯里村出土。

哀牢先民的青铜器
战国。云南昌宁县白沙坡村出土。

东汉永平十二年（69），哀牢王柳貌率众归附东汉，东汉在其地设哀牢、博南二县，属永昌郡管辖，中心在今云南保山、盈江一带。柳貌还派儿子长途跋涉到洛阳朝贡并朝见汉明帝。哀牢归汉和设永昌郡被东汉朝廷视为一大盛事。东汉文豪、历史学家班固在其千古名篇《东都赋》中描写了宫廷为"绥哀牢，开永昌"举行的极其隆重热烈的庆典：仪态庄严的汉明帝兴高采烈地主持了祭祀大礼，御览了各处进贡的珍奇宝货，用美酒佳肴款待贵宾，酒器都是用黄金、美玉制作的；庆典中表演了规模宏大的宫廷乐舞，来自边疆的少数民族艺术家也做了精彩表演，群臣尽欢而醉……

柳貌率哀牢整体归汉后七年即公元76年，哀牢王类牢与汉守令发生纷争，杀了守令而反叛，东汉征附近诸郡夷汉士兵9000人讨之，哀牢王被斩首，从此不再见哀牢王位传承的记载。

由于古代西南地区民族情况复杂，对于哀牢人的族源，也像当地其他少数民族一样，意见并不一致。哀牢人所居的永昌郡地区，既存在着百越、百濮、氐羌，又有孟高棉语族的民族，哀牢人也许就是土著居民与外来民族融合形成的。

>>>寻踪觅迹

　　云南保山市　古哀牢国故地，东汉永昌郡治所所在地。哀牢山、九隆山有哀牢寺、永封寺、大官庙、小官庙等众多哀牢文化遗存。每年农历正月十五日开始举办三天的哀牢犁耙会已有千百年的历史，融祭祀、农业生产资料交易、文艺表演和农业、手工业生产竞赛活动为一体，规模盛大。保山博物馆有哀牢文化、永昌文化专题展览。

118. 汉朝开发西南夷地区

秦汉时期，今我国西南地区云、贵、川西一带生活着许多大小不一的民族或部落，主要有夜郎、滇、邛都、嶲、昆明、徙、筰、冉駹、白马、哀牢等，司马迁在《史记》中将他们统称为西南夷。

汉朝开发西南夷是件大事，可追究起来，居然与一瓶小小的枸酱有关。西汉建元6年（前135），汉武帝派番阳县令唐蒙出使南越，南越王盛宴款待汉朝使臣。席间，唐蒙吃到了一种产自蜀地的枸酱，感到诧异，就问这种远方的物产是怎么来的。南越人告诉唐蒙，邻近蜀地的夜郎是一个贸易大市场，靠近夜郎的牂牁江（今珠江上游北盘江）江面宽阔，可行大船，枸酱就是从夜郎顺江流通到南越来的。原来蜀至南越有这么一条通道！唐蒙心里暗暗记下了这件事。

当时汉武帝正在盘算如何收服南越国。唐蒙回到朝廷后，马上上书汉武帝，建议先收服夜郎，然后利用夜郎的

>>>阅读指南

《史记·西南夷列传》。
《后汉书·西南夷传》。
张增祺：《云贵高原的西南夷文化》。
湖北教育出版社，2004年8月。

万家坝型铜鼓
目前发现的最早的铜鼓。出土于云南楚雄万家坝，属春秋战国时期，说明西南夷是铜鼓的首创者。

石寨山型铜鼓
以云南晋宁县石寨山古墓葬群出土的铜鼓为代表，流行于战国初期至东汉初。铜鼓是中国古代南方民族象征财富和权力的重器，按不同形制和花纹，可分为八大类型：万家坝型、石寨山型、冷水冲型、遵义型、麻江型、北流型、灵山型和西盟型。

十万精兵，沿牂牁江出其不意直捣南越。汉武帝采纳了唐蒙的建议，派唐蒙率领一个千人使团出使夜郎。夜郎王多同见唐蒙送给他很多礼物，很高兴，就答应归附汉朝。汉朝就在夜郎及其附近地区设立了犍为郡，迈开了开发西南夷

的第一步。

　　夜郎周边的小国见与汉朝通好有好处，也纷纷表示愿意归附汉朝。于是，汉武帝又派司马相如出使西南夷，招抚邛都、笮、冉駹等国归附。汉朝在这些地方设置了十几个县，隶属蜀郡管辖。

　　为了更好地开发已归顺的西南夷诸部，汉武帝派唐蒙调集巴蜀和犍为等郡的数万军民修路。唐蒙先打通了巴蜀境内的青衣道，然后开始修直抵牂柯江的南夷道。由于组织和管理不善，几年下来，修路的兵民伤亡大、逃亡多，加上经常扰民，导致一时怨声载道。那些已经内附的部族又经常反叛，汉武帝不得不发兵平叛，花了不少军费，成效却不大。这时，汉朝在北方与匈奴激战正酣，刚收服的河套地区设置了朔方郡，需要下大力气经营，开发西南夷的事情只好暂停，夜郎等国趁机脱离了汉朝的控制。

　　元朔三年（前126），张骞从西域归国，带回的信息使汉武帝决心重新开拓西南夷。原来这时通向西域的道路控制在匈奴人手中，张骞在西域听说从西南夷经身毒可以到达西域，他向汉武帝建议开辟这条通道。此时，汉匈之间的战争暂告一段落，汉武帝决定腾出手来再度经营西南夷，打通西南交通线，直抵西域。

　　汉武帝派出四路外交使团，从蜀郡和犍为郡出发，向西寻找通向身毒的道路。但使者们都无功而返，除了由于西南夷地区山川险峻，道路难以通行外，主要原因是众多蛮夷部落阻挡所致，特别是昆明夷，不仅抢走使团的物品，还杀人，只有滇王对汉使比较友好。此后，汉朝几乎每年都派出打通西南交通线的使团，但一连十几个使团都没能通过西南夷地区，汉武帝忍无可忍，决心用武力解决问题。

　　元鼎五年（前112），汉朝军分五路出击南越国，其中一路要从夜郎出发，并征调夜郎以及其他西南夷的军队。西南夷小国大多不愿意远行，有的国家拒

鎏金双人盘舞扣饰
西汉。云南晋宁县石寨山出土。两个男舞者体态修长，高鼻深目，窄衣、窄裤、窄袖左衽服饰，佩长剑，跣足，足下饰一蛇。他们的族属众说纷纭。云南省博物馆藏。

剽牛祭祀铜扣饰

云南江川县李家山出土。人物均梳髻于顶，戴大耳环，腰佩圆扣饰，腿束带，跣足。云南省博物馆藏。

三枝俑灯

云南个旧市黑马井东汉墓出土。器物为一跪坐状裸体男子，尖脸、大眼、高颧骨、连鬓胡，头上用斜格纹带束发，腹部和胯下有带缠绕，神态谦和。他是西南夷吗？云南省博物馆藏。

绝出兵，与汉朝反目。汉朝就让攻打南越的大军灭了且兰、邛都、笮都等国，西南夷被镇服，望风而降。公元前111年南越被灭之后，西南夷最大的国家夜郎和滇也相继臣服，他们的首领还双双获得了汉朝赐予的金印和绶带。

从唐蒙出使夜郎，到元封二年（前109）滇国归汉，汉朝用了20多年时间，将西南夷地区正式并入中国的版图。汉朝在西南夷地区设立了犍为、牂牁、越巂、汶山、沈黎、武都、益州等七个郡，进行有效管辖。

平定西南夷后，汉朝开始向西南夷地区大规模移民，南夷道终于被打通，中原及巴蜀文明源源不断地传入，西南夷的文化水平和生产力都获得了长足的进步。随着郡县制的推行，西南夷诸部逐渐融入了统一多民族国家大家庭，从此再也不分离。

>>>寻踪觅迹

　　云南、贵州、四川等西南夷故地各级博物馆均收藏有相关文物。

119. 羁縻制度的初步实践

羁縻制度是秦汉治理少数民族的一项重要的政治制度。"羁"，就是用军事和政治压力加以控制；"縻"，就是用经济和物质利益给以抚慰。羁縻的原则是在维护国家统一的前提下，保持和基本保持少数民族原有的社会组织形式和统治机构，承认其酋长、首领在本民族和本地区中的政治地位和统治权力，并授封一定的官职，由他们管理本民族的内部事物，对朝廷一般只朝贡，不纳赋税。

随着疆域的开拓，为了在政治上有效整合不断融入的少数民族，西汉对少数民族地区的管理有了新举措：一方面继承秦朝的制度，在一些少数民族地区设道，道隶属于郡；另一方面是在少数民族地区设置属国都尉，推行属国制。元狩二年（前121），匈奴昆邪王率四万余众归降，汉武帝设置安定、上郡、北地、陇西、朔方、云中五个属国来统辖他们。这些属国大的领有五六城，小的

虎符石匮

青海海晏县汉西海郡遗址出土。石匮整体由花岗岩雕成，上面凿有"西海郡虎符石匮"及其建造年代"始建国元年十月"等字。西海郡建于西汉末年，东汉、隋朝曾复置。

只有一二城。此后，西汉又先后在西南、东北设置属国。

有些大郡将所辖边远之县设置为属国，如广汉郡北部都尉为广汉属国，蜀郡西部都尉为蜀郡属国，犍为郡南部都尉为犍为属国，辽东郡西部都尉为辽东属国。小郡则将属国置于本郡之内，不另标名称，如龟兹属国只作为上郡的一个县。由此可见，属国是除道以外，西汉在少数民族地区设置的一种地方行政单位，其地位相当于郡。属国设有都尉、丞、侯、千人、九译令（能翻译多种少

>>>阅读指南

龚荫：《中国民族政策史》。四川人民出版社，2006年6月。

翁独健主编：《中国民族关系史纲要》。中国社会科学出版社，2005年7月。

"九真府"陶提筒

西汉。广西合浦县望牛岭出土。筒内壁有"九真府"三字。九真是汉代边郡，在今越南清化、义安、河静一带。九真府即郡守府，这件器物应为九真太守的官署用器。广西壮族自治区博物馆藏。

女俑座陶灯

汉代。广西贵港市出土。贵港是秦汉时期桂林郡和郁林郡郡治所在地，裸体女俑陶灯具有鲜明的地方特色。广西壮族自治区博物馆藏。

数民族语言之官）等官职，还有属国长史、属国且渠、属国当户等，由汉人或归附的少数民族首领充任。属国都尉直属朝廷管辖，其治民领兵权如同郡太守。属国制是处于萌芽状态的羁縻政策的一种形式。

汉朝将郡县制广泛推行到边陲少数民族地区，在那里设置边郡进行管辖。西汉年间，西南有蜀、牂牁、越巂、武都、益州五个边郡；岭南有南海、苍梧、郁林、合浦、交趾、九真、日南七个边郡；东北除了辽东、辽西、右北平、渔阳、上谷诸郡，元封三年（前108）灭古朝鲜后，又在其地置真番、临屯、玄菟、乐浪四个边郡；北方有代、雁门、云中、北地、定襄、朔方、五原、西河等八个边郡。不同时期，边郡虽有拆分、合并或废立，但总体格局未变。为了区别汉族聚居之郡与少数民族聚居之郡，西汉称前者为"内郡"，称后者为"边郡"。

东汉郡县多因袭西汉旧制，边郡也没有大的增减。

边郡实行的是双重官制，除了任命汉族的太守、长史或属国都尉掌治之外，又封少数民族首领为王、侯、邑长。边郡的赋税也很优惠，一般只要求郡太守或属国都尉出赋，不仅没有固定的份额，还可以减免，蛮夷君长只要贡献土特产品即可，如巴郡南郡蛮贡"賨（jià）布"、"鸡羽"（雉鸡的羽毛），武陵蛮贡"賨布"，哀牢夷贡"贯头衣"等。

胡傅温酒樽

西汉。山西右玉县出土。通体鎏金，凤纽熊足，腹部饰虎、羊、骆驼、牛、猴、龙、凤等十余种浮雕动物纹，既有北方草原文化特色，又不失中原典雅之风。右玉位于晋西北边陲，汉代属雁门郡管辖。山西博物院藏。

册封也是汉朝羁縻少数民族的一个重要方法。比如对于归附的匈奴贵族，西汉通过授予爵位，给他们一定的政治地位和物质待遇。据记载，仅汉武帝一朝册封的89个异姓诸侯中，就有23个是匈奴人。册封政策使一部分匈奴贵族对西汉尽心尽力，不仅削弱了匈奴的内部力量，在某种程度上也弥合了战争给汉匈人民带来的裂痕。

册封政策在不同地区有不同的功能。汉武帝时期西南夷部落众多，没有一个强有力的中心，册封夜郎王、滇王等包含着安抚与笼络的成分；百越人强悍不羁，并形成了闽越、南越等能与汉朝朝廷抗衡的强有力的中心集团，西汉通过册封闽越王等，起到了瓦解和分化百越力量的作用。对西域各族首领的册封，西汉有时还授予印绶。东汉继续推行册封授爵政策，共册封了19个少数民族首领。

册封政策有两个含义：一是受封国有很大的自主权；二是受封国与汉朝有藩宗关系。册封政策不仅对于加强民族之间的联系、巩固边疆和国家统一有深远影响，对于少数民族地区的开发和各民族社会经济的发展也有一定的推动作用。

汉朝还继承秦朝的做法，设立了管理少数民族事务的专门机构——典客，景帝时改为大行令，武帝太初元年又改名为大鸿胪（lú），后被历代传承。

羁縻政策和制度的实施反映了汉朝对少数民族特殊性的认识，开创了中华民族政治认同制度的先河。羁縻制度经过历代诸朝的不断补充与完善，不仅为中国统一多民族国家的形成和发展发挥过巨大作用，也对中华民族从多元走向一体产生了重要的影响。

>>>寻踪觅迹

广西壮族自治区博物馆、贵港市博物馆、合浦县博物馆等原汉代岭南七郡地区均收藏有大量相关文物。

120. 东汉以夷制夷

以夷制夷是东汉处理民族关系、巩固边防的一个基本方略。通过军事、政治、经济等多种手段，利用少数民族之间的内外部矛盾，恩威并用，东汉实现了对边疆少数民族的控制、制约和征服。

东汉初期民族问题错综复杂，北方是虎视眈眈的匈奴，东北方是朝气蓬勃的鲜卑、乌桓，西部有剽悍雄勇的羌人，南方还有善战不羁的越人、苗人。这些桀骜不驯的少数民族，令光武帝刘秀头疼不已。由于当时天下初定，实力不足，东汉尽量避免四面出击，针对不同民族，采取了不同的策略。比如：对于归附的少数民族首领予以封爵与自治权；对于反叛者，坚决予以镇压，并将其余众迁至汉人区域，以汉制夷；派遣官吏治理少数民族地区；对相对弱小的乌桓、鲜卑等族，施行军事打击与政治、经济羁縻相结合，使它们成为东汉的军事同盟。

>>>阅读指南

龚荫：《中国民族政策史》。四川人民出版社，2006年6月。

胡小鹏：《中国西北少数民族通史》（东汉、三国卷）。民族出版社，2009年1月。

鹿头骨雕

汉代。新疆吐鲁番交河故城出土。交河故城由古代车师人在公元前2世纪至5世纪所建，南北朝和唐朝时达到鼎盛。新疆维吾尔自治区博物馆藏。

对于劲敌匈奴，东汉以夷制夷政策体现得最明显。

建武二十四年（48），匈奴分裂为南、北两部，南匈奴呼韩邪单于愿意归降。当时许多大臣主张拒绝，但五官中郎将耿国力排众议，认为南匈奴是东隔鲜卑、北御北匈奴的屏障，汉朝应该利用南匈奴来对付鲜卑和北匈奴。光武帝采纳了这个建议，以夷制夷思想初步萌芽。

光武帝派人出使南匈奴，为南匈奴建立王庭。使者令匈奴单于伏地跪拜接受诏书，单于犹豫片刻，伏地自称臣属。谒见完毕，单于命人告诉使者，说在群

刺绣粉袋

东汉化妆用具。新疆民丰县尼雅遗址出土,新疆维吾尔自治区博物馆藏。

臣面前跪拜汉使很尴尬,希望今后能尽量避免在大庭广众之下行此礼。光武帝准允了这个请求,同时下诏设立使匈奴中郎将,领军护卫南匈奴诸部。

在北匈奴的打击下,南匈奴被赶出了故地,丧失了安身之所,光武帝下诏令南匈奴单于入塞安身,定居于西河郡。南匈奴按照老规矩设立诸部落王,协助东汉戍边。每当北匈奴入侵,南匈奴诸王必定悉数披挂上阵,率部众为东汉巡逻侦察。

南、北匈奴之间的内斗使东汉有了休养生息之机,光武帝在位期间,四方边境稳定了相当长一段时间。

东汉时期,班超是提出并亲自实施以夷制夷策略的重要人物之一。

由于东汉初无暇西顾,匈奴得以加强对西域的控制,并不断胁迫西域各国侵扰东汉的河西边郡,沟通东西方的丝绸之路长时间中断,东汉的安全和对外交往都受到了严重损害。随着实力的增强,东汉开始用兵西域。

东汉晚期铜车马仪仗俑群

甘肃武威雷台汉墓出土。雷台汉墓主人为东汉守张掖的张姓将军,共出 99 件车马仪仗俑,包括著名的中国旅游标志"马踏飞燕"。

狼噬牛金牌饰

青海祁连县出土，汉代匈奴遗物。

汉明帝永平十六年（73），班超随军出征西域，从此开始了不平凡的人生。这一年，他出使西域鄯善、于阗、疏勒等国，并成功招抚它们附汉。东汉复置西域都护，西域与中原断绝60余年的关系得以恢复。

公元75至78年，由于东汉朝廷发生帝位变更，班超在孤立无援的情况下，依靠疏勒等国的支持，一直坚守西域，打击并孤立在北匈奴支持下占据西域北道的龟兹。

建初五年（80），班超上书给汉章帝，提出了以夷制夷的主张，即借助西域各国的力量，一举平定西域。汉章帝采纳了班超的建议。

班超分析了当时西域的局势，认为关键是要灭掉龟兹这个匈奴最大的帮凶。由于朝廷无力增援班超，他面临巨大的困难：实力太弱。他必须自力更生，从西域各国寻找支持。当时乌孙国兵力强盛，和汉朝的关系一直比较友好，是班超首先借助的力量。

班超首先要打击的是投降龟兹的莎车国，敲山震虎。他调集乌孙、疏勒、于阗的军队，并通过给月氏王送厚礼，劝降与之有通婚关系的康居王罢兵，然后于公元84年和公元89年两次进攻莎车。第二次进攻莎车时联军达2.5万人，龟兹则纠集了本国连同温宿、姑墨、尉头等国合兵5万人解莎车国之危。面对两倍于己的敌人，班超以调虎离山计大破敌军，莎车遭到毁灭性打击，只得投降。龟兹、温宿、姑墨、尉头等国震恐不已，觉得继续与汉朝对抗只有死路一条，两年后便都归附东汉了。

汉和帝永元六年（94），班超调发龟兹、鄯善等八国的军队7万人，攻克焉耆、危须、尉犁三国，至此，西域50多个国家全部归附东汉，班超以夷制夷的思想成功实现。

以夷制夷政策在历代不断被使用和完善，对协调民族关系、促进中华民族的融合和国家的统一起了积极作用，一直到近代，还被引申作为抵御外侮、富国强兵的策略之一，可见其影响之深远。

>>>寻踪觅迹

新疆等边疆地区博物馆均收藏有相关文物。

121.《史记》——先秦民族志

　　《史记》是中国最著名的史书、典籍，被列为二十四史之首，同时还是一部优秀的文学著作，它的作者是西汉著名的史学家、思想家、文学家司马迁。

　　司马迁的父亲司马谈是汉武帝时的史官，10岁时司马迁随父亲来到京师长安，开始学习古文书传，并拜很多名家为师，打下了深厚的文化基础。

　　20岁时，司马迁开始外出游历。他曾南游江淮地区，登会稽山，探察禹穴，观览九嶷山，泛舟于沅水、湘水之上；北渡汶水、泗水，在齐鲁两地的都会研讨学问，考察孔子的遗风，在邹县、峄（yì）山行乡射之礼；也曾困厄于鄱、薛、彭城，经梁、楚之地回到家乡。

　　回到长安后，司马迁做了郎中，多次跟随汉武帝出巡，到过很多地方。35岁那年奉命出使西征巴蜀，到过邛都、筰、昆明，他在《史记》中关于西南夷的记载，成为古今人们了解

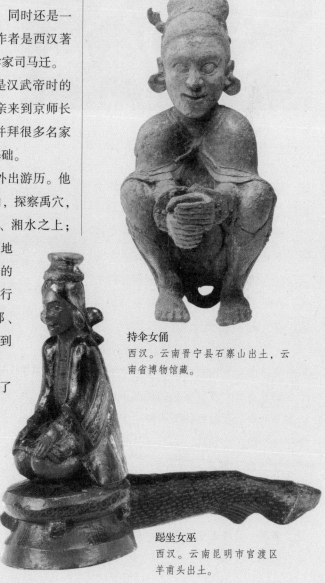

持伞女俑

西汉。云南晋宁县石寨山出土，云南省博物馆藏。

踞坐女巫

西汉。云南昆明市官渡区羊甫头出土。

鎏金四人舞俑铜扣饰
西汉。云南晋宁县石寨山出土，中国国家博物馆藏。

这一地区民族情况和风土人情的最原始资料。

元封三年（前108），38岁的司马迁做了掌管天文历算的太史令，有机会阅览汉朝宫廷所藏的图书、档案和各种史料，开始秉承父亲关于修一部史书的遗志，着手撰写《史记》。

天汉二年（前99），汉朝将军李陵带着五千步兵与匈奴作战，在杀了五六千名匈奴骑兵、没有援兵的情况下，最后寡不敌众，兵败被俘而投降。大臣们都谴责李陵贪生怕死，司马迁认为李陵孤军深入敌人腹地，打击了几万敌人，虽然打了败仗，但情有可原。司马迁为李陵辩护触怒了汉武帝，他被关进监狱，受了腐刑，几乎断送了性命。他本想一死，但为了完成《史记》的写作，忍辱负重活了下来。"人固有一死，或重于泰山，或轻于鸿毛。"这句话充分诠释了他对生命意义的理解。

三年后，汉武帝大赦天下，50岁的司马迁获释并当了掌握皇帝文书机要的中书令。他忍辱发愤，继续全力著书，大约在征和二年（前91），终于完成了《史记》这一鸿篇巨制。

《史记》是中国第一部纪传体通史，共有130篇、52万余言，记载了上自传说中的黄帝时代、下至汉武帝时期3000多年的历史。它以真实的田野考察材料和历史文献，记述了中华民族的多元起源和发展情况，不仅是中国史书的典范，也是一部翔实的汉代民族志，甚至是第一部中华民族形成史。

>>>阅读指南
司马迁：《史记》。
郭维森：《中国思想家评传简明读本·司马迁》。南京大学出版社，2008年10月。

>>>寻踪觅迹
司马迁墓与祠 位于陕西韩城市芝川镇，附近聚居的同姓和冯姓传说是司马迁的后裔。

122. 儒学一统天下

儒学即儒家学说，孔子、孟子、荀子等都是儒学先驱，春秋战国时期，儒学是诸子百家之一。

秦朝及汉武帝之前，法家思想在封建政权中占主导地位。汉武帝时期，国家强盛，迫切需要建立相应的思想体系，

董仲舒及时出现了。

董仲舒是汉景帝时的博士（汉代官职），年轻时就开始悉心研究《春秋公羊传》，由于专心于学问，长达三年之久也不曾窥视一下屋旁的菜园。传说他在家中教书，为了防止干扰，特地放下室内的帷幕。由于学生太多，一些新来的学生只能从学长那儿辗转接受他的学问，有些学生甚至从未与老师见过面。

董仲舒继承并发展了以孔子为代表的先秦儒家学说，融合先秦法家、道家、阴阳家、墨家等学派的思想，建立了新的儒学体系。据说他仪容举止进退有节，违礼之事从不染指，学人们都尊崇他，引以为楷模，称他为"群儒首"、"儒者宗"。

汉武帝即位不久，就下诏广招贤才。当时的考试方法叫"对策"，就是对政

伏生授经图

明朝杜堇作。伏生原为秦朝博士，传说秦始皇焚书时，他偷偷将儒学经典《尚书》藏在墙壁夹层内。汉朝建立后，他据开墙壁，发现《尚书》还有28篇保存完好。汉文帝知道后，派重臣晁错到年逾九十的伏生家中当面受教，才使《尚书》得以流传至今。图中老者即伏生，伏案疾书者即晁错。美国大都会美术馆藏。

>>>小贴士

古代的博士 博士作为一种官名始见于战国时期。秦朝时博士掌管全国古今史事以及书籍典章。汉代博士有诸子专书博士与儒家专经博士，从汉武帝开始博士专掌儒家经学的传授，其职掌为议政、制礼、藏书、教授、试策、出使等。之后历代均设有博士，唐置国子、四门等博士，明清有国子博士等。

事、经义等提出设问，并把它写在简策上，让应考者对答。前后有上百人应诏对策，但都没有让汉武帝感到满意的。在元光元年（前134）的举贤良对策中，董仲舒的天人合一、大一统、三纲五常等理论学说受到了汉武帝的赏识。董仲舒向汉武帝建议：凡是不在礼、乐、射、御、书、数六艺之科和孔子之术之内的学说，都应该禁绝或废黜。这就是历史上著名的"罢黜百家，独尊儒术"主张。

汉武帝采纳了董仲舒的建议，设置专门教授儒学的五经博士（五经指《诗经》、《尚书》、《礼记》、《周易》、《春秋》五种儒家经典），罢免其他诸子博士，把儒学以外的百家之学排斥出汉朝的官学；在长安兴办太学，用儒家经书教育青年子弟；改革选官制度，规定博士的弟子成绩优异者可任为郎官，官吏有通六艺之一艺者可选拔担任重要职务，还破格起用布衣儒生公孙弘为丞相。同时，西汉皇帝的诏令和朝廷文书开始称引儒家

"中国大宁"铜镜
新莽。湖南长沙伍家岭出土。四周铸有一首52字的铭文诗，其中有"中国大宁"四字。诗的内容包含了阴阳五行思想和对国家、子孙的祈福祝愿。以战国邹衍为代表的阴阳五行说被董仲舒等秦汉道家、儒家和神仙方士所吸取，并运用于治国治世。中国国家博物馆藏。

理论，封禅、郊祀、历数等重大礼制活动也遵循儒家思想，儒家政治的传统初步形成。

随着独尊儒术成为汉朝的国策，中华民族从思想上开始被儒学"一统"了。此后两千多年，儒家思想被封建统治者奉为正统思想，成为古代中国的主流意识，一直影响着中华民族从多元走向一体的进程。

>>>阅读指南
　　魏文华：《大儒董仲舒》。花山文艺出版社，2009年7月。
　　方尔加：《儒家思想讲演录》。东方出版社，2007年10月。

>>>寻踪觅迹
　　董仲舒故里　有河北枣强县旧县村和景县大董故庄村两种说法。实际上两地相距很近，都有相关纪念景物。

汉代玉牒
陕西西安汉长安城桂官遗址出土。左侧一行为"封亶（禅）泰山新室昌"。封禅是皇帝与"天"沟通的活动，也是国家最重大的礼制活动，玉牒就是"通天"的礼器。桂官为汉武帝时兴建，使用于西汉中晚期。陕西历史博物馆藏。

123. 多元文化融汇的道教

道教是中国土生土长的一种多神崇拜的宗教，形成于汉末社会战乱与动荡时期。

道教早期被称为五斗米道（教），又叫天师道、正一道等。对五斗米教的创立，一般有两种观点：一种认为是张陵在东汉顺帝年间（126~144）创立于四川大邑县境内的鹤鸣山；另一种认为是张修在东汉灵帝中平元年（184）之前创立于汉中地区。

张陵又被称为张道陵，东汉时期沛国丰邑（今江苏丰县）人。传说他年轻时上过太学，博通儒家五经，还曾授徒讲经，当过巴郡江州（今重庆市）令。后来，他辞了官，先后在今河南洛阳市北邙山、江西鹰潭龙虎山、四川鹤鸣山

鎏金羽人器座

东汉。河南洛阳东郊出土。羽人呈跪坐状，大耳披发，尖鼻阔嘴，眉骨、颧骨隆起，背部有翼，膝下有垂羽。羽人形象在汉代画像中也很常见，应与当时流行的神仙思想有关。

>>>小贴士

道教与道家　道家是春秋战国时期诸子百家中最重要的思想流派之一，以老子、庄子为主要代表；道教是形成于东汉时期的一种宗教。道家思想崇尚自然，主张清静无为、与世无争，有辩证法因素和无神论倾向；道教崇拜、信仰神仙，追求长生不老、成仙，有教徒、有组织、有一系列的宗教仪式与活动。虽然道教在理论上汲取了道家思想的大量要素，甚至奉老子为教主，但是二者不能混为一谈。

等地潜心修道、布道。约公元142年，张陵在鹤鸣山自称太上老君降临，亲手授给他经书、玉印、斩邪剑等物，要他推行"正一盟威之道"，信徒们信以为真，到处传播。这时恰逢当地瘟疫肆虐，生灵涂炭，张陵便带着法具和自制的草药配方，来到附近的青城山降妖伏魔，为山民治病，名声大震。山民们纷纷要求加入正一盟威之道，奉张陵为代天行道之师，即"张天师"，正一盟威之道因

道教大神——鎏金铜玄武

明永乐年间（1403~1424）铸造，原藏于湖北武当山金殿，现藏于湖北省博物馆。苍龙、白虎、朱雀、玄武为中国古代"四灵"，含义有多种。北宋时道教改玄武为真武，成为道教大神。明成祖朱棣特别尊奉玄武神。

此又称为"天师道"。

由于入道的人多了，为了加强管理，张陵以鹤鸣山为中心，把传教点划分为24个，依次向四面八方扩延，史称"二十四治"。为了严密组织纪律，张陵规定入道者必须交五斗米为信，这就是五斗米道之称的由来。

张陵死后，他的儿子张衡继承了父

>>>阅读指南

翟文明：《图说道教》。华文出版社，2009年6月。

尹梦飞：《一口气读完道教史》。陕西师范大学出版社，2007年11月。

亲的遗业，后来孙子张鲁又接过了教权。

五斗米道的前期领袖张修则主要在汉中郡和巴郡（今重庆）传教。张修对五斗米道的组织管理要比张陵完善得多，已有一套初步的教阶系统，还创立了静室学习、叩头思过、用符水治病方法。

东汉灵帝中平元年（184），张修在巴郡起义。汉献帝初平二年（191），益州牧刘焉想借重五斗米道势力割据一方，就授张修为别部司马，授张鲁为督义司马，共同攻打并占领汉中。后来，张鲁借机杀了张修，夺了他的兵众和教权，成为汉末割据汉中一带的地方军阀，五斗米道也在张鲁手上得到改革和发展。

张鲁建立起政教合一的政权。他自称"师君"，掌管政务和教务全局；初来学道者，称为鬼卒；受了道、到了笃信程度时，改称为祭酒。祭酒既是教职也是官职，不仅传授老子的《道德经》，还负责管理地方政务。

为了笼络人心，五斗米道在路上设立"义舍"，在义舍里放上"义米"、"义肉"，供饥饿的行人食用，为此招引了很多流民加入五斗米道。随着教众的增加，五斗米道的教团组织也由张陵时的二十四治扩大为四十四治。

张鲁重视教化民众，重教育，轻刑罚，提倡诚实、讲信用、不欺诈。教众有了缺点、错误，要求他们进行自我反省和检讨；对于犯法的，先宽宥（yòu）三次，如果再犯，才加惩处；规定春夏两季万物生长之时禁止杀生，还禁止酗酒。相传斋戒之法也是张鲁创立的。

张鲁在汉中统治30年之久，颇得人民拥护。在东汉末年社会动乱之际，汉中成为相对安定的一方乐土，仅前来投奔的关西民众就达数万家之多。张鲁宽惠的统治政策还得到了巴夷少数民族首领的支持，五斗米道在少数民族中影响也很大。

东汉建安二十年（215），曹操平定中原后，率十万大军西征，张鲁投降，官拜镇南将军，封阆中侯。之后，随着大量道徒迁往北方和江南，五斗米道逐渐向全国扩展，经过历代的发展和完善，形成具有鲜明中国特色的道教。

从五斗米道开始，道教就尊老子为教祖，奉《老子》（《道德经》）为最高经典。

道教的起源是多元的：一源于夏商周以来各族人民对天地、日月、山川、百神等的崇拜；二源于先秦巫术以及鬼神祭祀的符咒、斋醮、拜仪；三源于战国至秦汉的神仙传说和方士方术；四源于先秦老庄哲学、秦汉道家学说以及部分儒家、阴阳家思想；五源于先秦养生医学与体育卫生知识。

多源头、多渠道孕育产生的道教，深深扎根于中华沃土之中并获得滋养，成为古代中国的主流意识之一，对中华民族的政治、文化乃至心理、性格等各个方面都产生了深远的影响。

神人骑辟邪铜灯

东汉。辟邪是汉代开始流行的怪兽形象，传说有镇宅、驱邪、保平安等作用。此器辟邪背上坐有一个张开双臂的方士（道士），可以看出当时道教的盛行。南京博物院藏。

>>>寻踪觅迹

中国四大道教名山　分别是湖北十堰武当山、江西鹰潭龙虎山、安徽休宁县齐云山和四川都江堰青城山。

124. 因汉朝而得名的汉族

江苏徐州市驮篮山汉代楚王墓出土的乐舞俑传达着汉人的信息

长信宫灯
河北满城县西汉中山靖王刘胜之妻窦绾墓出土。通体鎏金、双手执灯跽坐的宫女神态恬静优雅，尽显汉人风采。河北省博物馆藏。

中国几千年悠久的历史、20多个朝代，几百上千个大小民族你方唱罢我登场，但只有一个民族身上烙着朝代的印记，它就是汉族。

说到汉族的族称，首先要说华夏族族称。"夏"、"华"、"华夏"最早是指夏、商、周三代的主体民族。春秋战国时期，民族融合，华夏族不断与戎、狄、夷、蛮混血，民族实体壮大。秦统一六国之后，华夏族因朝代得名，被称为"秦人"。

汉朝建立后，夏、华、华夏、秦人这些族称仍然存在，同时又产生了"汉"这个族称。与之前一样，"汉"之称也是因国名而来。"汉"原是汉高祖刘邦与西楚霸王项羽争天下时，受封汉中为汉王的名称。汉朝在通西域、伐匈奴、平西

>>>阅读指南
　　蒋肖云：《汉族》。吉林文史出版社，2010年3月。
　　徐杰舜主编：《汉族风俗史》（全五卷）。学林出版社，2004年12月。

羌、征朝鲜、服西南夷、收闽越南越的过程中，与周边国家进行了空前频繁的交往，各邻国和邻族逐渐放弃旧的称呼，以汉、汉兵、汉军、汉吏、汉使、汉人、汉民等称呼汉朝使者或国人，同时这些称呼也成为汉朝国人的自称。此时的称呼虽然较多地具有国家或朝代名称的成分，但已具有民族的内涵，尤其是与其他民族并称时，可以将"汉"视为民族称呼。

其实，"汉人"一词真正赋予"汉族"之义，用来指称汉民族是在南北朝时期。这时经过魏、蜀、吴三国和五胡十六国，中原政权早已被肢解，但北方少数民族入主中原建立的割据政权，仍以"汉人"或"汉儿"称呼中原居民。

到了唐代，出现了"唐人"之称，虽然唐朝比汉朝更为兴盛，但是在对外交往中，唐人仍自称"汉"。曾与汉朝有过交往的外邦仍沿用旧称"汉"，只有新与唐交往的外邦才用"唐人"之称。可见，此时"汉人"一词已从他称变成民族的自称，并且一直沿用下来，延续到明、清，最终成为汉民族族称的专有名词。

近代以来，由于"民族"概念的传入和影响，"汉人"之称逐渐转变为"汉族"之称。中华人民共和国成立后，将汉族定为正式的族称。

为何汉朝的名字最终能成为汉民族的族称，而诸如秦、唐等其他名称却被历史淘汰了呢？究其原因有二：一是汉朝存在时间长达四百多年，远比秦、唐

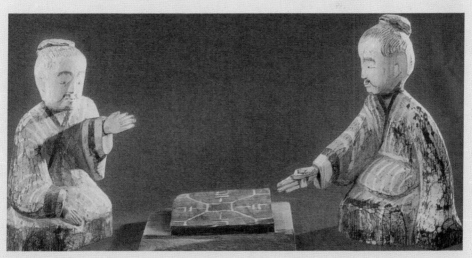

木雕彩绘六博俑

西汉。甘肃武威磨嘴子出土。"六博"是中国古代棋戏的一种，在汉代非常盛行，因一套博具中有六根箸而得名。对博的双方各有六枚棋子，用投箸的方法决定行棋的步数。这件文物也反映了汉代人的衣装特点和社会面貌。甘肃省博物馆藏。

汉代士兵形象

江苏徐州市狮子山西汉
第三代楚王刘戊的陪葬
墓共出土4000余件兵
马俑，传递出汉代社会
生活、丧葬制度、军制
战阵等重要信息。

甩袖舞女俑

西汉。陕西西安白家口出土，陕西历史博物馆藏。

有利于社会发展的各种措施，成为一个统一、强大、繁荣的东方大国，与西方古罗马帝国并驾齐驱。进入唐朝，汉的影响已深入人心，连唐朝人自己都使用汉称，所以唐人的称呼远没有"汉"有号召力。

从华夏族最终转化为汉族，绝不是一个简单的称呼上的改变，它积淀了数千年的文化内涵，见证了一个民族的形成和崛起的历史过程，也见证了中华民族从多元走向一体的个性特征。

久；二是汉朝国势强盛。秦朝的中央集权制等一系列措施因秦的短命而没有来得及彻底实行，汉承秦制，全面实行了

>>>寻踪觅迹

陕西黄陵县黄帝陵、湖南炎陵县炎帝陵　黄帝与炎帝是传说中华夏族的始祖，也是中华民族的共同祖先，所以中国人有炎黄子孙之称。

索 引

古今民族（族群）名称